Freizeit

**Kabarett, Kombibad,
Kirmes, Küssen, KEC,
Kaygasse, Karneval,
Kaufhausbummel,
Kinderfest, Kamele,
Knollendorf, Kebab.**

**Wir fahren Sie hin.
KVB**

KÖLN

Der andere Stadtführer

Band 1

Martin Stankowski

KÖLN

Der andere Stadtführer

Band 1

Kiepenheuer & Witsch

Herausgegeben von Rainer Osnowski

Überarbeitete Neuausgabe 1995 (6. Auflage)

Titelgestaltung: Jan Ü. Krauthäuser, Köln
Grafik und Karten: Ernst Butschan, Hachenburg
Lektorat: Frank Möller, Köln
Satz und Layout: Prima Print, Köln
Druck und Bindung: Clausen und Bosse, Leck
ISBN 3-462-02413-2

Inhalt

Die Wanderungen

Stichworte

Zum Start

Die Kölner haben eine besondere Variante entwickelt, auf ihre Stadt stolz zu sein: Sie behaupten erst einmal, das gäbe es nur in Kölle, einmalig auf der Welt. Man könnte ein Lexikon der kölschen Superlative füllen, von der dicksten Glocke, der ältesten Bürgeruniversität und dem größten Platz bis zum ersten »Kruzifix mit geschlossenen Augen«, alles in Köln. Keine Absonderlichkeit ist komisch genug, um nicht den kollektiven Solipsismus zu befriedigen.

Und dabei ist Köln tatsächlich eine phantastische Stadt, die Einwohner sind freundlich und das Klima passabel. Aber gleichzeitig existiert hier eine selbstbesoffene Eitelkeit, die die Einzelheiten, die historischen oder ästhetischen und erst recht die sozialen Details der Stadt meist außen vor läßt. Aber genau darum geht es in diesem »Anderen Stadtführer«, der beides, das schöne und das schäbige Köln nahebringen will.

Als 1988 die erste Auflage des »Anderen Stadtführers« erschien, waren Stadtwanderungen in Köln noch die Ausnahme, alternative gab es überhaupt nicht. Die Themen der Fremdenführer waren auf die gängigen Highlights beschränkt: Dom, Rathaus, Gürzenich und Rhein. Inzwischen hat sich vieles verändert: Wanderungen in Köln gehören heute zum kulturellen Standard, selbst das Verkehrsamt bietet sie an. Eine Verschränkung von Ortsgeschichte und Kölschrezeption, wie sie im »Anderen Stadtführer« erstmals versucht wurde, ist heute fast schon zum Allgemeingut geworden. Formen, Themen und Wahrnehmung der Kölner Geschichte haben sich verändert, das geht bis hin zu Jürgen Beckers Stadtkabarett »Biotop für Bekloppte«, dessen historische Passagen aus diesem Buch stammen. Längst strotzt nicht mehr alles vom Eigenlob der Kölner.

Die Neuausgabe des »Anderen Stadtführers«, zugleich die sechste Auflage, hat zahlreiche bauliche Veränderungen in der Stadt aus der jüngsten Zeit verarbeitet, an einigen Punkten auch die Wanderungen variiert. Dabei wurden auch die zahlreichen Anmerkungen und Kritiken an der Erstausgabe – vor allem von Dietmar Brinkmann – im Detail berücksichtigt. Insofern viel Neues, doch das Grundschema ist geblieben. Es sind die Ergebnisse meiner Spurensuche, wobei mich immer noch die geheimen Orte mehr interessieren als die bekannten, und ich weiterhin der verdrängten Geschichte mehr abgewinnen kann als den bekannten Geschichten. Da gibt es nach wie vor für Kölner wie für Zugereiste und Touristen unendlich viel zu entdecken.

Wenn man eine Stadt kennenlernen will, muß man sie zu Fuß erkunden. Sicherlich kann man auch mit der Bahn, dem Bus, dem Taxi oder dem Fahrrad herumkommen, aber will man wirklich in die Stadt eindringen, muß man laufen, gehen, wandern, streunen, rennen, auch zurückweichen, vor allem aber Umwege machen. Und man muß stehenbleiben und staunen, sich dem Tempo der Stadt und ihrer Menschen anpassen. Und manchmal muß man sogar die Lieblingsorte meiden, um die anderen, die unsichtbaren Ecken wahrzunehmen.

In diesem Band bewegen sich die Wanderungen im Zentrum der alten Stadt. Im zweiten Band des »Anderen Stadtführers« geht es dann am Rheinufer entlang, auf die »schäl Sick« nach Deutz, rund um den Ebertplatz, die Ringe hinunter und endet in der Südstadt (Der andere Stadtführer, Band 2, Verlag Kiepenheuer & Witsch, Köln 1995).

Die Geschichte der Stadt Köln zu Anfang des Bandes will als Ergänzung zu den Details der einzelnen Wanderungen Zusammenhänge herstellen und aus einer Perspektive »von unten« die zweitausendjährige Vergangenheit Kölns interpretieren, sicherlich einseitig, aber kurz gefaßt. Und auch die »Stichworte« am Ende des Buches gehen noch einmal quer zu den ortsbezogenen Wanderungen auf die Themen und Aspekte ein, die immer wieder interessieren. Da mag man sich dann auch Touren nach eigenem Geschmack zusammenstellen.

Bei der Erstausgabe des »Anderen Stadtführers« hat mir vor allem Irene Franken geholfen, die meiner Neugier und Erzähllust immer wieder eine Perspektive von Frauen hinzugefügt hat. Inzwischen ist ihr eigener Band mit Wanderungen in gleicher Ausstattung erschienen: »Köln – Der Frauen-Stadtführer« (Verlag Kiepenheuer & Witsch, Köln 1995).

Diese Neuausgabe erscheint im Verlag Kiepenheuer & Witsch, den »Kölner Volksblatt Verlag« gibt es nicht mehr. Natürlich freut es mich als Autor, mit einer Neuausgabe in einem großen Verlag auf den Markt zu kommen. Zugleich bedeutet der Volksblatt Verlag auch ein Stück eigener Geschichte, da ich ihn selbst in den 70er Jahren als Verlag der oppositionellen Presse der Kölner Bürgerinitiativen mitgegründet habe. Insofern ist meine Wahrnehmung jetzt auch ein Teil der Geschichte.

Köln, im April 1995 *Martin Stankowski*

Zweitausend Jahre Stadtgeschichte von den Römern bis zur Gegenwart

Es ist erstaunlich, daß es in Köln keinen Platz gibt, kein Gebäude an herausragender Stelle, nicht einmal eine Säule, die nach der Gründerin dieser Stadt, nach der Frau Julia Agrippina, benannt wäre. Lediglich ein Teilstück der Rheinuferstraße, das Agrippina-Ufer, abseits hinter der alten Universität gelegen, weist auf sie hin; aber weil hier fast niemand wohnt, taucht der Straßenname auch selten als Adresse auf einem Brief auf. Neuerdings gibt es eine Figur der Agrippina am Ratsturm, doch das war es auch schon. Vielleicht wäre das anders, wenn Agrippina eine stille, liebevolle und bescheidene Kaisergattin gewesen wäre; doch sie war eine starke Frau, die mit den Mitteln der Zeit ihren Herrschaftsanspruch durchzusetzen wußte.

Am 6. November 15 n.Chr. wird sie in Köln als Tochter Agrippina der Älteren, einer Enkelin des Kaisers Augustus, geboren. Ihr Vater Germanicus ist römischer Feldherr, damit gehört sie der römischen Oberschicht an. Mit dreizehn Jahren wird Agrippina das erstemal verheiratet. Aus dieser Ehe stammt ihr Sohn Nero, der spätere verrufene Kaiser. Beim zweiten Mal heiratet sie einen reichen Reeder und beim dritten Mal den eigenen Onkel, den amtierenden Kaiser Claudius. In dieser Ehe wird Agrippina zur eigentlichen Regentin Roms, was selbst nach Urteilen ihrer Gegner der Stadt nach langer Zeit wieder eine stabile Regierung beschert. Folgt man den Chronisten, besteht ihr einziger Mangel darin, kein Mann zu sein. Tacitus klagt noch 50 Jahre später: »Von nun an war das Reich völlig umgedreht, alles gehorchte einer Frau.« Die Vorstellung von Agrippina wird bis heute mit Begriffen wie Machtgier und Zügellosigkeit, mit Mord, Totschlag und sexuellen Ausschweifungen in Verbindung gebracht. Nach dem Tod ihres Mannes wird sie von dem eigenen Sohn und neuen Kaiser Nero nach und nach politisch ausgeschaltet und auf seinen Befehl im Alter von 44 Jahren ermordet.

In der Zeit der Ehe mit Claudius erhielt die römische Siedlung am Rhein die Stadtrechte, womit Agrippina ihren Geburtsort quasi adelt. Der Name »COLONIA CLAUDIA ARA AGRIPPINENSIUM« (CCAA) enthält ein knappes Entstehungsprogramm Kölns und bedeutet: Eine Stadt nach römischem Muster (COLONIA) wurde eingerichtet zur Zeit des Kaisers Claudius (CLAUDIA); sie hat bereits einen Altar (ARA), und Agrippina hat dies alles veranlaßt (AGRIPPINENSIUM). Bis ins 5. Jahrhundert hießen auch die Einwohner »Agrippinenser«, bevor sich allmählich der Name Colonia und später Köln durchsetzte.

Julia Agrippina, Kaiserin in Rom und im Jahre 38 Stadtgründerin Kölns – die Frau mit dem schlechten Image.

Die Siedlung am Rhein und die römischen Ambitionen im Norden des Reiches sind jedoch älter als die Stadtgründung selbst. Bereits drei Generationen vor Agrippina, um das Jahr 53 v. Chr., hatte Cäsar die linksrheinischen Gebiete in der Eifel und der Kölner Bucht entvölkert und die hier lebenden Eburonen entweder vertrieben, versklavt oder umgebracht. Deren Doppelfürsten hatten sich bereits verabschiedet: der eine durch Selbstmord, der andere, Ambiorix, durch die Flucht. Die ursprüngliche Absicht der Römer bestand darin, auch die rechtsrheinisch gelegenen germanischen Gebiete zu unterwerfen. Dazu wurden Militärstützpunkte entlang des Rheins angelegt. »Köln« war topographisch und strategisch nicht schlecht gewählt. Der Rhein floß seinerzeit als wilder Strom dahin, mit zahlreichen Nebenflüssen, toten Armen und

Überschwemmungsgebieten. Ein Areal von etwa einer Quadratmeile ragte daraus wenige Meter empor, und der römische General Agrippa (übrigens der Großvater der Agrippina) ließ hier um das Jahr 39 v. Chr. ein Lager anlegen. Der Höhenunterschied von etwa zehn Metern ist heute noch im Stadtbild auszumachen: im Verlauf der römischen Stadtmauer, ganz deutlich zum Rhein hin neben dem Römisch-Germanischen Museum, dem Rathausturm und hinter Maria im Kapitol. Hier führen immer noch Treppen »hinab«.

In dem Areal wurden zwei römische Legionen stationiert und nebenan ein römertreuer Germanenstamm, die Ubier, angesiedelt. Diese stammten von der unteren Sieg auf der anderen Rheinseite und hatten sich, anders als ihre Vettern, auf die römischen Fleischtöpfe eingelassen. Es entsprach der römischen Eroberungspolitik, die unterworfenen Völker entweder als Verbündete zu befrieden oder sie als Gegner auszuschalten. Zum damaligen Zeitpunkt bestand die Absicht, auch das rechtsrheinische Germanien dem Weltreich einzuverleiben. Die neue Siedlung Köln war in diesem Imperium als Provinzhauptstadt vorgesehen, und erst als sich nach vielen vergeblichen Anstrengungen um mehr Einfluß und einigen militärischen Niederlagen der Rhein als natürliche Grenze herausstellte, wurde Köln zur Grenzstadt und erhielt einen römischen Stadthalter, einen Prätor. In dieser Zeit, Mitte des ersten Jahrhunderts n. Chr., entstand die römische Stadtmauer, weil die Siedlung als Bollwerk befestigt werden mußte.

Die römische Stadt

Von 15 bis zur Ermordung Silvanus' und der Eroberung durch die Franken 355

Ein römisches Lager im Norden der Provinz, das heutige Xanten, eines im Süden, Mainz, und Köln in der Mitte wurden durch eine Militärstraße verbunden, die quer durch die Garnison hindurchführte; beim nördlichen Tor herein und im Süden wieder heraus. Die heutige Hohe Straße folgt noch dem Verlauf dieser ersten römischen Straße. Die Achse Bonner Straße – Severinstraße – Hohe Pforte – Hohe Straße und weiter nach Norden Marzellenstraße – Eigelstein – Neusser Straße zieht sich bis heute als schnurgerade Linie durch die Stadt. Etwa in der Mitte ging rechtwinklig eine zweite Hauptstraße ab, heute die Schildergasse. Die wichtigsten Landstraßen lassen sich ebenfalls auf römischen Ursprung zurückführen: Die Aachener Straße führte über Aachen nach Boulogne, einen römischen Seestützpunkt; über die Luxemburger Straße erreichten die Römer ihre Siedlungen in Zülpich und Trier. Die römische Zeit ist wahrscheinlich die einzige Bauepoche Kölns, die auf eine konsequent geplante Stadtentwicklung verweisen kann: mit regelmäßigen Häuserblöcken, breiten Straße und Plätzen, einer großen Frischwasserleitung aus der Eifel und mächtigen Abwasserkanälen, von denen einer mit über hundert Metern Länge noch in der zweiten Tiefebene neben dem Rathaus erhalten und zugänglich ist. Gewerbebetriebe wurden am Rand der Stadt angesiedelt und, wenn sie störten, auch außerhalb entlang der Ausfallstraßen. So hat man im Süden, Westen und Norden vor den römischen Stadtmauern Reste von Ziegeleien, Glasfabriken und Töpfereien gefunden, die wegen der Brandgefahr – damals wurde in erster Linie mit Holz gebaut – ausgesiedelt wurden; und auch Leimsiedereien befanden sich vor der Stadtmauer, wohl wegen der Geruchsbelästigung. Die Ausfallstraßen hatten neben den Funktionen für Gewerbe und Transport noch eine weitere wichtige Bedeutung in der römischen Stadtanlage. Sie sollte für die mittelalterliche Stadt entscheidend werden. Die Römer begruben ihre Toten nicht auf Friedhöfen innerhalb der Städte, sondern legten die Gräber entlang der Hauptstraßen an, jeweils mit Gedenksteinen und Grabmälern, die die Vorbeikommenden an die Toten erinnern sollten. Die Reichen lagen vorn, oft mit großen Steinen (wie das Poblicius-Denkmal, am Chlodwigplatz gefunden und jetzt im Römisch-Germanischen Museum zu besichtigen), und die Armen weiter hinten, meist ohne Stein. So entstanden im Laufe der Generationen große Friedhöfe im Norden um den Eigelstein, im Süden entlang der Severinstraße, aber auch im Westen und in der Gegend des heutigen Friesenviertels. Weil die Römer eine liberale Religionspolitik praktizierten, wurden hier Dionysos-Anhänger neben Isis-Priesterinnen, Gläubige der Mithras-Gemeinde neben Matronen-Verehrerinnen, Christen oder Juden beerdigt. Soldaten und Händler brachten aus dem weiten römischen Reich die verschiedensten Kulte in die Stadt. In Köln wurden Gräber und Altäre von römischen und orientalischen, von keltischen und germanischen, von Mysterien- und von Hochreligionen gefunden, daneben Statuen von allgemein bekannten Göttern und von zahlreichen Göttinnen. Natürlich entdeckte man viele christliche Gräber. Sicherlich hat es auch Märtyrer oder Märtyrerinnen gegeben, deren Gräber verehrt wurden. Die Christen hatten ohnehin die Sitte, über den Gräbern ihrer Toten religiöse Erinnerungsfeiern abzuhalten. Dafür wurden Räume geschaffen, praktisch Friedhofskapellen, die im Laufe der Zeit vergrößert und erweitert wurden. Die Konsequenz davon war – ich überspringe einige Jahrhunderte –, daß gegen Ende des ersten Jahrtausends auf den meisten der vormals römischen Grabfelder christliche Kirchen standen. Bedeutende romanische Bauten wie St. Ursula, St. Gereon oder St. Severin lassen sich auf solche früheren römischen Friedhöfe zurückführen.

Das römische Köln war zur Zeit seiner größten Ausdehnung eine Großstadt mit rund zwanzigtausend Einwohnern. Nun darf man sich den Begriff »römisch« nicht als Kennzeichnung einer italienischen Stadt vorstellen, sondern als Beschreibung einer von außen geprägten Lebens-

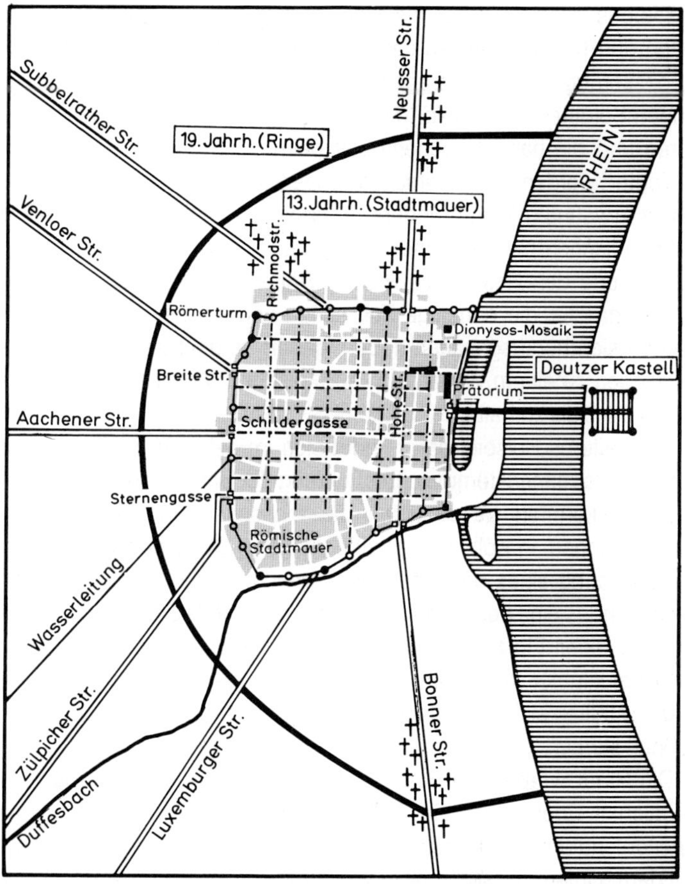

weise und Politik. Tatsächlich bildeten die Kölner, und dies ganz sicher nach einigen Generationen, eine bunte Mischung aus germanischen, keltischen, fränkischen sowie römischen Einflüssen. Nur die herrschende Oberschicht der Stadt, die Militärführung und die politischen Repräsentanten, kamen direkt aus Rom. Die Stadt kannte selbstverständlich Klassenunterschiede, soziale Auseinandersetzungen, Sklaven und Freie, Armut und Reichtum. Schon aus dem Jahre 14 n. Chr., also noch vor der Erteilung der Stadtrechte, ist ein erster Aufstand überliefert. Zwar handelte es sich dabei um einen Soldatenaufstand, immerhin hatte er aber eindeutig soziale Ursachen. Die Masse der römischen Soldaten rekrutierte sich aus den städtischen Unterschichten Roms und aus den verarmten Bauern und Landpächtern, die von den Grundbesitzern vertrieben worden waren. Die »Habenichtse« wurden mit dem Versprechen geködert, nach zwanzig Jahren Militärdienst ein Stück Land in den eroberten Kolonien zu erhalten, eine Abfindung oder gar ein kleines Staatsamt. Die Zusicherungen konnten aber nicht darüber hinwegtäuschen, daß das Soldatenhandwerk schwere Arbeit war. Nach dem Tod des Augustus erhoben sich gleichzeitig in Ungarn und am Rhein die Soldaten und forderten neben der Wiedererrichtung der Republik soziale Verbesserungen. Die Veteranen wollten zeitiger entlassen werden, die jungen Soldaten mehr Sold, die Schikanen der Hauptleute sollten aufhören und die harte Knochenarbeit beim Schanzen- und Grabenbau erleichtert werden. Der kommandierende Germanicus, der Vater der eingangs erwähnten Stadtgründerin Agrippina, schaffte es, einen Teil der Aufständischen mit Geld und dem Angebot vorzeitiger Entlassung zu spalten und den Rest in die Provinz Rätien zu versetzen. Die Kölner, sofern man für die damalige Zeit schon von solchen sprechen kann, werden sich herausgehalten haben, gehört es doch seit den ubischen Quislingen zu einem Wesenszug der kölschen Mentalität, sich Streitereien vom Hals zu halten.

Ein weiteres Beispiel dafür findet sich im Jahre 70 n. Chr. Als sich mehrere Germanenstämme unter Führung der Bataver gegen die Römer erhoben, konnten sie zunächst die römischen Soldaten militärisch zurückdrängen. In Köln kam es zu politischen Geheimgesprächen über die Gründung eines gallischen Sonderreiches. Die Agrippinenser vermieden indes eine Festlegung in diesem Konflikt. Diplomatisch leisteten sie zwar einen Eid auf das neue gallische Reich, kaum rückten jedoch die Römer unter Vespasian heran und schlugen den Bataveraufstand nieder, stellten sich die Kölner umgehend wieder auf die Seite der siegreichen Römer.

Die Stadt wurde nach und nach zur bedeutendsten Metropole am nördlichen Rhein, mit dem Zuwachs weiterer öffentlicher Bauten im zweiten und dritten Jahrhundert, einem ausgedehnten Prätoriumspalast auf dem mittleren Rheinhügel (unter dem heutigen Rathaus), Hafenanlagen und Depots auf der Rheinhalbinsel (das heutige Martinsviertel), einer ersten steinernen Rheinbrücke (310 n. Chr.) und vielen Tempeln, Thermen und Villen für die besseren Leute. Die meisten Häuser und Gebäude waren aus Holz, und nur was in Fundamenten aus Stein erhalten blieb, konnte später ausgegraben und archäologisch gesichert werden. Von dem Rest wissen wir sehr wenig und müssen uns den Alltag rekonstruieren.

Im Jahr 355 kam es zu einem dramatischen Ereignis, welches das Ende der römischen Herrschaft einläutete. Der römische Kaiser schickte im Sommer den fränkischen Feldherrn Silvanus nach Köln, um germanische Angriffe abzuwehren. Der aber nutzte die Gelegenheit und ließ sich, was häufiger vorkam, am Rhein selber zum Kaiser ausrufen. Daraufhin erschien aus Rom ein Untersuchungsausschuß, der sich als Richter und Henker zugleich betätigte und den Silvanus ins Jenseits beförderte. Silvanus hatte sich auf der Flucht vor seinen Mördern in einen christlichen Versammlungsraum (»conventiculum ritus christiani«) im Prätoriumsbereich retten wollen, was ihm zwar nichts nützte, uns aber den ersten Hinweis auf einen christlichen Kultort bescherte. Im selben Jahr drangen fränkische Haufen und Krieger über den Rhein vor und eroberten und plünderten Köln. Es dauerte dann zwar noch ein Jahrhundert, bis es mit der römischen Colonia völlig zu Ende ging, aber dieses Ereignis ist ein Beleg dafür, wie wenig die ferne Zentralmacht Rom zu dieser Zeit noch in der Lage war, ihre Vorposten wirkungsvoll zu schützen.

Die offene Stadt der Franken

Von 355 bis zur Ernennung Hildebolds zum Chefkleriker Karls des Großen im Jahre 791

Aus der fränkischen Zeit Kölns ist wenig zu berichten, nicht etwa, weil sich wenig ereignete, weil es keine Armen und Reichen, keine Christen und Heiden, keine Männer und Frauen und ihre Differenzen und Konflikte gegeben hätte, sondern weil weniger überliefert ist. Die Franken hatten keine geschulten Historiker wie die Römer.

Köln war in dieser Zeit eine Art »offene Stadt«. Die noch existierende römische Stadtmauer hatte kaum noch eine militärische Funktion; die Steine wurden wie aus einem Steinbruch für andere Bauten entnommen. Lokaler und regionaler Güteraustausch war an die Stelle des Fernhandels getreten, das Leben wurde vorwiegend durch agrarisch-ländliche Existenz bestimmt, kurzum: Man brauchte keine Städte als Metropolen. Die Einwohnerzahl wird in dieser Zeit zurückgegangen sein und das Umland an Bedeutung gewonnen haben. Damals entstanden auch die fränkischen Höfe rund um Köln, manche davon sicher auf alten römischen Ansiedlungen. Sie sind in einigen Fällen auch heute noch an den Ortsnamen zu erkennen; wenn sie z.B. auf -heim enden (Mauenheim) auf -ingen oder -steden (Knechtsteden), auf -lar (Liblar) und auch auf -dorf (Junkersdorf). Viele dieser Höfe wurden später zum Siedlungskern kleiner Dörfer rund um die Stadt, und manche davon sind heute Kölner Vororte. Zum Teil sind sie auch noch in den Straßenanlagen oder dem geschlossenen Siedlungscharakter zu erkennen, wie in Immendorf, im Süden Kölns, um die Kirche herum; in der alten Ortsanlage von Esch im Norden, das noch heute eines der geschlossensten dörflichen Ensembles aufweist; oder auch in Buchheim, dessen Burg Herl ein fränkischer Königshof war, von dem aus eine »Honschaft« (Verwaltungsbezirk) des sogenannten Deutzgaues verwaltet wurde.

Köln war in dieser Zeit immer wieder auch Aufenthaltsort und Sitz der fränkischen Herrscherclans, wobei hierunter nicht eine feste Niederlassung wie in der römischen oder später der mittelalterlichen Zeit zu verstehen ist. Fürsten, Könige und Söldnerführer waren damals eine Art »Wanderkönige« mit wechselnden Aufenthaltsorten. Sie waren mit kleinem Stab und vielen Soldaten ständig unterwegs, um permanente Machtpräsenz zu garantieren, aber auch um ihre Truppen ausreichend zu ernähren und durch Beute zu belohnen. Aus dieser Zeit rührt übrigens auch die erste Kenntnis eines Heiligen Gereon, dessen Verehrung als Haus- und Hofheiliger aus einem südlicheren Siedlungsgebiet von den Franken ins Rheinland importiert wurde. Die Legendenbildung um den Heiligen Kriegsdienstverweigerer setzte danach erst ein, machte aus ihm einen urkölschen Heiligen und verlegte die Geschichte seines pazifistischen Martyriums an den Rhein.

Die merowingischen Könige waren die nächsten Regenten Kölns, deren Namen sich auch im »Chlodwigplatz« noch erhalten hat. Aus ihrer Zeit stammen Gräber einer Fürstin und eines Knaben, die unter dem Dom ausgegraben worden sind. In den Funden liegt nicht nur ein Hinweis auf die Stellung Kölns für die fränkische Königsfamilie, sondern auch ein möglicher Beleg für die Theorie von den »starken Plätzen«. Gemeint ist damit, daß bestimmte Orte durch die Jahrhunderte hindurch immer wieder eine starke Anziehungskraft ausgeübt haben. In der Tat ist es schon erstaunlich, daß quer durch die Kulturen und Religionen einige wesentliche Stellen in einem doch nicht kleinen Stadtgebiet die herrschenden Kreise besonders angezogen haben, insbesondere dort, wo heute der Dom steht, beim Rathaus oder bei Maria im Kapitol. Vielleicht ist dies aber auch nur ein banaler Hinweis darauf, daß man sich – ganz konservativ – nicht von den repräsentativen Plätzen der jeweiligen Vorgänger lösen mochte. Ein zweites, im Kern auch römisches Gebäude, das die Franken faszinierte, war St. Gereon. Auch hier vermuten die Archäologen Königsgräber, haben jedoch noch keins gefunden; vielleicht deshalb nicht, weil die Kölner schon seit fast tausend Jahren in der Erde graben und dabei genau um den Wert der archäologischen und religiösen Reliquien wissen.

Die eigentliche dominante Rolle in der Stadt wuchs zu Zeiten der Merowinger Kirche und Bischof zu. In dem Maße, wie das frühmittelalterliche Christentum an die Stelle der römischen Staatsreligion trat, übernahm es auch oft dessen Kultformen und religiöse Orte. Viele Tempel und sogenannte »heidnische« Kultstätten wurden von den Christen einfach umfunktioniert, wie z.B. Maria im Kapitol, das auf den Grundmauern des Tempels der kapitolinischen Göttinnen Minerva und Juno sowie des Gottes Jupiter steht. Die christliche Kirche usurpierte die juristischen Besitztitel und die praktische Stadtherrschaft. Die spätrömischen Grundherrschaften gingen häufig in die Hände der fränkischen Könige, ihres Dienstadels und vor allem der Kirche über. Die Spitze erreichten die Karolinger, die sogenannten »Hausmeier« (Chefbeamten) der Merowingerkönige, als sie diese in der Herrschaft ablösten. Einer unter ihnen gelangte zu besonderem Ruhm und hat auch für Köln eine wichtige Rolle gespielt: Karl »der Große«. Bevor er an die Macht kam,

Mit der Niederwerfung der Sachsen durch die fränkischen Könige beginnt im 9. Jahrhundert der neue Aufschwung für Köln. Die Reliquien zweier »Missionare«, die beim Sachsenfeldzug erschlagen wurden, verehren die Kölner noch heute in St. Kunibert: die Brüder Ewaldi.

hatte es schon lange Zeit Kriege und Kämpfe zwischen den westlichen Franken und den östlichen Sachsen gegeben. Dabei ging es nicht nur um wechselseitige Eroberungen, sondern auch um Konflikte verschiedener Gesellschaftsformen: Die Franken hatten sehr rasch die feudalen Strukturen ihrer römischen Vorläufer übernommen, während sich unter den Sachsen bis ins 10. Jahrhundert noch Reste der alten Bauernfreiheiten und des kollektiven Landbesitzes erhalten hatten. In der allmählichen militärischen und politischen Unterwerfung der Sachsen durch die Franken kam der Kirche eine entscheidende Rolle zu: Sie konnte die Okkupation als Christianisierung verkaufen. Hier spielte sich, bei aller Vorsicht im Vergleich so unterschiedlicher Epochen und Tatsachen, etwas ähnliches ab wie später bei der spanischen Conquista und der Rolle der Kirche in Mittel- und Südamerika. Der entscheidende Sieg gelang in einem 30jährigen Krieg Karl dem Großen, der damit auch die Herrschaft des Kölner Erzbischofs erweiterte. 795 wurde Köln zum Erzbistum und damit Mittelpunkt einer Kirchenprovinz, die im Westen Lüttich und Utrecht einschloß. Nach der Niederwerfung der Sachsen wurden 804 neue Bistümer in Münster, Minden, Osnabrück und Bremen eingerichtet und zum Erzbistum Köln geschlagen, das damit praktisch vom südlichen Belgien bis vor die Tore Hamburgs reichte. Überreste dieses Teils der (Kirchen-) Geschichte sind bis heute in Form von Reliquienknochen in einigen Kirchen vorhanden. Dort werden die als Heilige verehrt, die bei dem Versuch ums Leben kamen, die unwilligen Sachsen zu taufen. Auf die Reliquien eines gewissen Agilolf und die des Kölner Bischofs Hildeger kann man z.B. im Dom stoßen, auf die Reste der Brüder Ewaldi in St. Kunibert. Agilolf starb als Diplomat im Dienste Karl Martells, Hildeger im Sachsenkrieg und die beiden Brüder wurden bei der Sachsenmission in Dortmund-Aplerbeck erschlagen.

Mit der Unterwerfung der Sachsen wurde die Grundlage für die territoriale Herrschaft des Kölner Erzbischofs und des späteren Landesfürsten geschaffen. Freund und Mitstreiter Karls des Großen in diesen bewegten Zeiten war Hildebold, der von Karl 787 zum Kölner Bischof und vier Jahre später zum Oberpriester am kaiserlichen Hof gemacht wurde, zum sogenannten »Archicapellanus«. Die Kölner Legendenbildung hat hierfür wieder eine Geschichte parat, die den Glanz der großen Welt mit der Bescheidenheit der Heimat verbindet: Der Kaiser jagte ohne Begleitung und anonym in den Wäldern vor Köln und stieß dabei auf einen Priester, der ihm zwar die Messe las, dafür aber erstaunlicherweise kein Geld haben wollte. Das war so ungewöhnlich für den Klerus seiner Zeit, daß Karl diesen Einsiedler Hildebold zum Bischof in Köln erhob, als sich Geistliche und Bürger der Domstadt nach dem Tod des Vorgängers auf keinen Nachfolger einigen konnten. Hildebold dankte es dem Gönner und Freund und wurde dessen wichtigster politischer Berater – eine Liaison, die es fortan häufiger geben sollte, denn dem Machtstreben der Bischöfe waren durch die eigene Kinderlosigkeit quasi natürliche Grenzen gesetzt.

Unter Bischofszepter und Schwert

Von 791 bis zum ersten Aufstand der Bürger gegen Erzbischof Anno 1074

Mit Hildebold begann eine Reihe mächtiger Territorialfürsten, die nebenbei noch die Herren der Stadt Köln waren. Fast immer hatten sie auch die Funktionen von kommandierenden Generälen, Außenministern oder Chefideologen der regierenden Könige oder Kaiser. Nach dem Mainzer wurde der Kölner Erzbischof der ranghöchste Kirchenfürst. Er genoß das Recht, den König in Aachen zum Kaiser zu salben und durfte neben dem Papst sitzen. Im 11. Jahrhundert führten die Kölner Erzbischöfe schließlich den Titel »Erzkanzler des römischen Reiches«. Dadurch, daß Köln mit der Eroberung Sachsens wieder zum Mittelpunkt eines weiten Umlandes wurde und nicht länger Grenzort war wie in den Jahrhunderten der römischen und fränkischen Zeit, setzte ein neuer ökonomischer Aufschwung ein. Ausdruck davon ist auch der Bau einer neuen Bischofskirche als Vorgängerbau des heutigen Doms durch Hildebold.

In dem ausgehenden ersten Jahrtausend gewann der überregionale Handel an Bedeutung, und der Gütertausch gegen Geld kam auf. Köln bot durch die Lage am Rhein günstige geographische Bedingungen für den Austausch von Waren. Der Fluß wurde zu einer Wasser- und Handelsstraße, an der sich gute Geschäfte machen ließen. Den ehemaligen Seitenarm des Rheins vor der Römermauer im Gebiet des heutigen Alter Markt schüttete man zu, und davor, auf der früheren Halbinsel im heutigen Martinsviertel, entstand eine neue Händler- und Kaufmannssiedlung. Hier unmittelbar am Rhein wurden Hafenanlagen, Lagerschuppen und Kaufhäuser gebaut. Dieser Stadtteil wird auch als erster im Jahre 940 eingemeindet. Die alten römischen Stadtmauern – jetzt wieder in Funktion – werden im Süden und Norden bis zum Fluß hin verlängert und die Händlervorstadt in den Schutz der Stadtmauern miteinbezogen.

Ein nächster Entwicklungsschritt wird mit den neuen Palastbauten für die Mitglieder des erzbischöflichen Hofes im Bereich der Hohe Straße sowie mit weiteren kirchlichen Großbauten vollzogen: St. Andreas, Groß St. Martin und St. Pantaleon werden um die Jahrtausendwende begonnen oder eingeweiht. In der Entwicklungslogik folgte den Siedlungsschwerpunkten der Menschen der Kirchenbau. Der entscheidende Stadtherr dieser Epoche war Bruno, ein Bruder Kaiser Ottos I. In seine Regierungszeit fällt die erste Stadterweiterung.

Für die Stadtentwicklung wird ideologisch wie ökonomisch ein weiterer Umstand bedeutsam: die Gründung der Stifte an den uralten kirchlichen Verkehrspunkten, hervorgegangen aus den Kapellen und Kirchen auf den ehemaligen römischen Friedhofsfeldern. Wer den Tod verwaltet, hat immer schon gut gelebt (eine Erfahrung aller Religionen).

Die nach bestimmten Regeln (Canones) zusammenlebenden Männer- und Frauengruppen werden im Hochmittelalter bald zu den einflußreichsten und unabhängigsten Gruppen in der Stadt. Zu Stiften zusammengeschlossen, haben sie innerhalb und außerhalb großen Landbesitz, sind juristisch und teilweise auch politisch unabhängiger in ihrer eigenen Immunität und selbständiger gegenüber der kirchlichen Hierarchie als die Klöster. Es gibt ausgesprochen edle Stifte, wie z.B. St. Maria im Kapitol, ein Frauenstift, in das überhaupt nur Damen aus den allerbesten Kreisen, häufig nur aus höchstem Adel, aufgenommen wurden.

Parallel zu dieser kirchenwirtschaftlichen Entwicklung verläuft die Legendenbildung. Das Christentum verändert sich durch zahlreiche Brüche und Vermischungen zu einer Religion, bei der der Kult im Vordergrund steht und wichtige theologische Aussagen verlorengehen oder vor dem kirchlichen Fußvolk verborgen gehalten werden, so daß magische Riten und Praktiken an Boden gewinnen. Dazu gehört an erster Stelle die weit verbreitete Reliquienverehrung, die von einer Art materieller Ausstrahlung der Körperteile, Kleidung oder Besitzgegenstände des Religionsstifters und seiner engsten Vertrauten ausgeht. Alles was Jesus, Maria und der engste Kreis der zwölf Apostel berührt oder besessen hatten, alle Gegenstände und die sterblichen Reste der Verehrten, sollen eine positive Wirkung haben. Die Besitzaneignung solcher Reli-

Beim ersten Aufstand der Stadtbürger 1074 konnte der Erzbischof Anno durch einen Geheimgang unter der Mauer fliehen. Die Archäologen haben den Stollen unter der Domplatte freigelegt.

quien (wie Talismane oder Fetische) wird zu einem Hauptprogramm der Zeit. Es entstehen die zahlreichen Heiligenlegenden, die die religiöse Aura um die verehrten Personen spinnen, wobei die Kölner eine besondere Fähigkeit entwickeln, nicht nur zahlreiche Heilige und ihre Überreste, sondern auch deren enorme Begleitscharen in der Stadt zu versammeln. Aus der bretonischen Königstochter Ursula und ihren elf Freundinnen, die vor Köln ermordet worden sein sollen, werden elftausend, und dem römischen Kriegsdienstverweigerer Gereon gesellt die Legende bald eine ganze Legion mit 6.666 Soldaten hinzu. Dieser Hang zur großen Zahl ist leicht erklärbar, wenn man an die ausgezeichneten Absatzchancen von Reliquien rund um die Stiftskirchen denkt. In Zeiten absoluter Wundergläubigkeit und frommer Heiligenverehrung machte es auch kaum einen Unterschied, ob es sich bei den entsprechenden Knochenfunden um die Überreste eines römischen Legionärs oder einer heiligen Jungfrau aus Ursulas Schar handelte. Jeder Schädel bekam seinen Namen, wurde kostbar verhüllt und in einem wertvollen Reliquiar, einem »frommen« Schatzkästlein, geborgen, was wiederum Kirche, Handwerk und Handel zu immer neuen Umsatzsteigerungen verhalf. So wurde die Basis für das »hillige Cöln« gelegt und durch kostbare von außen importierte Reliquien noch untermauert, wie etwa durch die Ketten und den Bischofsstab des heiligen Petrus, die der Kölner Erzbischof Bruno aus Rom besorgt hatte und die noch heute in der Domschatzkammer dem staunenden Publikum vorgeführt werden, und natürlich an erster Stelle durch die der Heiligen Drei Könige.

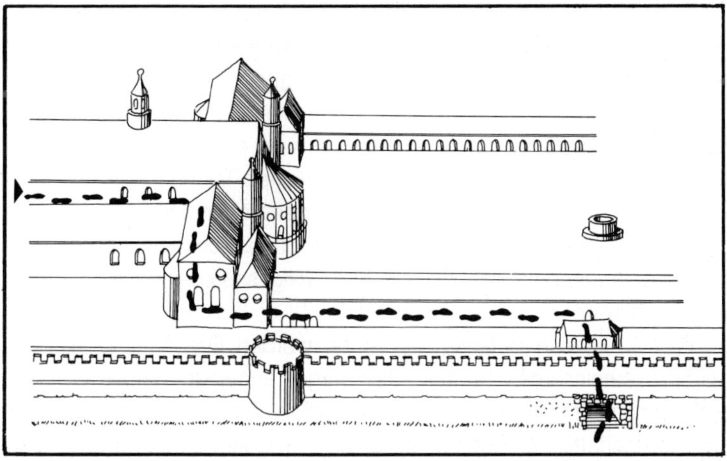

Der Fluchtweg Annos führte durch den Dom und durch die Schlafsäle der Kleriker an der Mauer entlang ins Freie.

Im ausgehenden ersten Jahrtausend gingen nach und nach weitere Hoheitsrechte, die vorher allein Kaiser oder König zustanden, auf die Territorialfürsten und die Erzbischöfe über: die Gerichtsbarkeit, das Markt- und Befestigungsrecht, die Münzhoheit, das Recht, Zölle zu erheben und das sogenannte Judenprivileg zu kassieren. Als Gegenleistung mußte der Stadtherr dem Kaiser hundert gepanzerte Reiter für seine Kriege stellen, was nach damaligen Wertvorstellungen nicht wenig gewesen sein dürfte. Gegen Ende des 11. Jahrhunderts kam es schließlich zu den ersten sozialen Konflikten mit der neuen Schicht der Kaufleute und Händler, die ihren Reichtum vermehrte, politisch aber noch nichts zu melden hatte. Die erste überlieferte Stadtrevolte datiert aus dem Jahre 1074. Der als Kirchenstifter und Kunstmäzen bekannte Stadtherr und Erzbischof Anno hatte ein Kaufmannsschiff beschlagnahmen lassen, was offensichtlich wie der Funke im Pulverfaß wirkte. Es kam zu einem Aufstand, den Annos Truppen zwar niederschlagen konnten, aber fortan gab es in beinahe jeder zweiten Generation handfeste Konflikte zwischen Bürgern und Bischof.

Die Kaufleute erweitern die Stadt: Köln bürgerlich

Vom Annoaufstand bis zum Raub der Heiligen Drei Könige in Mailand 1164

Wie stark das bürgerliche Element neben dem kirchlichen die Zukunft der Stadt bestimmen sollte, belegt die zweite Stadterweiterung aus dem Jahre 1106. Damals wurden nach allen drei offenen, also nicht am Rhein gelegenen Himmelsrichtungen große Gebiete einbezogen: nach Norden der sogenannte Niedrich, in dem, bisher noch vor der Stadt, die Stifte Kunibert, Andreas und Ursula lagen und wo reiche Bürger und städtische Korporationen großen Grundbesitz hatten; nach Westen St. Aposteln; und nach Süden über St. Georg hinaus, wo ein Viertel der Schiffer, Fischer und Weberinnen entstanden war, die sogenannte »Oversburg«. Die Umwallung folgte dabei natürlichen Talrinnen und ist heute noch im Niveauunterschied, z.B. beim Perlengraben und im Straßenverlauf etwa in der Eintrachtstraße, auszumachen. Zum Teil erinnern auch noch Straßennamen, wie z.B. die Alte Wallgasse oder der Katharinengraben, daran.

Weil 1106 eine Belagerung drohte, wurden Gräben und Wälle in einem gemeinsamen Kraftakt der Bürger angelegt. Dieses Gemeinschaftshandeln zum Schutz vor äußeren Feinden drückte sich bald auch in gesellschaftlicher Repräsentanz aus. Aus dem Jahre 1112 ist eine erste »Schwurvereinigung für die Freiheit« überliefert, und wenige Jahre später wird zum ersten Mal ein »Rathaus« erwähnt, ebenso die sogenannte »Richerzeche«, wörtlich: eine »Zeche der Reichen«, eine Vereinigung mit der Absicht, Handel und Handwerk zu kontrollieren. Dies alles sind Vorformen bürgerlicher Selbstverwaltung, die auch dem Zweck dienten, der kirchlichen Herrschaft nach und nach wirtschaftliche und politische Rechte abzutrotzen. Zweimal kam es in diesem Jahrhundert noch zu Aufständen und Erhebungen. Dabei fochten jedoch – im Unterschied zur ersten Stadtrevolution – die Bürger zusammen mit dem Erzbischof gegen den Kaiser, der ebenfalls versuchte, die erstarkenden bürgerlich-autonomen Kräfte zurückzudrängen. Einen gewissen Abschluß dieser Entwicklung bildet der Bau der großen mittelalterlichen Stadtmauer, die im Jahre 1180 begonnen wurde und deren Fertigstellung rund fünfzig Jahre dauerte. Ein für damalige Verhältnisse riesiges Gebiet wurde jetzt eingeschlossen und geschützt; übrigens nicht nur militärisch, sondern auch ökonomisch, denn »Stadt« hat im Mittelalter immer auch bedeutet, den Zuzug vom Land zu kontrollieren und den Weggang von handwerklichem Wissen zu verhindern.

Zunächst wurde der Mauerhalbkreis auf der Landseite mit etwa 5,5 km Länge und zwölf Toren gebaut; später auch eine Befestigung entlang des Rheinufers auf einer Länge von knapp 3 km mit über dreißig Eingängen. Drei der alten Stadttore gibt es heute noch, und auch der genaue Verlauf der Mauer läßt sich an den inneren Wallstraßen verfolgen: vom Severinswall im Süden, über Kartäuser- und Pantaleonswall bis zum Thürmchenswall im Norden. Köln wurde mit dem Bau der Mauer und rund vierzigtausend Einwohnern die größte Stadt nördlich der Alpen. Mit einem Gebiet von über vierhundert Hektar Fläche war sie groß genug, bis ins ausgehende 19. Jahrhundert Reserveflächen für Wohnungen und öffentliche Bauten bereitzustellen sowie umfassende

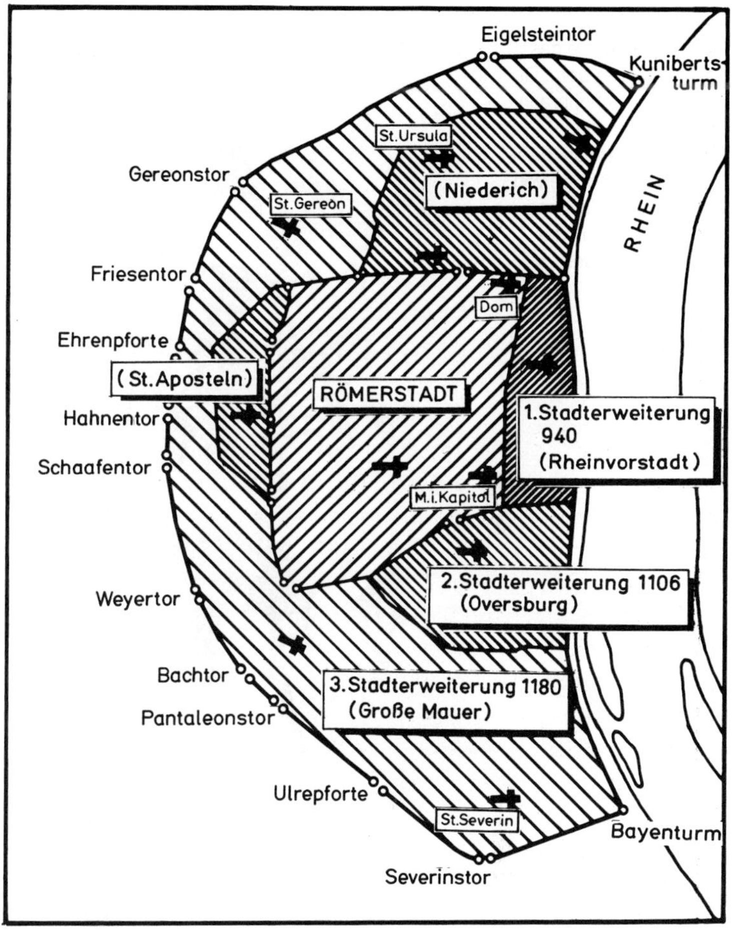

Die Stadterweiterungen bis ins 13. Jahrhundert – Der Bau der großen Stadtmauer ab 1180 schlug einen Halbkreis von fast sechs Kilometern Länge.

landwirtschaftliche Nutzung, Weinbau, Gemüsefelder und Gärten innerhalb der Stadtmauern zu ermöglichen.

Trotz aller Größe und Mächtigkeit ist der Begriff »Stadt« für diese Zeit dennoch kaum mit heutigen Vorstellungen zu füllen; nicht nur deshalb, weil es kaum zentrale Versorgungseinrichtungen im Mittelalter gab – keine öffentliche Wasserleitung, kaum Abflüsse, keine zentrale Müllabfuhr – auch das ganze Sozialsystem war auf die freiwillige karitative Leistung Einzelner oder religiöser Einrichtungen angewiesen.

Karitativem Verhalten einerseits entsprach andererseits die Verfolgung von Minderheiten in dieser Zeit. Im 11./12. Jahrhundert kommt es zu den ersten Pogromen gegen Juden und zur Verfolgung der Ketzer. Im

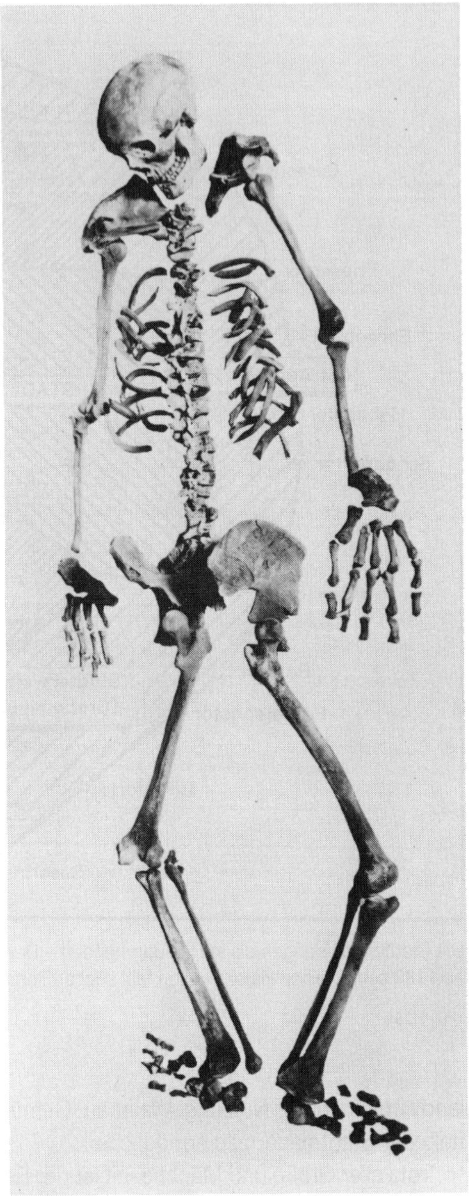

Reinald von Dassel, Röntgenaufnahme des Sarkophags im Dom. Der Kölner Erzbischof brachte 1164 durch einen Raub die Überreste der Heiligen Drei Könige von Mailand nach Köln und begründete damit das Pilgerzentrum West.

Jahre 1096 sammelt sich in Köln unter den Aufrufen des Peter von Amiens ein Kreuzfahrerheer aus fast fünfzehntausend marodierenden Rittern und Soldaten. Auf dem Weg nach Jerusalem und zur Befreiung des Heiligen Landes aus den Händen der »Ungläubigen« richtet sich ihr Haß zunächst gegen die »Ungläubigen« im eigenen Land – die Juden. Mord, Zerstörung und Vertreibung waren das Ergebnis des religiösen Fanatismus.

Jüdische Bürger hatte es schon seit den spätrömischen Tagen in der Stadt gegeben. Sie hatten sich im 10. Jahrhundert in der Gegend des heutigen Rathauses angesiedelt. Das Schild »Judengasse« und der Platz vor dem Rathaus erinnern noch an diese Bewohner/innen. Nach den ersten Pogromen entsteht Anfang des 12. Jahrhunderts die jüdische Gemeinde neu, wird aber eine Generation später wiederum verfolgt und unterdrückt.

Ähnlich ergeht es auch den anderen »Ungläubigen«, den sogenannten Ketzern. So wenig die heimische Kirchengeschichte auch von ihnen weiß, das wenige, was überliefert ist, deutet doch auf eine rege Ketzerbasis in Köln hin. Schon einer der ersten Kölner Bischöfe, Severin, soll sich auf einer Synode in Köln im Jahre 346 gegen seinen Vorgänger Euphrates durchgesetzt haben, der Anhänger der »Irrlehre« der Arianer war. Die nächste Ketzernachricht stammt aus dem 12. Jahrhundert von den sogenannten »Katharern«. Sie waren vor allem in Südfrankreich und Norditalien verbreitet, hatten aber in fast allen europäischen Städten mit entwickelten Arbeitsformen und Produktionsstrukturen ihre Anhänger. Man kann den Katharismus über die theologischen Differenzen hinaus auch als Protest des fortschrittlichen Stadtbürgertums gegen die Fesseln des traditionellen Katholizismus verstehen. Städte wie Köln mit ihrer sozialen und wirtschaftlichen Sprengkraft waren der ideale Nährboden für die Ketzerei. Hinzu kommt noch, daß religiöse Häresien oft der einzig mögliche Ausdruck unterdrückter Schichten waren. Insbesondere für Frauen bot sich in der Ketzerei eine Möglichkeit der Religionsausübung, an der sie mit ihrer spezifischen Spiritualität teilhaben konnten, die in der römischen Männerkirche ausgegrenzt war. Die Ketzer trafen sich, wie eine zeitgenössische Quelle berichtet, in »Kellern und Weberstuben und unterirdischen Häusern«, wohlwissend, was ihnen drohte, wenn die herrschende Kirche sie in die Hände bekam. 1143 z.B. wurde in Köln eine Gruppe erwischt und in Anwesenheit des Erzbischofs verhört und verbrannt. Sie nannte sich »pauperes Christi« und vertrat das Ideal eines asketischen Lebens und der Besitzlosigkeit.

Genau zwanzig Jahre später, 1163, brennen wieder für vier Katharer die Scheiterhaufen auf dem sogenannten »Judenkirchhof« im Süden der Stadt – heute das Gelände des Bahnhofs »Bonntor«, im Mittelalter einer der Hinrichtungsplätze Kölns. Die Ketzerei war offensichtlich so virulent in der Stadt, daß man später sogar einen abgefallenen Ketzer und berühmten Inquisitor, Petrus Martyr, zum Schutzpatron der mächtigen Zunft der Brauer machte. Vielleicht brauchten die Etablierten gegen das Gift der Ketzerei ein anständiges Gegenmittel.

Das Jahr 1164 hat – nicht nur – für die Kirchengeschichte Kölns ganz besondere Bedeutung. Der Kölner Erzbischof Reinald von Dassel war als Oberkommandant der kaiserlichen Truppen mit Friedrich Barbarossa nach Italien gezogen, um die auf ihre Freiheit bedachten oberitalienischen Städte niederzuwerfen. Auf einem dieser Raubzüge wurden die Mauern und alle Steingebäude Mailands – ausgenommen die Kirchen – geschleift. Bei der Plünderung der Stadt stand Reinald als Feldherr die wertvollste Beute zu. Er raubte die Gebeine der Heiligen Drei Könige und brachte sie heimlich nach Köln. Das war insofern eine entscheidende Zäsur für die Domstadt, weil schon bald dieser Heilsschatz im Christentum eine weltberühmte Rolle spielte. Von nun an riß der Strom der Pilger und Touristen nicht mehr ab, der den Sarg der drei Könige besichtigen und die Stadt Köln besuchen wollte. Nach Jerusalem und Rom war Köln damit zur bedeutendsten Religionsmetropole des Abendlandes aufgestiegen.

Köln als Großbaustelle: Die romanischen Kirchen

Von 1164 bis zum Stapelrecht 1259

Während des 12. und 13. Jahrhunderts muß man sich die Stadt Köln als riesige Großbaustelle vorstellen. Innerhalb weniger Jahrzehnte wurden nahezu alle romanischen Kirchen erweitert, um- oder ausgebaut und die großen Baukörper in der noch heute dominierenden Gestalt errichtet: 1065 nahm man Maria im Kapitol in Betrieb, 1135 St. Ursula, 1150 St. Pantaleon, 1188 St. Georg, 1210 Maria Lyskirchen, 1215 St. Kunibert, 1219 St. Gereon, 1237 St. Severin und 1240 Groß St. Martin. Dazu kamen neue private Wohn- und Repräsentationsbauten und die Stadtmauer. Allein für den Mauerring und die Tore schätzt man, daß die gewaltige Steinmenge von vierhunderttausend Kubikmetern verbaut wurde – das sind mehr als 1 Million Tonnen an Gewicht. Diese Masse konnte mit Schiffen bis an das Rheinufer transportiert werden und mußte dann auf Karren oder von Lasttieren zu den Baustellen geschleppt werden. Das Baugewerbe mit Steinbrucharbeiten, Steinmetzen, Architekten, Baumeistern und Transportarbeitern erklomm bald nach den Tuch- und Nahrungsmittelproduzenten den dritten Platz auf der Skala heimischer Gewerbe. Die großen Mengen an Eisenwerkzeugen vermehrten die Zahl der Arbeitsplätze in den Schmieden, und schließlich wurden auch Zimmerleute gebraucht, da Holz nicht nur für Schiffe und Wagen, sondern auch für Wege, Brücken, Gerüste bei den Großbauten und vor allem als Fachwerk für die Häuser benötigt wurde.

Eine ganz andere Erwerbsquelle neben den handwerklichen Berufen wurde der fromme Tourismus. Die große Fülle an prächtigen und wertvollen Reliquien sprach sich herum, der Besuch bei den Heiligen Drei Königen oder den elftausend Jungfrauen wurde fast zur lebensnotwendigen Reise im christlichen Abendland, wie für den Muslim die Wallfahrt nach Mekka. Im Köln des hohen Mittelalters wimmelte es nur so von Pilgern. Den wirtschaftlichen Effekt dieses frommen Brauches werden die

Heiligenschrein in St. Severin hinter dem Hochaltar. Früher standen viele Reliquiensärge auf Stelzen, so daß Prozessionen darunter durchgehen konnten. Man glaubte an die wundersame Aura der heiligen Knochen.

Stadtbürger und -bürgerinnen zu schätzen und zu pflegen gewußt haben, denn Gastronomie, Hotels, Restaurants, Nahrungsmittelproduktion, die Herstellung von Geschenkartikeln durch Goldschmiede, Buchmaler, Brokatweber oder Goldfadenspinnerinnen nahmen einen enormen Aufschwung; desgleichen übrigens auch die Prostitution. Es gab Berichte, denen zufolge sich an den bedeutendsten Fest- und Feiertagen bis zu einhunderttausend Besucher in der Stadt aufhielten und das bei rund vierzigtausend Einwohnern!

Im Streit zwischen Bürgern und Erzbischof war es oft entscheidend, wer den Bayenturm besetzt hielt, das mächtigste Bauwerk der Stadtbefestigung. Seit 1994 ist er in der Hand von Alice Schwarzer als »Frauen Media Turm«.

Es muß ein Gedränge und ein Rummel geherrscht haben, als ob ständig Rosenmontag wäre. Im Dom war das Geschiebe so groß und der Taschendiebstahl so einträglich, daß sich das Domkapitel im Jahre 1248 entschloß, den alten Hildeboldom abreißen und einen neuen und größeren Dom bauen zu lasen. Dieser sollte alles Bekannte in den Schatten stellen. Historisch orientierte man sich jetzt nicht mehr an den romanischen Kirchen der monumentalen Gottesherrlichkeit, sondern nahm sich die französischen Königskathedralen zum Vorbild. So wurde der neue Dom nach der lange dominierenden Epoche der Romanik zum ersten und zugleich größten Bauwerk der Gotik in Köln. Seine Ausmaße waren für damalige Verhältnisse derart gewaltig angelegt, daß man mit wiederkehrenden ästhetischen und bautechnischen Elementen arbeiten mußte; eine Art Normbauweise entstand, die wiederum für die beteiligten Handwerker den Zwang der Spezialisierung mit sich brachte und eine arbeitsteilige Produktionsweise förderte.

Politisch ist diese Zeit durch neue Auseinandersetzungen zwischen Bürgern und Erzbischof geprägt. Die früheren Revolten waren nicht folgenlos geblieben, auch wenn sie im ersten Anlauf nicht zum Erfolg geführt hatten. Als die Erzbischöfe nun versuchten, die städtische Selbstverwaltung wieder rückgängig zu machen, kam es erneut zu bewaffneten Auseinandersetzungen erst mit Erzbischof Konrad von Hochstaden, dann vor allem mit Engelbert II. von Falkenburg. Zwischen 1262 und 1271 findet eine Reihe von Revolten statt, bei denen sich die befestigten Stadttürme als entscheidendes militärisches Unterpfand für die Herrschaft herausstellen: Wer die Türme besetzt, hat die Stadtmacht.

In der Ikonographie um den Bayenturm, ein fast burgähnliches Bauwerk als südöstlicher Eckpunkt der Stadtmauer, heute »Frauen Media Turm«, ist dies in Bildern und Zeichnungen vielfach überliefert. Im Jahre 1262, beim Sturm auf den Bayenturm, sollen die Kölner übrigens zum ersten Mal den legendären Schlachtruf »Kölle Alaaf« ausgestoßen haben, der dann nach der Schlacht von Worringen 1288 erst wieder von dem preußischen König Friedrich Wilhelm IV. 1842 beim Weiterbau des Domes aufgenommen wurde und seitdem jährlich ab Wieverfastelovend in den Straßen der Stadt erschallt.

Mit der Schlacht von Worringen, in der die Kölner auf der Seite der Sieger standen und der Erzbischof zu den Verlierern gehörte, ist der fast 200jährige Kampf zwischen Bürgern und Bischöfen endgültig zu Ende: Der Erzbischof mußte die Stadt verlassen, wohnte seitdem in Bonn, Brühl oder im Sommer in Zons und durfte Köln nur mit Genehmigung des Rates betreten. Von seinen alten Herrschaftsrechten innerhalb der Stadt blieb ihm das Privileg der blutigen Gerichtsbarkeit, d.h. das Vorrecht, Todesurteile zu verhängen.

Ein anderes Privileg jedoch, das ihm die Kölner schon 1259 abgehandelt hatten, erwies sich langfristig von wesentlich entscheidenderer Bedeutung für das Wirtschaftsleben der Stadt: das sogenannte Stapelprivileg. Ursprünglich zur Versorgung der fränkischen Wanderkönige und ihres Hofes eingeführt, war es auf die Territorialfürsten übergegangen, die es jetzt an die Stadt abtraten. Das Stapelprivileg bedeutete das Recht, alle auf dem Rhein vorbeigeschifften Waren und Produkte in Köln ausladen, »stapeln« und für drei Tage hier zum Kauf anbieten zu lassen, wobei die Kölner Kaufleute und Bürger das Vorkaufsrecht genossen. Die

Folge war ein risikoarmes Handelsmonopol, das wesentlich zum ökonomischen Höhenflug Kölns in Handel und Transport und zu seiner Stellung als internationaler Hansestadt beitrug. Für die Kölner ein Privileg, war das Stapelrecht aus der Sicht fremder Kaufleute und Produzenten eine Art lizensierten Raubrittertums.

Die Zünfte bestimmen die Stadt: Köln reich

Von 1259 bis zur Vertreibung der Juden 1424

Während sich die zu Geld gekommenen Kaufleute und Handelsherren noch mit dem Erzbischof herumschlugen, entwickelte sich unter der sichtbaren Oberfläche der Stadtbürgerschaft schon eine neue Schicht, die den Keim der nächsten Revolten in sich trug. Ökonomisch schon seit Generationen potent, waren die Kaufleute mit ihren politischen Erfolgen immer mehr zu einer in sich geschlossenen Clique geworden, die peinlich darauf achtete, keine andere Gruppe an der Macht zu beteiligen. Die fünfzehn allerfeinsten patrizischen Familien führten sogar ihre Genealogie bis auf den römischen Kaiser Trajan zurück. Nach wenigen Generationen trieben sie es jedoch nicht viel anders als die Kirchenherren, die sie zuvor verjagt hatten.

Die Soziologie einer hochmittelalterlichen Stadt kennt noch kaum die Gruppe, die wir heute als Mittelschicht bezeichnen. Die Gesellschaft war überwiegend geprägt von dem Gegensatz: sehr arm und einflußlos – sehr reich und mächtig. Es waren schätzungsweise vierzig Herrenfamilien mit rund vierhundert Angehörigen – 1-2 % der Bevölkerung –, die in Köln im 13. Jahrhundert das Sagen hatten. Einige Tausend Kölner lebten in Stiften und Klöstern, etwa die Hälfte waren Handwerker – unterschieden in wenige Meister und viele abhängige Gesellen –, und Tausende waren Arme, wirtschaftlich Mittellose, Fremde, Tagelöhner und Dienstboten oder vegetierten vom Betteln.

Der Reichtum der Patrizier war ungeheuer. Sie finanzierten auch schon zu Zeiten ihrer politischen Differenzen die Feldzüge des Kölner Erzbischofs, verliehen Geld in alle Welt, hatten großen Immobilienbesitz, spekulierten im Fernhandel und profitierten von zahlreichen technischen Neuerungen. Nur ein Beispiel hierfür: Das Industriegebiet der Stadt erstreckte sich im 12. und 13. Jahrhundert bis auf den Rhein. Hier schwammen zwei bis drei Dutzend Wassermühlen, in denen Getreide gemahlen, Tuche gewalkt, Leder gegerbt, Eisenhämmer angetrieben wurden und Mahlwerke zur Bierproduktion liefen. Die Besitzer der Anlagen waren Kaufleute, die für jede Tätigkeit kräftige Gebühren kassierten. Um ihr Monopol zu sichern, wurde sogar in den Privathäusern der Betrieb von Getreidemühlen und das Walken von Tuch unter Strafe gestellt.

Die politischen und Selbstverwaltungsgremien wie die Richerzeche, das Schöffenkollegium oder der Stadtrat, der im Jahre 1216 das erste Mal genannt wird, waren selbstverständlich auch ausschließlich mit männlichen Vertretern der Kaufleute und Patrizierfamilien besetzt. Einkommen und Reichtum durch Handel war jedoch nur die eine Seite der Stadtökonomie. Zunehmend rückte eine neue Gruppe in der Hierarchie nach vorn, die sich durch ihrer Hände Arbeit ernährte und zu Wohlstand kam: die Handwerker. Diese Unterscheidung der Erwerbsquellen ist nicht unerheblich, wenn es stimmt, daß auch damals das gesellschaftliche Bewußtsein von der ökonomischen Existenz bestimmt war oder einfacher gesagt: »das Bewußtsein vom Sein«.

Die Handarbeiter schlossen sich in Gemeinschaften, sogenannten »Zünften« zusammen, die zwei verschiedene Wurzeln hatten. Eine bestand in den laienreligiösen Bruderschaften, die es schon seit dem 10. Jahrhundert gab. Weil Gemeinschaftsbildung des Handwerks zunächst nicht gestattet war, verlegten sich die Bruderschaften auf eine gemeinsame religiöse Praxis, die in Prozessionen, Lichteropfern und der Organisation ihrer Begräbnisse ihren Ausdruck fand. Sie sorgten aber auch für die Hinterbliebenen und praktizierten so etwas wie soziale Fürsorge. In Köln sind einhundertfünfzig Bruderschaften nachgewiesen, die jeweils ihr eigenes Patronat bzw. Matronat und spezielle Feiern und Bräuche hatten. Die erste Zunfturkunde aus dem Jahre 1149 gebraucht noch den Begriff der »fraternitas« oder kölsch »broiderschaft« zur Bezeichnung des Zusammenschlusses, und erst ab dem 14. Jahrhundert tauchen die Begriffe »Amt« oder »Zunft« auf. Als zweite Wurzel der Zünfte ist die handwerkliche Tradition anzusehen, sind kooperative Arbeitsformen, Organisation der Wissensweitergabe und später auch der Schutz des jeweiligen Berufszweiges zu nennen. Mit dem Übergang von der romanischen zur gotischen Zeit und wesentlich durch die Kirchenbauten und die Bauhütten bestimmt, entsteht für die Handwerker eine Umbruchsituation. Verfügten sie anfangs noch über ein breites Spektrum an Wissen, das die Kenntnis verschiedenster Arbeitsmittel, Geräte und Techniken einschloß, setzte jetzt eine größere Spezialisierung ein, die darauf gerichtet war, größere Mengen in kürzerer Zeit zu produzieren. In der Tuchindustrie z.B., für lange Jahrhunderte der bedeutendste Wirtschaftszweig Kölns, kamen neue Webstühle auf, mit denen meterlange Stoffe gewebt werden konnten, während die Tuche vorher meist nur körperlang waren und am Stück verarbeitet wurden. Erst mit der neuen Technik entstand z.B. der Beruf eines Gewandschneiders. Die Erweiterung der Technik und der handwerklichen Fähigkeiten zog eine Zunftgliederung nach sich, die exakt festlegte, was der eine noch machen durfte und wo das Handwerk des anderen begann. Die Zunftordnungen sind voll von Bestimmungen, die die Art der Ausübung des Handwerks und der Wissensweitergabe regeln. Ende des 14.

Jahrhunderts zählt man in Köln 42 Zünfte. Die größeren waren die der Wollweber, Schmiede, Goldschmiede, Bäcker, Metzger, Brauer, Schneider, Schuhmacher, Gürtler, Kürschner und Steinmetze; kleinere, die der Glaser, Papiermacher, Seifensieder oder Kerzenmacher, um nur einige zu nennen.

Im Laufe dieser Entwicklung kamen auch die Handwerker zu Geld und drängten dementsprechend in die politischen Positionen, die ihnen bis jetzt verschlossen waren. Sie organisierten sich zusammen mit allen anderen Bürgern in »Gaffeln«, die im Unterschied zu den Zünften eher als politische Vereinigungen angesehen werden können. Und nun wiederholte sich etwas ähnliches wie vorher zwischen Kaufleuten und Erzbischof. Da die Patrizier nicht freiwillig auf einen Teil ihrer Macht verzichteten, kam es erneut zu Aufständen und Revolten. 1370 ist das Jahr des sogenannten »Weberaufstands«, nach unseren Begriffen vielleicht der ersten Revolution überhaupt in Köln. Das Weberhandwerk war nicht nur der größte Arbeitgeber der Stadt, sondern kannte auch die am weitesten entwickelte Arbeitsteilung. Etwa dreihundert Weberwerkstätten gab es in Köln, und wenn man alle damit zusammenhängenden Tätigkeiten hinzurechnet, waren wohl mehrere tausend Menschen dort beschäftigt, da zu einem Webstuhl bis zu dreißig Männer und vor allem Frauen gehörten. Der unmittelbare Auslöser des Weberaufstandes war ein neuer Rheinzoll am Bayenturm, von dem vor allem die auf Export und Handel mit dem Oberrhein angewiesenen Handwerker und Weber betroffen waren. Der Aufstand weitete sich bald zu einem politischen Konflikt aus, in dem die Ausschaltung der stadtbeherrschenden Richerzeche und die Beteiligung der Handwerker am Rat verlangt wurde. Fast zwei Jahre lang konnten die Weber das Stadtregiment bestimmen, dann unterlagen sie einer Koalition aus Patriziern, Kaufleuten und dem Kaiser. Am 20. November 1371 kam es zu einer blutigen Schlacht in der Nähe des Waidmarktes und der Bäche, an denen die Werkstätten hauptsächlich lagen. »Die Straßen färbten sich vom Blut der Weber«, so heißt es in einer Chronik über die Weberschlacht. Viele wurden erschlagen, der Rest vertrieben, der Besitz eingezogen.

Der »Erfolg« war allerdings nur von kurzer Dauer, denn schon zwanzig Jahre später kam es zu einer weiteren Kraftprobe, diesmal aber begleitet von Streitereien unter den Patriziern selbst. Das Jahr 1396 ist mit dem Sturz der »Geschlechterherrschaft« ein entscheidendes Datum in der lokalen Verfassungsgeschichte. Jetzt trat der sogenannte »Verbundbrief« in Kraft (der heute hinter einem kleinen Vorhang im Stadtmuseum ausgestellt ist), in dem sich alle Zünfte und Gaffeln zum Rat der Stadt Köln »verbanden«. Die Schicht der Handwerker rückte damit in die Selbstverwaltungskörperschaft der Stadt ein, und die alten patrizischen Familien wurden teils entmachtet und teils vertrieben. Als man wenig später, im Jahre 1407, den Ratsturm als stolzes Symbol städtischer Frei-

1424 wurden die Juden aus Köln vertrieben, eine Epoche war zu Ende. Erst die Bomben des 2. Weltkriegs legten die Fundamente des Judenviertels um das Rathaus herum wieder frei.

heit errichtete, wurde lange erzählt, er sei mit dem Geld der verjagten Geschlechter finanziert worden.

Frühere Stadtpatrioten priesen bisweilen den »Verbundbrief« als erste demokratische Verfassung Kölns. Das war er ganz sicher nicht. Nach wie vor gab es keine politische Vertretung aller Kölner oder auch nur aller gesellschaftlichen Gruppen; die Herrschaft über die Stadt teilten sich statt ein Prozent jetzt vielleicht 10 Prozent der Bürger. Rund viertausend Zunftangehörige konnten in den Organen der Stadtverfassung mitwirken. Neben dem vollberechtigten männlichen Bürger gab es aber weiterhin unmündige Bürgerinnen, Geistliche und Beginen, Gesellen und Mägde, Juden und Jüdinnen, Tagelöhner und Dienstbotinnen, Knechte und Arme. Sie alle waren als Vertreter/innen in diesen Organen nicht vorgesehen.

Die ersten, die die neue Stadtmacht zu spüren bekamen, waren die Juden. Die neue Schicht engagierte sich kaum für die Rechte der Juden, die sie vor allem als lästige Konkurrenten ansah. Religiöse Vorurteile waren dabei eher der ideologische Schein über den wirtschaftlichen Interessen. Nach den ersten Pogromen im 11. Jahrhundert hatte sich die jüdische Gemeinde im 12. Jahrhundert neu organisiert und war wieder in die gutbürgerliche Wohngegend um das spätere Rathaus herum zurückgekehrt. Zunächst noch integrierter Bestandteil der Stadtbevölkerung, lebten Juden als Kaufleute und wandten sich dann mehr und mehr dem Geldgeschäft zu. Der Grund dafür lag einmal in der Weigerung der Zünfte, Juden aufzunehmen, und zum anderen im sogenannten »Zinsverbot« für Christen, denen Geldgeschäfte untersagt waren. Um das Rathaus herum entstand ein jüdisches Gemeindezentrum mit Synagoge (die erste von 1012 war zerstört worden), Frauensynagoge, Backhaus und dem Reinigungsbad »Mikwe« (das heute wieder unter dem Rathausplatz zu besichtigen ist). Das Judenviertel war von den umliegenden Wohngebieten der christlichen Kölner nicht abgeschlossen. Erst um 1300 waren Ghettotore gebaut, die die jüdische Siedlung vor den Christen schützen und sie abtrennen sollte; wenig später wurde der Judenbezirk räumlich definiert. Von diesem Zeitpunkt an durften die christlichen Kölner an ihre jüdischen Mitbürger keinen Grund oder Boden mehr verkaufen.

Am 23. August 1349 kommt es in der sogenannten »Bartholomäusnacht« zu einem furchtbaren Pogrom. Es war die Zeit der Pest, in der fast die halbe Bevölkerung dahingerafft wurde, wofür man einen »Schuldigen« suchte. Es war wohl leichter, einen Sündenbock zu finden, statt die Hygiene in der Stadt zu verbessern oder die Ratten totzuschlagen, was schon damals einige kluge Leute erwogen hatten. Wie immer bei unerklärlichen Seuchen gewann der Irrationalismus: die Juden – Frauen, Männer und Kinder – wurden in ihren Häusern überfallen, totgeschlagen, verbrannt. Niemand entkam. Wenige Jahre später kamen Juden unter dem Schutz des Erzbischofs noch einmal zurück in die Stadt, die an den Einnahmen aus dem sogenannten »Judenregal« interessiert war, der Steuer fürs Wohnen und Arbeiten. 1424 aber war es endgültig vorbei: Die Aufenthaltserlaubnis für Juden wurde vom Stadtrat verweigert, und bis zur französischen Revolution durfte kein Jude mehr Bürger in Köln sein, womit für lange Zeit ein wichtiges Moment städtischer Innovation ausgeschlossen war. Die Auswirkungen dieses Ausschlusses versteht man erst Jahrhunderte später und vielleicht auch erst dann, wenn man das Köln der Neuzeit mit Städten wie Frankfurt, Prag oder Amsterdam vergleicht, wo sich eine stark von Juden geprägte Kultur und Urbanität vor allem in der Zeit der Aufklärung entfalten konnte.

Eine Besonderheit in der Ökonomie des Mittelalters sind die Klöster und Konvente. Als autarke Selbstversorger waren sie auch in der Stadt unabhängig von der allgemeinen Entwicklung, oft waren sie ihr weit voraus. Das geistliche und handwerkliche Wissen konnte ungehindert vom Zunftzwang weitergegeben werden, und in den Klöstern fand die erste Akkumulation von Kapital statt. Eine Sonderstellung kommt in Köln den Frauenklöstern bzw. -konventen zu, hier insbesondere der Gemeinschaft der Beginen. Zunächst eine laienreligiöse Bewegung von Frauen, die vom Betteln leben und als Predigerinnen herumziehen, breitete sie sich im 12. und 13. Jahrhundert vor allem in Belgien, Holland und dem Rheinland aus. Köln wurde zu einer Hochburg der Beginen, die als Frauenwohngemeinschaften zusammenlebten und kaum von der Kirche

Die Grabsteine des Judenfriedhofs wurden nach der Vertreibung der Juden zum Bau des Rathauses verwendet.

kontrolliert werden konnten. Die meisten Konvente waren durch Patrizier/innen gestiftet worden, die so ihre Chance, in den Himmel zu gelangen, aufzubessern gedachten. Das wichtigste Prinzip der Beginen war es, sich durch eigener Hände Arbeit zu ernähren. Als die wohl einzig legitime Form der Selbständigkeit, vor allem von ledigen Frauen, werden in Köln und Umgebung über tausend Beginen gezählt und bis zum ausgehenden 15. Jahrhundert rund einhundertsiebzig Konvente. Die Distanz zur Kirche und die wirtschaftliche Selbständigkeit der Beginen führte auch zu einer enormen ideologischen und schwärmerischen Begeisterung. Eine eigene Frauenmystik mit bedeutenden Vertreterinnen entwickelte sich in Konventen und Klöstern, die erst in unserer Zeit von der feministischen Theologie wiederentdeckt wird.

Zum Konflikt zwischen Frauengemeinschaften und Stadtbürgern kam es schließlich über die handwerkliche Produktion. Frauen arbeiteten billiger, oft auch besser und bedeuteten eine massive Konkurrenz für die Zünfte. In dem Maße, wie sich der Aufstieg der Zünfte vollzog, unterdrückten sie durch Gesetze und Übergriffe die Arbeit der Beginen, bis diese im 15. Jahrhundert praktisch ausgeschaltet sind. (An die Männerklöster haben sich die Handwerker übrigens nie in derselben Weise herangetraut, und diese konnten trotz aller verbalen Proteste bis zur Auflösung in der Säkularisation produzieren.) Später wurden die Beginen wegen ihrer theologischen und kirchenkritischen Elemente immer stärker ausgegrenzt und teilweise sogar von der Inquisition verfolgt. Die Evangelischen lehnten sie wegen ihrer Ehe- und Kinderlosigkeit ganz ab.

Köln auf dem Gipfel: Der häßliche Riese

Von 1424 bis zur Einstellung der Dombauarbeiten 1560

Im 16. Jahrhundert hatte Köln seinen Gipfel an Macht, Reichtum und Einfluß erreicht. Um das darzustellen, wurde das Rathaus mit der noch erhaltenen Renaissance-Laube prächtig ausgebaut, 1441 der Gürzenich als städtische Fest- und Feierhalle errichtet und mit dem Bau repräsentativer Zunfthäuser begonnen. Häufig war der Kaiser in dieser Zeit zu Besuch, was nicht nur ein Hinweis darauf ist, daß es unter den herrschenden Kreisen Europas »in« war, in Köln zu verkehren, sondern auch aufschlußreich hinsichtlich der Kapazitäten der heimischen Gastronomie, die für lange Wochen die Luxusgäste samt Anhang versorgen und verwöhnen konnte. Am 5. Januar 1531 versammelten sich die Kurfürsten des Heiligen Römischen Reiches Deutscher Nation im Kölner Dom, um in Anwesenheit des Kaisers dessen Bruder Ferdinand zum »römischen König« zu wählen. Für diesen Anlaß schuf der Wormser Holzschneider Anton Woensam eine Stadtansicht, die dem Kaiser und der

Festversammlung übergeben wurde, und die – bis heute unzählige Male reproduziert – eine wirkungsvolle Bildpropaganda der wunderbaren Größe Kölns darstellt.

In derselben Zeit nahmen wieder politische Differenzen und soziale Konflikte zu. 1481/82 kam es zum ersten Mal nach drei Generationen wieder zu einem Aufstand gegen den Rat, dem Ämtermißbrauch, Korruption, überhöhte Steuern und Geheimpolitik vorgeworfen wurde. Offensichtlich ist es eine Art »Gesetzmäßigkeit«, daß wenige, meist nur drei Generationen nach einer erfolgreichen Revolte die Verhältnisse wieder so versteinert sind, daß neue Aufstände an der Tagesordnung sind. Keine hundert Jahre nach dem Sturz der Geschlechter hatte sich eine neue Spitzenschicht, diesmal aus Zünften und Kaufleuten, etabliert und die Ämter unter sich aufgeteilt. Am 18. Februar 1482, am Karnevalsmontag, wurde das Rathaus gestürmt – aber erfolglos. Schon am Aschermittwoch wurden die Anführer enthauptet. Der nächste Aufstand, dreißig Jahre später, 1512/13, hatte mehr Erfolg. Die Vorwürfe, Steuerdruck und Klüngel, waren geblieben, und es gab eine lange Liste von 153 Artikeln mit Klagen, Angriffen und Verbesserungsvorschlägen. Rathaus, Stadtmauer und Türme wurden besetzt, die führenden Herren festgenommen und zehn von ihnen sofort enthauptet. Das politische

1520 wurden die Schriften Luthers, ein paar Jahre später, 1529, zwei protestantische Prediger verbrannt. Reformation fand in Köln nicht statt.

Ergebnis war die Erweiterung des alten Verbundbriefes durch eine angehängte Urkunde, den »Transfix-Brief«.

Der nächste Aufruhr im Jahre 1525 gegen den Klerus, die Reichen und den Rat war ganz eindeutig ein Volksaufstand, beeinflußt durch die Utopien und Forderungen der großen deutschen Bauernrevolution von 1524/26. Jetzt ist zum ersten Mal in der Kölner Revolutionsgeschichte das »Volk« direkt beteiligt, das immer wieder durch Forderungen, Drohungen, Aufläufe und Demonstrationen die Zunftvertreter unter Druck gesetzt hatte. Die Losung hieß: »Teilen mit den Geistlichen und den Reichen«. Zunächst konnten sich die radikalen Unterschichten durchsetzen, aber die Zünfte beteiligten sich nur halbherzig. Nicht zuletzt unter dem Eindruck der blutigen Niederlagen der Bauern mußten die Kölner Revolutionäre zurückweichen. Die Anführer wurden verhaftet und am 2. März umgebracht. Ihre Namen: Paul Kulp, Gerhard Kreuwel, Jakob von Biest, Ludwig von der Straßen und Tilmann Rebein.

Neu bei den Aufständen von 1512 und 1525 waren die Angriffe gegen Klerus und Kirche, gegen deren Privilegien und ihren Reichtum. Es war das Zeitalter der Reformation, und die Kirchenkritik lag in der Luft. In Köln hat sie sich indes nie groß ausbreiten können. Der Stadtklerus war meist absolut rom- und papsttreu, Universität und theologische Fakultät reaktionär, Rat und Geschäftsleute hielten sich heraus.

1529 wurden zwei lutherische Prediger, Adolf Clarenbach und Peter Fliesteden, öffentlich verbrannt und damit jedem deutlich vor Augen geführt, daß Protestanten in der katholischen Reichsstadt nichts zu melden hatten. Nur wenn es um Geld ging, traten religiöse Bedenken rasch in den Hintergrund. In der zweiten Hälfte des 16. Jahrhunderts, als in den Niederlanden die Calvinisten blutig verfolgt wurden, war Köln zeitweilig Zufluchtsort für die reichen evangelischen Kaufleute. Sie mußten zahlen, aber sie erhielten Asyl. Zumindest solange, bis der auswärtige Druck auf den Rat zunahm; dann wurden auch diese Flüchtlinge der Stadt verwiesen. Selbst der Papst intervenierte seinerzeit gegen die »Geusen«, wie die Protestanten in Ableitung des spöttisch gemeinen »gueux« (Bettler) genannt wurden. 1570 überreichten Klerus und Universität eine lange Liste mit 109 Häusern, in denen verdächtige Fremde lebten, um die sich der Rat kümmern sollte. Auf diese Denunziation geht auch der Auftrag für den berühmtesten Stadtplan Kölns, den sogenannten »Mercatorplan« aus dem Jahre 1571 zurück. Der Rat wollte den Überblick über die Stadt behalten und ließ aus kriminalprophylaktischen Erwägungen von dem damals berühmten Kupferstecher Arnold Mercator einen genauen Stadtplan mit Straßen und Grundrissen anfertigen, der jedes Haus, jedes Gebäude, jede Mauer, jeden Brunnen, alle Höfe, Gassen, Hinter- und Anbauten verzeichnete. Aus der Vogelperspektive hatten Polizei und Politik jetzt einen Überblick über die ganze Stadt. (Nach diesem Plan ist übrigens später das große Modell im Stadtmuseum gefertigt worden, das einen guten Eindruck nicht nur von der mittelalterlichen Stadt, sondern auch von dem Überblick des Mercatorplans verschaffen kann.)

Im 17. Jahrhundert ist es schließlich endgültig mit der vorübergehend liberalen Religionspolitik vorbei. Schon 1562 konnte nur noch ein Katholik Ratsherr werden und hatte zum Beweis seiner Konfession ein Beicht- und Kommunionsprotokoll seines Pfarrers vorzulegen. Von den zweitausend Protestanten, die um 1600 noch in Köln lebten, waren hundert Jahre später kaum dreihundert übriggeblieben.

Noch übler ging es allerdings den Andersgläubigen, die mit ihrer Kritik an Kirche und Klerus auch soziale Forderungen verbanden. Im Zuge der Reformation existierte die radikale Gruppe der sogenannten »Wiedertäufer«, die ein sozialutopisches Programm der völligen und faktischen Gleichheit aller Menschen vertraten und 1534 für ein kurzes Jahr in Münster sogar eine eigene Republik errichten konnten. Sie wurden geschlagen, zu Hunderten ermordet und ausgerottet, ihre Ideen aber lebten im Untergrund fort. In Köln, wo die Ketzer wie immer viele Anhänger hatten, wurden bis zum Beginn des Dreißigjährigen Krieges 320 Täufer bekannt, von denen mehr als die Hälfte verhaftet und dem bischöflichen Gericht übergeben wurde. Neun wurden ermordet und über fünfzig verbannt.

Entscheidenden Anteil an der Durchschlagkraft der Gegenreformation hatten die Jesuiten. 1544, schon kurz nach der Gründung des Ordens in Paris, wurde in Köln unter anderem von Petrus Canisius und

1560 wurde der Weiterbau des Doms eingestellt. Die Kassen waren leer, und der Geschmack hatte sich geändert.

Peter Faber die erste deutsche Niederlassung ins Leben gerufen. Wichtig für die erfolgreiche Durchsetzung der jesuitischen Ziele war die Übernahme der »bursa cucana«. Aus dieser Schule wurde das »Tricorona-

Im 30jährigen Krieg schafften es die Kölner, die Stadt aus den Kämpfen herauszuhalten und mit allen Seiten Waffengeschäfte zu treiben. Nur ein Pulverturm explodierte 1632 in Deutz – durch Selbstentzündung.

tum«, das Dreikönigsgymnasium, eine pädagogische Eliteanstalt, die fortan eine der ideologischen Rüststätten im Geiste der reaktionären Gegenreformation werden sollte.

An den barocken Kunstgeist dieser Epoche erinnern indes nur wenige Bauten und Werke in Köln. In voller Pracht erhalten ist eigentlich nur die Jesuitenkirche Mariä Himmelfahrt gegenüber dem ehemaligen Gymnasium. Für die geringe Verbreitung des Barock in Köln sind zwei Gründe ausschlaggebend. Zum einen gab es keinen absolutistischen Stadtherrn, der nach seiner feudalen Kunstvorstellung die »alten« Kirchen hätte abreißen, umgestalten lassen oder auch eine entsprechende Palastarchitektur bauen können. Zum anderen herrschte Ebbe in den Kassen der Stadt. Die Jahre mit Geld, Gewinn und Kommerz waren vorbei. Neues wurde in der Domstadt nicht mehr ersonnen, die großen Geschäfte anderswo gemacht. Die Entdeckung der Neuen Welt hatte vor allem die früher begünstigte Lage der Flußhandelsstädte relativiert und den Seehäfen zum Aufstieg verholfen. Die Millionenumsätze flossen jetzt in Lissabon und Antwerpen, in Amsterdam und London. So entsprach es nicht nur dem Trend der Zeit, sondern auch der Kölner Kassenlage, daß im Jahre 1560 der Dombau eingestellt wurde. Seitdem ragte ein halber Turm mit einem ganzen Chor wie ein Torso in den Himmel.

Köln alt und häßlich

Von 1560 bis zum Einmarsch der Franzosen 1794

Die folgenden zweieinhalb Jahrhunderte sind zwar eine lange Zeit in der Stadtgeschichte, umfassen aber nur wenige berichtenswerte Ereignisse. Während die Kölner des 15. und 16. Jahrhunderts sich immerhin noch auf den alten Lorbeeren ausruhen konnten, waren 17. und 18. Jahrhundert eine Zeit der Stagnation und des Niedergangs. In dieser Epoche kam eine konturenlose und spannungsarme Mentalität zum Tragen, deren geschäftsmäßiger Ausdruck der »kölsche Klüngel« ist: Man geht kein Risiko ein, setzt auf die Beziehung statt auf die Auseinandersetzung, legt sich nicht fest und versucht, den größten Vorteil mit der geringsten Kraftanstrengung zu erreichen – eine Art Naturgesetz der lokalen Politik.

Im 30jährigen Krieg schafften es die Kölner immerhin, sich aus allen kriegerischen Händeln herauszuhalten, obwohl halb Europa in Trümmern und Asche lag. Nur einmal flog ein Pulverturm in Deutz in die Luft, und das auch nur durch Selbstentzündung und nicht durch Feindeinwirkung. Die Stadt machte währenddessen mit allen Seiten ihre Geschäfte.

Die Zünfte, die früher wenigstens teilweise der Selbstverwaltung und dem Schutz der Handwerker gedient hatten, regredierten in dieser Zeit zu starren Regelverwaltern, verhinderten und verboten alle technischen Neuerungen und untersagten Änderungen des Althergebrachten. Sie verkamen zu Männerbünden, deren wichtigste öffentliche Tätigkeit darin bestand, über die Moral zu wachen und die Heiratsregeln für ihre Mitglieder festzulegen. In Köln wurden kaum noch technische Neuerungen bekannt oder, wie z. B. das Garnrad für Zwirnerinnen, verboten, Die Entwicklung ging an der Stadt vorbei. Dagegen wurden Ämterpatronage, Bestechung, Erpressung und Klüngel in Rat und Verwaltung sprichwörtlich. Es war schließlich ein intimer Kreis von zwölf Dutzend reicher Familien, deren männliche Mitglieder alle Ämter, vom Bürgermeister über die Ratsposten bis zu den Schöffen, unter sich aufteilten und das Verbot der sofortigen Wiederwahl aus dem alten Verbundbrief dadurch umgingen, daß sie sich die Posten überkreuz zuschoben: ein Jahr Bürgermeister, zwei Jahre andere Ämter.

1680 kam es noch einmal zu einem Aufstand unter Führung des Bandwarenhändlers Nikolaus Gülich gegen den Rathaus-Klüngel. Gülich erreichte mit der Unterstützung seiner Zunft die Einrichtung eines Untersuchungsausschusses, der nach und nach selbst die politische Macht in der Stadt übernahm, zahlreiche Honoratioren absetzte, verhaftete und einen gar enthaupten ließ. Für eineinhalb Jahre zwischen 1683 und 1685 konnten Gülich und seine Genossen selbst das Stadtregiment ausüben, ehe es ihren Gegnern gelang, den Kaiser auf ihre Seite zu ziehen, dem das revolutionäre Treiben in der fernen, aber grenzpolitisch wichtigen Stadt Köln nicht gleichgültig sein konnte. Er verhängte den Bann über Gülich, was soviel bedeutete, wie heutzutage zum Terroristen gestempelt zu werden. Gülich wurde verhaftet und zusammen mit seinem Freund Abraham Sax am 23. Februar 1686 in der nicht zu Köln gehörenden Gemeinde Mülheim enthauptet. Denn nur die besseren Leute genossen das Privileg, innerhalb der Stadt hingerichtet zu werden. Revolutionäre, Ketzer oder Kriminelle wurden vor den Toren erledigt, in der Regel auf Melaten oder dem Judenbüchel.

Melaten ist auch ein Ort, der für die Frauengeschichtsschreibung der Stadt eine bedeutende Rolle spielt. Hier wurden die sogenannten »Hexen« verbrannt. Dabei wird Köln häufig nachgesagt, es habe hier nicht so viele Hexenprozesse gegeben, die Liberalität der Stadt habe die wüstesten Exzesse verhindert. Doch das ist wiederum zur zum Teil richtig. Zunächst war Köln schon seit den frühesten Tagen eine ideologische, weil theologische Hochburg des Hexenwahns. Zwei Kölner Dominikaner, Heinrich Institoris und Jakob Sprenger, sind die Autoren des »Hexenhammers«, der 1487 zum ersten Mal erschien, in seiner Zeit eine rasende Verbreitung fand und zum Standardwerk der Frauenverfolgung avancierte.

Beide Autoren waren Inquisitoren und verfügten über Erfahrung bei der Verfolgung von Andersgläubigen und Ketzern. Sprenger war Prior des Kölner Dominikanerklosters, Theologieprofessor an der Universität und später sogar Dekan und gilt als Experte der Marienverehrung. Institoris erlitt als Inquisitor in Tirol zunächst Schiffbruch und tat sich mit dem Kölner Ordenskollegen zusammen, um verbindliche Regeln zur Erkennung und Verfolgung der »Hexen« zu verfassen. Ihr »Hexenhammer« definiert nicht nur, was Zauberei ist und wie man die Untaten der »Hexen« erkennt, sondern er gibt auch Anleitung zum Verhör, zur Folter und zur Verurteilung. Beide Verfasser stammen aus dem Dominikanerorden. Die offizielle Kirchengeschichtsschreibung sowie auch die Gedenktafel an der Hauptpost, dem Ort ihres Wirkens, erinnern heute lieber an zwei andere Söhne aus diesem Hause: an die ebenfalls in Köln tätigen Albertus Magnus und Thomas von Aquin. Sie verschweigt indes auch deren geistesgeschichtlichen Beitrag zur abendländischen Frauenverfolgung. Der große Albert hat sich ausdrücklich mit der »Zauberei« beschäftigt und den irrationalen Glauben seiner Zeit verstärkt. Ebenso Thomas, von dem so fundamentale theologische Untersuchungen existieren wie über den Geschlechtsverkehr mit dem Teufel. Beide waren keine Inquisitoren und haben auch keine Feuer angesteckt, aber sie haben den frauenfeindlichen Irrationalismus gefördert, auf dessen

Boden die Hexenverfolgung sich erst ereignen konnte. Aus dem Jahre 1446 ist der erste Hexenprozeß in Köln überliefert, aber bis Anfang des 17. Jahrhunderts kam es nur zu wenigen Verurteilungen und knapp zehn Hinrichtungen. Meistens wurden die Frauen erst an den Pranger gestellt, »ermahnt« und der Stadt verwiesen. Die Kölner, der Stadtrat und die herrschenden Kreise haben die Hexenverfolgung zunächst nicht aktiv betrieben. Ihre Interessen waren am Handel orientiert und durch die alte Konkurrenz mit dem Erzbischof gebunden. Eine Änderung trat erst in der Krisenzeit des ausgehenden 16. Jahrhunderts, also in der Neuzeit ein und während des 30jährigen Krieges. Von 1627 bis 1630 kam es zum Höhepunkt der Hexenverfolgungen, der Prozesse und Hinrichtungen. Während des gesamten 16. und 17. Jahrhunderts sind 96 Hexenprozesse in Köln verzeichnet. in 90 % der Fälle richtete sich die Anklage gegen Frauen. 37 wurden ermordet, zehn von ihnen waren Hebammen. Die Urteile wurden auf dem Domhof gesprochen, die Frauen anschließend auf einem Henkerskarren zum Melaten gefahren und dort bei lebendigem Leib verbrannt oder, wenn der Henker »gnädig« war, vorher stranguliert.

Hexenverfolgung nur als irrationalen Wahn abzutun, wäre zu kurz gegriffen. Letztendlich ging es dabei auch um die – sehr rationale – Einschüchterung von Frauen und ihre Verdrängung aus dem öffentlichen Leben. In Köln hatten die Frauen im 14. und 15. Jahrhundert, im Unterschied zu den meisten spätmittelalterlichen Städten, in Handel und Gewerbe eine relative Selbständigkeit erlangt. Kaum ein Wirtschaftszweig existierte, in dem Frauen nicht vertreten waren, und nur wenige Zünfte legten weiblichen Mitgliedern Beschränkungen auf. Es gab sogar einige eigene Frauenzünfte wie die der Garnmacherinnen, der Goldspinnerinnen, der Seidenspinnerinnen und vor allem der Seidenweberinnen. Solange die Wirtschaft prosperierte, ging das gut, aber unter nachlassenden Gewinnmargen, der Einschränkung des internationalen Handels und damit der Absatzkrise vieler heimischer Produkte wurden – wie so oft in der Geschichte – als erstes die Frauen aus dem Wirtschaftsleben verdrängt. Die Frauenzünfte wurden im ausgehenden Mittelalter eingegrenzt und später aufgelöst; die »gemischten« Zünfte erließen Zugangsbeschränkungen; das Witwenrecht wurde eingegrenzt, Arbeitsverbote ausgesprochen. Bei der neu eingeführten Wanderschaft der Gesellen schloß man die Mädchen schließlich ganz aus. Auf politischer Ebene konnten sich die Frauen nicht einmal wehren, denn in der Rechtsstellung und Politik waren sie nie gleichberechtigt gewesen und durften die Schwelle des Ratsaals nicht überschreiten, um dort ihre Interessen zu verfechten. So fallen Wirtschaftskrise, Hexenverfolgung und die Vertreibung der Frauen aus der Erwerbsarbeit in dieselbe Epoche. Ein Zufall?

Köln französisch und preußisch

Von 1794 bis zur großen Eingemeindung am 1. April 1888

Am 6. Oktober 1794 übergaben Abgesandte des Rates vor dem Hahnentor den heranrückenden französischen Truppen die Schlüssel der Stadttore. Für etwa zwanzig Jahre bestimmten jetzt die Franzosen in Köln, die ihre Staatsgrenze bis zum Rhein ausgedehnt hatten. So kurz diese Zeit auch war, sie hat Entscheidendes verändert. Zugespitzt könnte man sagen: Die Franzosen haben Köln vom Mittelalter in die Neuzeit gestoßen. Nur eine kleine Gruppe rheinischer Jakobiner hat sie indes als Befreier empfangen, und nur wenige Kölner haben die Revolutionsparolen von Freiheit, Gleichheit und Brüderlichkeit auch laut vertreten.

Als erstes schafften die Franzosen die alte ständische Ordnung ab, lösten die Zünfte auf, gestatteten die Gewerbe- und Niederlassungsfreiheit, erlaubten Juden und Protestanten, sich in Köln niederzulassen und Bürger zu werden. Diese brachten als moderne Geschäftsleute aus anderen Städten häufig Geld und Wissen mit und stiegen zu den führenden Unternehmern und Frühkapitalisten Kölns auf. Neben der Abschaffung der überkommenen ständischen Ordnung beseitigten die Franzosen auch die zum Teil vorhandenen Feudalrechte, verboten den Zehnten und – das allerwichtigste, was bis heute ihren schlechten Ruf in Köln bestimmt – sie enteigneten die Kirche! Die katholische Kirche war die größte Grundherrin des Abendlandes, in Köln schätzte man ihren Besitz auf 40 – 50 % des Grund und Bodens. 11 Stifte existierten zur Zeit des

Die französischen Revolutionstruppen enteigneten nach ihrem Einmarsch 1794 die Kirche. Auf dem Neumarkt pflanzten sie einen Freiheitsbaum und verbrannten daneben die »hölzernen Götzenbilder« aus dem Dom – die Kunstgeschichte trauert!

Einmarsches der Franzosen, 58 Klöster, 19 Pfarrkirchen und 49 Kapellen. Über 2.500 Kleriker, Mönche und Nonnen lebten in der Domstadt. Die kirchlichen Einnahmen schätzt man doppelt so hoch wie den gesamten Stadtetat. Mit der Säkularisation ging der größte Teil in Staatsbesitz über: Kirchen, Grundstücke, Klöster und alle Kunstschätze und Bibliotheken gelangten auf den »freien Markt«. Und die neuen Unternehmer hatten umgehend die nötigen Hallen und Gebäude zur Verfügung, indem sie frühere Kirchen zu Fabriken und Manufakturen umfunktionierten. Die Säkularisation wurde so zu einer Voraussetzung für die frühe Industrialisierung. Eine zweite indirekte Wirkung können wir heute noch im Wallraf-Richartz-Museum bewundern, denn ohne die Enteignung wären die Kunstschätze nicht in den Handel gekommen, und der Universitätsrektor und Priester Franz Wallraf hätte sie nicht kaufen und sammeln können. Nur ausgewählte Pfarrkirchen blieben im Gegensatz zu Stiften und Klöstern von der Säkularisation ausgenommen. Die alten romanischen Stiftskirchen wurden daher alsbald zu Pfarreien umdefiniert und sind auf diese Weise erhalten geblieben. Seit damals ist auch der Dom eine Pfarrkirche.

Schließlich ordneten die Franzosen die Verwaltung und schufen eine einheitliche Justiz, organisierten die Anfänge einer städtischen Armenfürsorge, richteten einen Zentralfriedhof auf der ehemaligen Hinrichtungsstätte Melaten ein und machten sich Gedanken zur Hygiene und Straßenbeleuchtung. Eigentlich alles weitsichtige Entscheidungen, und trotzdem hat die kurze Zeit französischer Herrschaft bis heute weitgehend ein negatives Image.

1814 ging die Stadt kampflos an die Preußen über, und wie immer richteten sich die Kölner moderat auf die neuen Herren und Verhältnisse ein. Noch nach der militärischen Niederlage Frankreichs hatten sie am 16. Dezember 1813 den Geburtstag Napoleons gefeiert, als sei nichts geschehen; wenige Monate später begingen sie am 3. August 1814 freiwillig und feierlich den Geburtstag des preußischen Königs Friedrich Wilhelm III. (der auf dem Heumarkt als Reiterstandbild zu bewundern ist).

Für die Preußen hatte Köln besondere Bedeutung als westliche Grenzbastion, und sie bauten die Domstadt sehr schnell zu ihrer größten Festung am Rhein aus. Am Neumarkt errichteten sie eine große Infanterie- und in Deutz eine Kavalleriekaserne. Zahlreiche militärische Einrichtungen und Depots wurden in früheren Kirchen und Klöstern untergebracht und die altehrwürdige Stadtmauer als neues Festungswerk hergerichtet. Ein breiter Gürtel militärischer Forts und Anlagen wurde landseitig in einem großen Halbkreis um die Stadt herum gelegt, mit Gräben, Sperren, Kasematten und was die Festungstechnik sonst noch alles zu bieten hatte. Das südliche Fort trug die Nr. I (heute das Hindenburgdenkmal in der Südstadt). Die Numerierung setzte sich dann bis zum Fort XI am nördlichen Rheinufer fort. Das 10. Fort mit der Zahl X, nahe dem Ebertplatz, ist als einziges noch vollständig erhalten.

Auch öffentliche Bauten und zentrale Verwaltungseinrichtungen ging man rasch an: ein neues Gericht am Appellhofplatz (1823/25), ein Theater, das Regierungspräsidium in der Zeughausstraße und ein Zentralgefängnis am Klingelpütz (1836/38), das nun alle Gefangenen aufnahm, die zuvor in den Türmen der Stadtmauer eingesperrt waren. Die Stadtbevölkerung verdoppelte sich bis zur Mitte des Jahrhunderts, und in den 30er Jahren setzte ein fieberhafter Bauboom ein. Köln hatte seit dem Hochmittelalter immer noch ausgedehnte landwirtschaftlich genutzte Reserverflächen innerhalb der Mauern, die jetzt von geschickten Spekulanten aufgekauft, parzelliert und bebaut wurden. Peter Joseph Weyer, bis 1844 Stadtbaumeister und Chef der kommunalen Planung, war maßgeblich an der Spekulation beteiligt. Finanziert wurde das lukrative Geschäft von dem Privatbankhaus Schaafhausen. Fast zweitausend Häuser entstanden in nicht einmal zwanzig Jahren. Das war rund ein Viertel des alten Bestandes. Eine ähnlich explosive Bautätigkeit hat es seitdem nie mehr gegeben. Entsprechend stiegen auch die Grundstücks-, Kauf- und Mietpreise. Ein Objekt in der Bobgasse, das 1810 noch für 675 Taler verkauft worden war, stieg über 2.400 Taler im Jahre 1821 auf 10.000 Taler 1843. Es hatte damit seinen Preis in gut dreißig Jahren um rund 1.500 % gesteigert und erbrachte im folgenden Jahr, als es parzelliert wurde, noch einmal mehr als das Doppelte.

In der Wirtschaft der Stadt spielten bald die Banken die erste Geige. Berühmte Bankhäuser wie Sal. Oppenheim, Herstatt, der erwähnte Schaafhausensche Bankverein oder das Bankhaus Stein wurden in dieser Zeit gegründet. Die Kölner Bankiers gehörten zu den bedeutendsten Finanziers des preußischen Frühkapitalismus und trugen entscheidend zur schnellen Erschließung des Steinkohlebergbaus im Ruhrgebiet, zur Rheinschiffahrt und zum Eisenbahnbau bei. Im frühen 19. Jahrhundert errangen sie eine Position im Finanzgeschäft, die sie bis weit in die 40er Jahre unseres Jahrhunderts, bei der Finanzierung der Industrie im 3. Reich und auch noch nach dem zweiten Weltkrieg mit der ökonomischen Absicherung der Adenauerschen Politik nicht mehr aus den Händen gegeben haben. Wichtig wurden auch die Versicherungsgründungen, von denen die Agrippina, die Colonia oder die Kölnische Rück bis heute existieren.

Die Industrialisierung in der Stadt selber vollzog sich zunächst langsam, beschleunigte sich aber ab der Jahrhundertmitte. Die Dampfmaschine brachte einen Entwicklungsschub. 1828 hatten die Gebrüder Jacobi für eine Getreidemühle die erste 28 PS starke Anlage angeschafft. Sechs Jahre später setzte die Textilfabrik F. W. Brügelmann die zweite ein. 1846 gab es 26 Dampfmaschinen in Köln, 1858 waren es schon 154 und drei Jahre später 224.

Die frühen Industrien konnten sich in der ersten Hälfte des 19. Jahrhunderts noch im Süden und Norden der alten Stadt ansiedeln – hier »Felten & Guilleaume« an der Ulrepforte.

Mit zunehmendem Wohlstand stiegen die Ansprüche, das ermunterte manchen vermögenden Handwerker, sich zum Fabrikanten zu mausern. So begann 1843 der Konditor Stollwerck, Brustbonbons und Kekse mit Hilfe der neuen technischen Möglichkeiten in Massen herzustellen. Heinrich Pallenberg begann seine Laufbahn noch als Schreinerlehrling, später stellte er feine Möbel für gehobene Ansprüche her. Schon 1822 hatte sich der Seilermeister Theodor Felten mit seinem Schwiegersohn Carl Guilleaume zusammengetan und produzierte fünfzehn Jahre später Drahtseile für den Bergbau. Daraus entstand die Firma F & G, deren bekannter Name erst in unseren Tagen aus dem Kölner Fabrikantenleben verschwindet, weil sie vom luxemburgischen Arbed-Konzern aufgekauft worden ist.

Die industrielle Entwicklung ist auch an den Beschäftigungszahlen abzulesen. 1849 waren noch elftausend Menschen im Handwerk tätig, und in der Industrie arbeiteten mit rund viertausend sogar noch weniger als im Bereich Handel, Banken, Versicherungen und Verkehr. Dagegen gibt es über zehntausend Tagelöhner und sogenanntes Gesinde, die erheblich von Konjunktur und Krise abhängig und zum Teil auf die öffentliche Armenpflege angewiesen waren. Die meisten Fabrikarbeiter und -arbeiterinnen waren in dieser Zeit in der Textilbranche beschäftigt, ferner eine größere Zahl in den Zuckerraffinerien des reichsten Kölners, Carl Joest. Die Arbeitslosen setzte die Stadt beim Bau des Hafens ein. Um die Jahrhundertmitte wurde ohne soziale Absicherung und Urlaub bis zu sechzehn Stunden täglich gearbeitet und das an sechs Tagen in

In Köln gab es während der Revolution von 1848 keine Straßenkämpfe. Einmal packte die Kölner allerdings die Wut über die »Kölnische Zeitung«, den Vorläufer des »Stadt-Anzeigers«. Sie stürmten am 22. November 1848 die Redaktion.

der Woche. Das Jahreseinkommen der Fabrikarbeiter, Handwerker, Gesellen und Tagelöhner lag im Schnitt bei einhundertfünfzig Talern. Im Revolutionsjahr 1848 verdienten aber mehr als zehntausend Bürger nicht einmal das. Ihr Jahreseinkommen lag zwischen achtzig und einhundert Talern, Frauen erhielten 50 % davon und Jugendliche je nach Alter und Geschlecht 10 bis 50 % des Männereinkommens. Carl Joest versteuerte in diesem Jahr sechzigtausend Taler und der zweitreichste Kölner, der Bankier Friedrich Johann David Herstatt, immerhin noch dreißigtausend Taler.

Dem durchschnittlichen Jahresverdienst von einhundertfünfzig Talern bei Lohnabhängigen stehen jährliche Ausgaben von etwa zweihundert Talern für Miete und Nahrungsmittel gegenüber, so daß Kinderarbeit unumgänglich wurde. Im Tabakgewerbe etwa waren 50 % der Beschäftigten Kinder zwischen neun und dreizehn Jahren, die bis zu zehn Stunden täglich arbeiten mußten. Die große Agrarkrise der Jahre 1846/48 verschärfte die ohnehin schon desolate Lage des neuen Proletariats. Es gab enorme Preissteigerungen bei den Grundnahrungsmitteln Kartoffeln und Getreide, und die Reallöhne sanken.

Zur Zeit der ersten Revolution in Deutschland, 1848, war Köln ein Ort mit zahlreichen Aktivitäten. Aus allen politischen Lagern der Reformkräfte, dem sozialistischen, dem liberalen und dem katholischen, gab es starke Gruppen in der Stadt, die sich aber nur höchst selten einig waren. Alle standen unter dem faktischen Druck des massenhaft anwesenden Militärs, das hier in der größten preußischen Festung konzentriert war. So blieb Köln eine Stadt mit zahlreichen Aufrufen, Protestkundgebungen, Großdemonstrationen, Flugblättern, Appellen und Aufläufen, doch ohne bewaffnete Kämpfe. Einmal, am 25. September 1848, wurden nach der Verhaftung der Führer der sozialistischen Bewegung zwar Barrikaden am Alter Markt gebaut, aber abends gingen die Revolutionäre wieder nach Hause, und preußische Soldaten sowie städtische Arbeiter räumten alles wieder weg. Es war nichts geschehen. Einmal nur kam es zum Sturm auf die »Kölnische Zeitung«, die Vorläuferin des heutigen »Kölner Stadtanzeigers«, deren einseitige Berichterstattung die Wut der Demokraten entfacht hatte.

Im Frühjahr 1848 kommen Friedrich Engels und Karl Marx von Brüssel nach Köln und geben hier das wichtigste Organ der Revolutionszeit, die »Neue Rheinische Zeitung« heraus. Der Name erinnert an eine frühere Tätigkeit von Marx, der schon 1841/43 als Chefredakteur der »Rheinischen Zeitung« in der Domstadt gewesen war, die seinerzeit vom liberalen Kölner Großbürgertum finanziert, von der preußischen Regierung aber verboten worden war. In der 48er Revolution agierte eine ganze Reihe wichtiger Frauen und Männer in Köln, die zum Teil hier geboren waren oder lebten, und die später an ganz anderen Orten wichtige Rollen spielten, doch in Köln in Vergessenheit gerieten; so z.B. Franziska Anneke, eine der ersten politischen Feministinnen, die nach Amerika auswanderte; ihr Mann Fritz Anneke, der als Offizier bei den letzten badischen Kämpfen im Frühjahr 1849 beteiligt war; August von Willich oder der Armenarzt Andreas Gottschalk; der spätere Oberbürgermeister Hermann Becker (der »Rote Becker«); der Zigarrenhändler Franz Raveaux, der mittlerweile völlig unbekannte und vergessene erste Kölner Abgeordnete in der Paulskirche und dort einer der führenden Köpfe des linken Flügels.

Die Revolution ging verloren, und die Reaktion rächte sich 1852 mit dem großangelegten »Kommunistenprozeß«, bei dem die Hälfte der Angeklagten zu mehrjähriger Festungshaft verurteilt wurde. Viele ehemals Beteiligte wanderten aus. Sie flohen vor der preußischen Reaktion und vor Elend, Hunger und Arbeitslosigkeit.

Über die Stadt kam nach 1860 eine erneute Bau-, Spekulations- und Industrialisierungswelle. 1859 wurde eine Eisenbahnbrücke über den Rhein eingeweiht und ein zentraler Bahnhof neben dem Dom errichtet, der die bisher getrennten rechts- und linksrheinischen Eisenbahnlinien verknüpfte. Der Straßenbau erschloß alle Teile der alten Stadt dem Verkehr und der Besiedlung. Zunächst wurden die Ausfallstraßen erweitert und zu Geschäftsstraßen ausgebaut; quer dazu entstanden die Wohnstraßen. In den 60er Jahren folgte noch einmal ein Boom beim innerstädtischen Wohnungsbau. In dieser Zeit werden zwei Faktoren für die Stadtentwicklung wesentlich bestimmend; zum einen die neue Kriegstechnik, zum anderen die Expansion der Dörfer draußen vor der Stadt. Mit dem alten Festungsring um die Stadtmauern hatten die Preußen einen sogenannten »Rayon« verbunden, einen etwa 600 m breiten Streifen, der als Schußfeld frei bleiben mußte und nicht bebaut werden durfte. Auf dem jüdischen Friedhof in Deutz sind heute noch die liegenden Grabsteine zu sehen, deren Lage absichtlich so gewählt war, damit sich kein Feind im Rayon unbemerkt anschleichen konnte. Als die Waffentechnik aber verbessert wurde und Kanonen weiter schossen, begannen die Preußen, weit außerhalb der Stadt im Abstand von vier bis sechs Kilometern neue Forts und Festungsanlagen zu errichten. Diese wurden durch eine Straße verbunden, den »Militärring«, auf dessen alten Grundstücken heute wieder die Militäreinrichtungen von NATO und Bundeswehr liegen. Der deutsch-französische Krieg 1870/71 machte den inneren Festungsring dann völlig überflüssig, und die preußischen Militärs boten der Stadt an, die mittelalterliche Mauer zurückzukaufen. Zehn Jahre später war es so weit, daß unter dem Jubel der Kölner am 11. Juni 1881 die erste Bresche in die Mauer gesprengt werden konnte. In einem breiten Streifen um die Stadt herum wurde auf dem Gebiet der Stadtmauer und des preußischen Festungswerks eine neue Stadt gebaut, die »Neustadt«. Planmäßig und systematisch wurde sie in nicht einmal zwanzig Jahren hochgezogen, wieder begleitet von heftiger Grundstücksspekulation. Die Erschließung begann mit den Ringen, die zwischen 1881 und 1886 als erstes fertiggestellt wurden. Daran schlossen sich Wohngebiete bis zur Eisenbahn an, wobei die Lage der Quartiere von Anfang an entsprechend den gesellschaftlichen Klassen geplant wurde: für die Oberschicht zwei Villenviertel, im Norden am Rhein und im Süden am Volkspark; für die bürgerlichen Mittelschichten die großen

Am 11. Juni 1881 wurde die erste Bresche in die mittelalterliche Stadtmauer gesprengt – sie stand der Stadterweiterung und der Spekulation der Grundstücksbesitzer im Wege.

vier- bis fünfstöckigen Wohnhäuser der Gründerzeitepoche im Dreikönigsviertel am Ebertplatz, im Hansa- und im Belgischen Viertel, um den Barbarossaplatz herum und in der Südstadt am Römer- und Hindenburgpark; und für die Unterschichten schließlich die Reste im Norden zwischen Schlachthof und Eisenbahnknotenpunkt am Gereonsgelände und im Süden zwischen Ring, Wasserwerk und Eisenbahn.

In der alten Stadt selber wurde der letzte Meter Gartenland umgenutzt, wurden Wohnhäuser oder Gewerbebetriebe errichtet. Nach und nach wuchsen die Gewerbe über die Mauergrenze hinaus nach Süden. Bayenthal wurde der erste Industrievorort Kölns. Andere Stadtteile oder Umlandgemeinden nahmen eine eigenständige Entwicklung; z.B. Mülheim, das seit jeher eine freie Stadt war und zum Herzogtum Berg gehört hatte. Hierher waren im 18. Jahrhundert die protestantischen Kaufleute und andere Menschen ausgewandert, die im katholischen Köln nicht leben, atmen und arbeiten konnten. Ihr Geld und ihr unternehmerisches Geschick verhalfen Mülheim schon lange vor Köln zur Industrialisierung.

Ein weiteres Beispiel ist Ehrenfeld. Als die innerstädtischen Gewerbegebiete immer teurer wurden, schlossen sich einige Kaufleute aus der Ehrenstraße (daher der Name »Ehren«feld) zusammen, um auf dem platten Land vor der Stadt systematisch Siedlungen und Fabriken zu bauen. Ursprünglich war eine genossenschaftliche Verwertung geplant, aber auch hier setzten sich die Spekulanten durch, nachdem der neue Ort 1860 systematisch und blockweise erschlossen wurde. Die Planung ist heute noch an dem rechtwinkligen Straßenraster zu erkennen. Ähnliches gilt für Nippes, Lindenthal, Sülz, Klettenberg oder Zollstock. Andere Orte wie Müngersdorf, Niehl, Bickendorf, Ossendorf oder Mauenheim sind aus zum Teil sehr alten dörflichen Siedlungen hervorgegangen.

Nach dem Schleifen der Festung und dem Bau der Neustadt dauerte es keine sieben Jahre, bis von der alten Stadt Köln ein riesiges Gebiet geschluckt wurde. 1886 erlaubte ein Ministererlaß der preußischen Regierung die Eingemeindung der umliegenden Orte, um erstens eine einheitliche Infrastruktur zu ermöglichen und um zweitens eine geschlossene polizeiliche Kontrolle der Arbeiterbewegung zu garantieren. Am 1. April 1888 war es so weit: Ein neues, größeres Köln entstand. Linksrheinisch verlief jetzt die Stadtgrenze etwa entlang der Militärringstraße, rechtsrheinisch kamen Deutz und Poll zu Köln. Die Stadtfläche wurde damit von eintausend auf über elftausend Hektar verzehnfacht und die Einwohnerzahl auf über 260.000 mehr als verdoppelt. Köln war damit – wie schon im Mittelalter – die flächenmäßig größte Stadt in Deutschland. 1910, 1914, 1919 und zuletzt 1975 kamen noch einmal durch Eingemeindungen größere Gebiete dazu, die das alte Stadtgebilde wieder »abrundeten«. Doch die entscheidende Veränderung des fast zweitausend Jahre alten Stadtkörpers geschah in diesem Jahr 1888.

Der Gott Verkehr

Städtebau und Stadtplanung im Bereich der Alten Stadt von 1888 bis heute

Wollte man in gleicher Weise wie bis hierhin die Entwicklung der Stadt weiter beschreiben und dabei die sozialen, politischen, ästhetischen und wirtschaftlichen Faktoren berücksichtigen, so würde das nicht nur den Umfang sprengen, sondern es müßte eine Perspektive eingenommen werden, die auch alle Teile der Stadt in den sogenannten »Vororten« gleichberechtigt miteinbezieht. Daher werden im folgenden Stadtplanung und Stadtentwicklung nur noch kursorisch im Bereich der alten Stadt, innerhalb von Eisenbahn und innerem Grüngürtel, dargestellt.

Mit dem Bau der Neustadt änderte sich zunächst wenig in der alten Stadt. Der Ring wurde zum Boulevard mit öffentlichen und kulturellen Einrichtungen, seit den 20er Jahren auch zunehmend mit Geschäften und Ladenlokalen. 1918 gab es mit der deutschen Niederlage eine wichtige Zäsur, denn damit wurde das Rheinland und auch Köln linksrheinisch zur entmilitarisierten Zone. Nachdem 1926 auch die englischen Besatzungstruppen Köln verlassen hatten, war die Stadt zum ersten Mal in ihrer langen Geschichte tatsächlich eine militärfreie Region, ein Ort ohne Soldaten. Der Zustand dauerte indes nur zehn Jahre, bis zum Bruch des Versailler Vertrages durch Hitler, als Soldaten der Naziarmee über die Hohenzollernbrücke auf die linke Rheinseite marschierten, übrigens unter dem heftigen Jubel der Kölner und Kölnerinnen.

Die Stadtentwicklung wurde nach dem ersten Weltkrieg von dem damaligen Oberbürgermeister Konrad Adenauer systematisch angegangen. Die verlassenen Militäranlagen des inneren Forts wurden ab 1919 zu einem Grüngürtel umgebaut, der sich wie ein Ring um die gesamte Neustadt legte. Man baute jetzt keinen Park bürgerlichen Stils, sondern eine moderne Erholungsanlage mit Spiel- und Sportplätzen, einem Kunstsee, dem Aachener Weiher, und Liegewiesen. Die Innere Kanalstraße, die diesen Grüngürtel abschließt und die Grenze zu den eingemeindeten Vororten bildet, wurde erst sehr viel später, Anfang der 50er Jahre, gebaut. Ab 1929 entstand die neue Universität im Bereich des inneren Grüngürtels, und im selben Jahrzehnt wurde, auch unter der zielstrebigen Stadtentwicklungspolitik Adenauers, mit dem Bau der Messe auf der Deutzer Seite begonnen.

Die Wohnviertel in der Innenstadt wurden weiter verdichtet, aber bis auf das Hochhaus am Hansaring baute man in Köln nicht in die Höhe. Man wollte der Kirche und der Touristen wegen nicht in das berühmte Panorama eingreifen, das bis heute von den Türmen der mittelalterlichen Kirchen entscheidend geprägt wird. Ein späterer Baudezernent der 70er Jahre, Werner Baecker, hat dafür den Begriff der »Schüsseltheorie« geprägt: In der Mitte steht der Dom, und zu den Rändern hin, etwa im Bereich der Inneren Kanalstraße, beginnen die Hochhäuser aufzuwachsen wie der Rand einer Schüssel. Erst zum Ende dieses Jahrhunderts beginnt in Köln eine neue Diskussion um den Hochhausbau auch in der Kölner City.

In der Zeit des Nationalsozialismus begann die erste »moderne« Sanierungspolitik. Ab 1936 wurde eine breite Ost-West-Schneise quer durch die Stadt geschlagen und das linke Rheinufer seitlich der Deutzer Brücke freigelegt, das bis dahin seine geschlossene Front bewahrt hatte. An der Hahnenstraße zwischen Neumarkt und Rudolfplatz ist noch zu erkennen, was hier geplant war: eine fast achtzig Meter breite Verkehrsachse mit flankierenden Großbauten im Hintergrund. Nach dem Krieg hat der Architekt W. Riphan durch die wie Wellenbrecher quer liegenden flacheren Gebäude diese Schneise optisch geschickt wieder verjüngt.

Josef Goebbels (Mitte) mit Gauleiter Grohé (links) vor einem Modell der geplanten Neugestaltung Kölns. Beabsichtigt war u.a. die vollständige Altstadtsanierung und der west-östliche Straßendurchbruch von den Ringen zum Rhein. Deutz sollte abgerissen und zu einem riesigen Aufmarschgelände ausgebaut werden.

Auf der Deutzer Seite wollten die Nazis eine monumentale Großarchitektur als Pendant zum Dom errichten. Zum Glück kamen sie damit nicht mehr zum Zuge. In der Altstadt haben sie dagegen noch deutliche Spuren hinterlassen. Ab 1936 wurde der Bereich rund um Groß St. Martin restauriert und in einer Detailarchitektur saniert, die man damals für mittelalterlich hielt. »Original« ist im Martinsviertel im wesentlichen nur der Stadtgrundriß mit den engen Straßen und kleinparzellierten Grundstücken.

Der Endkampf im März 1945: ein abgeschossener Panzer in der Komödienstraße nahe dem Dom. »Der Trümmerhaufen Köln wurde dem Feind überlassen«, keine zehntausend Menschen lebten mehr in der Innenstadt.

Als sich das Oberkommando der Hitlerwehrmacht am 6. März 1945 mit den Worten verabschiedete: »Der Trümmerhaufen Köln wurde dem Feind überlassen«, lebten in den Bunkern und Ruinen der linksrheinischen Innenstadt wenig mehr als zehntausend Menschen. Das meiste war zerstört, von Köln kaum noch etwas zu sehen. Der zweite Weltkrieg hat die Stadt mehr verändert, als jedes andere Ereignis in der langen Geschichte vorher. Selbst die vielen Jahrhunderte zwischen römischem und hochmittelalterlichem Köln mit vielen Völkern und Eroberungen, Verfall, Bränden usw. haben mehr stehengelassen, als der vierjährige Bombenkrieg. Mit dem Wiederaufbau waren die kleinräumlichen Milieus um die alten Kirchenbezirke dahin, die »Veedel«, und damit ein wesentlicher Bezugspunkt des Lebens im Zentrum. Ebenso war es mit den früher geschlossenen Arbeiterbezirken vorbei. Der Schwerpunkt des städtischen Lebens verlagerte sich durch den raschen Auf- und vor allem Neubau eher in die Vororte und Stadtteile. Das Zentrum wurde zum einseitigen Dienstleistungs-, Kauf- und Verwaltungsmittelpunkt.

Ein erster Stadtentwicklungsplan mit dem euphorischen Titel »Das neue Köln« entwarf im Jahre 1950 eine neue Doppelstadt, »bestehend aus einer Kultur- und Handelsstadt im Süden und einer der schweren Arbeit zubestimmten Nordstadt. Eine Stadt der Bildner, Händler, Agenten, Beamten im Süden, eine der Arbeiter im Norden.« So pathetisch das auch klingt, in groben Umrissen ist es dazu gekommen. Die Planung der 50er und 60er Jahre spaltete die zentralen Lebensfunktionen in Arbeiten, Wohnen und Freizeit und schuf dementsprechend getrennte Teile der Stadt.

Wichtiger noch als dieser erste Plan wurde der »Generalverkehrsplan« aus dem Jahre 1956. Er setzte nicht nur die alten Nazipläne einer N-S-Fahrt (Nord-Süd-Fahrt) 1961/62 um, sondern lieferte auch die Grundlage dafür, die radialen Achsen, die aus der Stadt hinaus- bzw. hineinführen, auszubauen und zu verstärken. Einige Folgen des Plans: die Errichtung der Severinsbrücke (1959), die eine große Baulücke in die Südstadt schlug und zum ersten Mal seit dem Kriege wieder die Obdachlosenlager und Bunker mit den Opfern dieser Baupolitik füllte; der Bau der U-Bahn (ab 1963), um dem Auto über der Erde den Vorrang einzuräumen; schließlich die Umsetzung eines innerstädtischen Autobahnrings auf der Trasse Innere Kanalstraße/Innerer Grüngürtel. Die Stadtautobahn sollte die gesamte Innenstadt umschließen und den Radialverkehr aufnehmen bzw. einspeisen. Dazu wurden nur die ersten Teilstücke mit der rechtsrheinischen Stadtautobahn (1966), der Zoobrücke und dem nördlichen Zubringer durch Ehrenfeld fertiggestellt. Das Verbindungsstück in Nippes und die Weiterführung nach Süden konnten durch heftige Proteste verschiedener Bürgerinitiativen und durch die leeren Kassen in den 70er Jahren gestoppt werden.

Ende der 60er Jahre ging man von der bisherigen Grobplanung zu einer kleinräumigen Zielsetzung über und setzte differenziertere Instrumente ein. 1973/74 wurden die ersten Sanierungsgebiete im Martins- und Severinsviertel festgelegt, während man sich in anderen Stadtteilen mit der sogenannten »Stadterneuerung« begnügte. Bei der Sanierung hat der Staat die finanzielle und planerische Entscheidungsgewalt, während er bei der Stadterneuerung nur Rahmenvorgaben macht und sich die privaten Hausbesitzer und Kapitalinteressen ungehinderter austoben können.

In die beginnenden 70er Jahre fällt auch die Gründung und öffentliche Agitation einer Reihe von Bürger- und Stadtteilinitiativen. Köln war für ein Jahrzehnt die Hochburg dieser Bewegung unter allen Großstädten der Bundesrepublik. Es gab fast kein Viertel, kaum einen großen Platz oder einen Problempunkt in der Stadt, wo keine Initiative tätig war. Auch eine zweite Protestbewegung war in der Domstadt weit verbreitet: die der Hausbesetzer. Vor allem in der Neustadt gab es in der zweiten Hälfte der 70er Jahre – im Belgischen und im Hansa-Viertel, am Salierring und im Dreikönigsviertel – Dutzende besetzter alter Wohnhäuser, die abgerissen und den spekulativen Neu- oder Geschäftsbauten von Banken oder Versicherungen Platz machen sollten. Die Proteste und Aktionen konnten die vorgesehene Planung zum Teil bremsen, zum Teil umkehren. Häufiger haben sie indirekte Wirkung erzielt, haben etwa die

Ein »Jahrtausendbauwerk« (Originalton) wird angestochen – Oberbürgermeister John van Nes Ziegler (Mitte) und Baudezernent Werner Baecker (links) 1979 bei der Grundsteinlegung für den Irene-Ludwig-Tunnel vor dem Fischmarkt.

Position der Denkmalpflege gestärkt oder das Problembewußtsein für die Altbausanierung geweckt. Erfolge gab und gibt es für die Initiativen allerdings nur dort, wo kein hoher ökonomischer Druck auf den Vierteln und Objekten lastet.

Deshalb konnte auch kein Protest und keine Kritik die Zentrumsplanung, bei der die wirtschaftlichen Interessen am massivsten sind, beeinflussen. Erst im Laufe der 80er Jahre begriff man im Rathaus die Folgen dieser Politik für die Attraktivität der Stadtmitte und für den Tourismus. Doch das Rezept blieb auf die Metropole fixiert. Gegen die Entleerung der Innenstadt und die einseitige Nutzung durch Büros, Geschäfte und Gastronomie wurden zwar wieder Wohnungen gebaut wie um Groß St. Martin (1978), im Brügelmann-Komplex (1986) oder An Farina (1987), allerdings zu Kaufpreisen, die sie für den Normalbürger unerschwinglich machten. Sie sind in der Regel zu stolzen Preisen vermietet oder werden von den betuchten Besitzern als innerstädtische Zweitwohnung genutzt. Dazu kamen in den späten 80er Jahren eine Reihe von neuen Hotelbauten, fast alle im Zentrum, mit über 2000 neuen Betten der Luxusklasse. Die Folge: Die Innenstadt ist belebt, es boomt, aber völlig einseitig. Man kann die Probe aufs Exempel machen und in der Altstadt, an der Hohe Straße oder um den WDR herum versuchen, eine Rolle Tesafilm zu kaufen, oder einen Liter Milch und ein Päckchen Tampons. Vergeblich, es gibt hier kaum mehr Geschäfte mit Produkten des täglichen Bedarfs. Stattdessen Galerien und Fluggesellschaften, Blumenläden, Schmuck und Design, Möbel und jede Menge Schuhgeschäfte.

Dieser Tendenz entspricht auch die Konzentration der großen administrativen und kulturellen Einrichtungen. Bisher gibt es kein Museum – Ausnahmen wie das Ostasiatische Museum an der Inneren Kanalstraße bestätigen die Regel – das nicht im Gebiet der alten Stadt liegt. Ähnlich bei den Theatern, den Musikstätten und der Stadtverwaltung. Und erst in der zweiten Hälfte der 90er Jahre wird die rechte Rheinseite Kölns als Ort attraktiver Veranstalter für Musik, Theater und Unterhaltung allmählich entdeckt. Wenn überhaupt in allerjüngster Zeit eine Ausweichung der strengen Metropolenplanung feststellbar ist, dann eher unfreiwillig. Köln wird zur Medienstadt, sicher angestoßen durch die Häufung der Sender, aber realisiert durch die zahllosen, vor allem mittelständischen Unternehmen und Zulieferer im Bereich der Unterhaltung, des Films, der Werbung, der Softwareproduktion u.ä. Branchen. Aber die lassen sich eher wildwüchsig und nach Marktlage an den Stadträndern vor allem im Westen nieder und zum Beispiel nicht in dem von der Stadtverwaltung hochgepriesenen Mediapark im Zentrum Kölns. Das Leben wird nicht schlechter dadurch in Köln, nur vieles anders als geplant. Auch wenn nicht die dabei den Ton angeben, die auf die Fehlentwicklungen und Mißstände aufmerksam gemacht haben.

1. **Rathaus:**
   Löwenkampf des Bürgermeisters
2. **Ratsturm / Platzjabbek:**
   Zünfte vertreiben die Patrizier
3. **Alter Markt / Van Werth-Brunnen:**
   Politischer Platz und Franzosenschreck
4. **Prätorium:**
   Römerstadt und Abwasserkanal
5. **Palastaula:**
   Erste Kapelle und ein brachialer Missionar
6. **Judenviertel / Mikwe:**
   Judengeschichte und Kultbad
7. **An Farina:**
   Teures Wohnen und Frauenplastik
8. **Gülichplatz:**
   Kölnisch Wasser und ein Stadtrevolutionär
9. **1848:**
   Marx, Engels und die Neue Rheinische Zeitung
10. **Schildergasse / Kaufhof:**
    Römischer Vermessungspunkt und Zwangsarisierung
11. **Antoniterkirche:**
    Protestanten und das politische Nachtgebet
12. **Krummer Büchel / Anna Maria van Schürmann:**
    Universalgenie des 17. Jahrhunderts
13. **Sternengasse 10 und 30:**
    Peter Paul Rubens, die Königin Maria de Medici und die Sozialistenverfolgung unter Bismarck
14. **Hohe Straße 12:**
    Illegale Druckerei während des Dritten Reiches
15. **St. Maria im Kapitol:**
    Römischer Tempel, Frauenstift und Stadtkirche / Die Legenden von Hermann Josef und dem Saurier / Die Hitlerjugend
16. **Trinitatiskirche / Filzengraben:**
    Preußische Garnisonskirche
17. **Heumarkt / Reiterdenkmal:**
    Autos und Hotels / Kein Styropor für den preußischen König
18. **Seidmacherinnengäßchen:**
    Frauenzünfte in Köln
19. **Hühnergasse:**
    Schwulentreff und Homos im Mittelalter

Wanderung 1

Im Zentrum der alten Stadt

Rathaus, Marx und Frauenzünfte

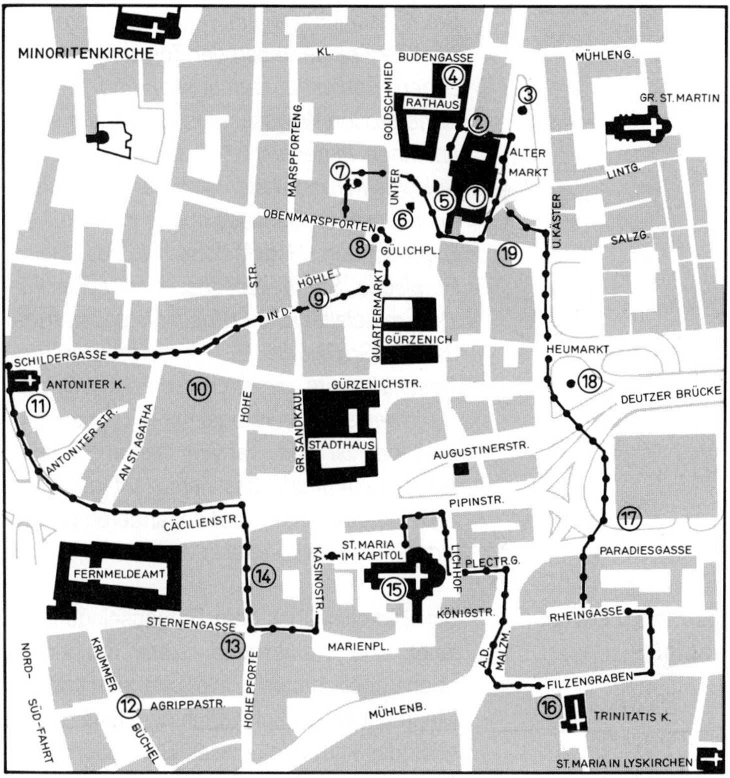

Start am Rathaus – kurze Wege – Dauer ca. 2-3 Stunden – günstige Zeit vormittags, wenn die Gebäude offen sind, der Verkehr aber schwach

Wenn Köln zu seiner Geschichte und die Kölner zu ihren Vorgängern immer ein pragmatisches Verhältnis hatten, dann läßt sich das nirgendwo so gut erkennen, wie im Zentrum der Stadt. Hier wird sichtbar, daß Köln keine Enklave der Geschichte ist, keine antiquarische Ausstellung, sondern daß alles Überlieferte immer wieder neu benutzt und verändert worden ist. Auf engstem Raum liegt die Stadtgeschichte wie in Schichten übereinander. Die Ablagerungen der Zeit sind in einem engen Radius auszumachen, und es sind keine großen Wege zurückzulegen, um sie zu erkennen. In der fast 2.000jährigen Geschichte Kölns konzentrierten sich die öffentlichen, die politischen Gebäude immer im Ostteil der Stadt auf den »Hügeln« oberhalb des Rheins. Römische Statthalter oder fränkische Fürsten, mittelalterliche Erzbischöfe und hanseatische Großkaufleute, Bürgermeister und Geschäftsleute, die Kirche und der WDR, die Handwerkskammer oder die Luxushotels, alles das ist und war auf einem schmalen Areal versammelt, das heute auf der einen Seite vom Rhein und auf der anderen von der Nord-Süd-Fahrt begrenzt wird.

Rathaus / Löwenkampf

1

Ein Bildrelief über dem Rathauseingang (A) zeigt eine dramatische Szene, in der ein hochaufgerichteter Löwe und ein kräftiger Mann mit einem Schwert in der Hand gegeneinander kämpfen. Dieses Bild taucht noch öfter in der Stadt auf und stellt den legendären Bürgermeister Hermann Gryn dar, einen mutigen Mann, auf den die Kölner sich gern berufen. Die Geschichte vom Löwenkampf geht auf die Auseinandersetzungen der Bürger mit dem Erzbischof im 11. und 12. Jahrhundert zurück und propagiert die Emanzipation der Bürger von ihrem Stadtherrn.

Hermann Gryn – so die Legende –, ein engagierter Interessenvertreter, war dem Erzbischof ein Dorn im Auge, und so überredete der zwei seiner Domherren, die einen zahmen

Löwen hielten, zu einem hinterlistigen Coup. Über eine Woche gaben die beiden dem Löwen nichts zu fressen und luden dann den Bürgermeister zum Kölsch in ihr Haus ein. Dort lockten sie ihn zum Löwenhof und stießen ihn direkt vor die Füße des hungrigen Untiers. Hermann aber riß sein Kurzschwert heraus, das jedermann im Gürtel trug, schlang seinen weiten Mantel um den Arm, stieß dem Löwen die Linke in den Hals und gleichzeitig das Schwert ins Herz. Das Ergebnis: Löwe tot, Bürgermeister gerettet, und die hinterhältigen Kleriker wurden am alten römischen Nordtor direkt vor dem Dom aufgehängt, das seitdem »Pfaffenpforte« heißt.

Unter dem Nordtor wurden die zwei Pfaffen aufgeknüpft.

Im Rathaus wurde später ein »Löwenhof« (B) gebaut, der zu besichtigen ist und in dem ein zweites Relief mit der Löwengeschichte hängt. Die Legende ist ein frühes Beispiel für politische Propaganda und war äußerst beliebt in den führenden Kreisen der Stadt, die sich gern mit dem unerschrockenen Hermann identifizierten. Die anderen Bildreliefs links und rechts über dem Eingang zeigen die biblischen Löwenbezwinger Daniel und Samson und dokumentieren die historische Reihe, in die »unser« kölscher Bürgermeister gestellt wird.

Die »Rathauslaube« wurde in der Zeit der Renaissance 1569-73 gebaut. Früher erschien auf dem Balkon im Obergeschoß der Bürgermeister vor den versammelten Bürgern und verkündete in der sogenannten Morgenansprache die Rathausbeschlüsse. Zwar erscheinen heute immer noch Bürger vor dem Rathaus, wenn sie demonstrieren oder protestieren, aber keine Bürgermeister mehr auf der Laube.

Die demonstrierende Öffentlichkeit auf dem Rathausplatz.

Neben dem Schild vor der Rathauslaube, das die zahllosen Hochzeitsgäste vom Reiswerfen abhalten will – wegen der Taubenplage! – findet man eher unscheinbar einen kleinen Pflasterstein mit einer Messingabdeckung.

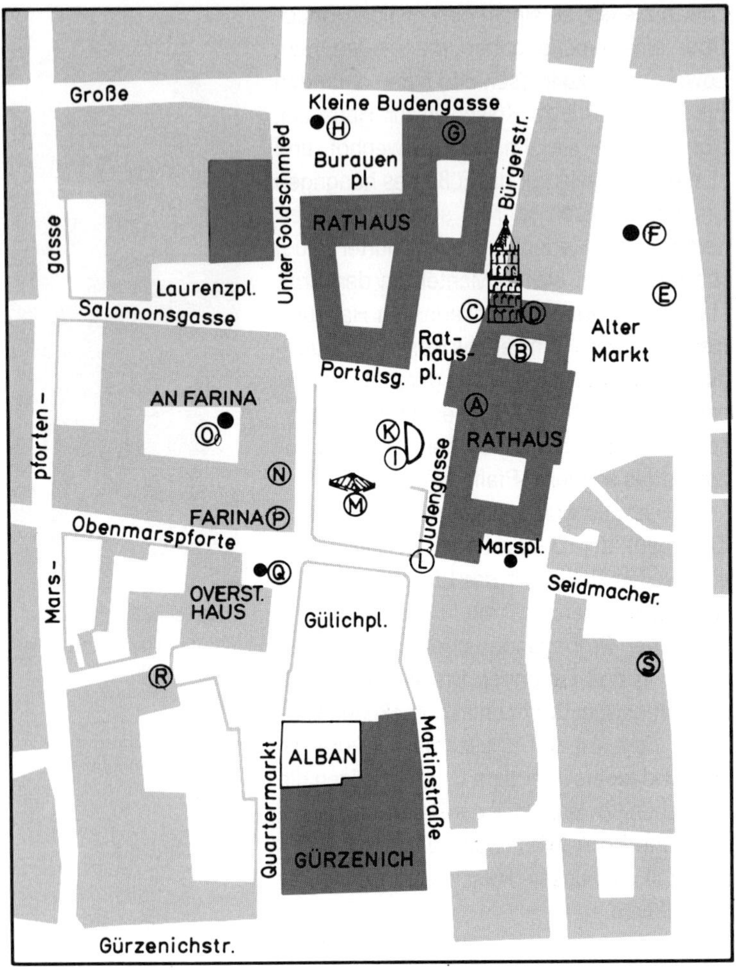

Rund um's Rathaus im Detail

A: Rathauslaube und -eingang B: Löwenhof C: Ratsturm D: Platzjabbek E: Alter Markt F: Jan-van-Werth-Denkmal G: Prätorium H: Römischer Abwasserkanal I: Palastaula K: Synagoge L: Judengasse M: Mikwe N: An Farina O: Frauenplastik P: Farina Gegenüber Q: Gülichs Kopf R: Friedrich Engels Wohnung S: Neue Rheinische Zeitung

Man muß sich schon auf die Knie begeben, um die eingeschlagene Inschrift zu lesen: »Auf Befehl des Reichsführers SS vom 16.12.1942 – Tgb. Nr. I 2652/42/ Ad./RF/V, – sind Zigeunermischlinge, Rom-Zigeuner und nicht deutschblütige Angehörige zigeunerischer Sippen balkanischer Herkunft nach bestimmten Richtlinien auszuwählen und in ein Konzentrationslager einzuweisen...« So beginnt der Vernichtungsbefehl der Nazis, an den hier der Kölner Künstler Gunther Demnig mit seinem »Stolperstein« erinnert. Nicht weit davon entfernt ist auch ein Stück der Spur zu sehen, die Demnig im Mai 1990 zur Erinnerung an die Deportation der Kölner »Zigeuner« vor 50 Jahren gelegt hat »Mai 1940 – 1000 Sinti und Roma«. Diese Spur taucht an zahlreichen Stellen im Stadtgebiet auf – Polizeipräsidium, Regierungspräsident, Bahnhof, Deutzer Brücke, El-De-Haus, Messe usw. – und verbindet die damaligen Wohnorte der Sinti in Ehrenfeld und dem Griechenmarktviertel mit den Orten ihrer Verfolgung und Deportation.

Ratsturm / Platzjabbek

2

Der Ratsturm (C), nach 1407 erbaut, ist ein Zeichen der selbstbewußten und neuen Stadtmacht der Zünfte, die die Patrizier ja erst wenige Jahre zuvor, 1396, entmachtet hatten.

Unter der Uhr an der Ostseite zum Alter Markt hin hängt eine meterhohe geschnitzte Maske, ein bärtiges Männergesicht, der sogenannte »Platzjabbek« (D), um den auch eine der zahlreichen politischen Parabeln kreist.

In dieser Geschichte geht es um die Erbschaft Karls des Großen, der seine Söhne (von Töchtern spricht die Legende nicht) zu sich rief, um sein großes Reich aufzuteilen. Dazu dachte er sich ein Spiel aus. In seiner Hand versteckte Karl einen Apfel, rief dann den Ältesten herein: »Mund auf! Augen zu!« hieß die Losung. Aber der war mißtrauisch und wollte nicht. Also kam der Zweite an die

Pünktlich um 12 Uhr reißt der Platzjabbek sein Maul auf.

Reihe. Dieser schnappte sofort zu und wurde dafür mit dem Herzogtum Lothringen belohnt. Der nächste schnappte auch, ohne zu zögern, und wurde König von Burgund. So ging es weiter bis hinunter zum Jüngsten. Da endlich begriff auch der Älteste, worum es ging. Aber Karl wies ihn mit der Begründung zurück, er habe nicht rechtzeitig zugepackt, und so sei seine Chance vertan. Die Kölner nennen diese Figur aus dem 16. Jahrhundert »Platzjabbek«, das kommt von jappen, dem »Mundaufreißen«. Er sollte den vertriebenen Patriziern schon von weitem verkünden, daß die Kölner, wie Karls Söhne, auf der Hut seien und aufpassen würden, daß die verjagten Herren nicht zurückkämen, um den Zünften die Macht streitig zu machen.

Alter Markt / Jan van Werth-Brunnen

3

Der »Alter Markt« (E) unmittelbar hinter dem Rathaus ist seit dem 12. Jahrhundert der politische Platz der Stadt. Hier fanden die Aufläufe und Kundgebungen statt, wenn z.B. ein führendes Haupt Kölns rollen mußte, was hin und wieder vorkam; mal der Kopf eines besonders habgierigen Bürgermeisters, mal der eines korrupten Ratsherrn. In der Regel genossen diese Verurteilten das Privileg, innerhalb der Stadt auf dem Alter Markt mit dem schnellen Schwert hingerichtet zu werden.

Im 19. Jahrhundert sah der Platz zahlreiche Demonstrationen im Zuge der 48er Revolution. Am 3. März 1848, dem Tag nach Wieverfastelovend, kam es zu einem berühmten Sturm auf das Rathaus, bei dem der Armenarzt Andreas Gottschalk dem Stadtrat sieben Forderungen des Volkes überreichte. Dabei bekamen die Ratsherren es mit der Angst zu tun, als das preußische Militär die Demonstranten von hinten in das Rathaus drückte. Ein paar Räte sprangen aus dem Fenster und brachen sich dabei die Beine. Das waren die einzigen Verletzten dieser Revolte. Die Kölner dachten nicht an einen richtigen Aufstand, was Friedrich Engels später zu der Bemerkung veranlaßte, sie hätten »ruhig losschlagen können und wären in zwei Stunden fertig gewesen. Aber schrecklich dumm war alles angelegt.«

Franz Raveaux (1810-1851): Zigarrenhändler, Revolutionär und Karnevalsheld – im Exil gestorben und in Köln vergessen.

Der Brunnen in der Platzmitte (F), 1884 in spätromantischer Pose zur Stadtverschönerung errichtet, erinnert an einen Reitergeneral des 30jährigen Krieges, Jan van Werth. In Köln erfreut er sich als Karnevalsheld, nach dem eine eigene »Traditionsgesellschaft« benannt ist, großer Beliebtheit, war aber weder ein Held noch Kölner, sondern kaufte sich lediglich vom Beutegeld einen Gutshof in der Nähe von St. Gereon. Wegen seiner rücksichtslosen Verwüstungen deutscher und französischer Landschaften hatte er den Beinamen »Schwarzer Hans« und galt als »Franzosenschreck«. Die Denkmaleinweihung 1884 war denn auch von nationalistischen und antifranzösischen Untertönen begleitet.

Im karnevalistischen Köln spielen Platz und General eine wichtige Rolle. Auf dem Alter Markt wird jedes Jahr am Elften im Elften um 11.11 Uhr die Karnevalssession eröffnet und mit Jan van Werth an Wieverfastelovend vor dem Severinstor der Auftakt zur heißen Phase gemacht. Für das Libretto dient eine Lovestory, deren vergebliche Liebesschwüre dann in der Stadt allerorten zu hören sind. Jan soll sich laut Legende seinerzeit als Knecht auf diesem Kümpchenshof in die schöne, aber zu höherem strebende Magd Griet verliebt und, von dieser abgelehnt, ins Kriegsgetümmel gestürzt haben. Offensichtlich mit Erfolg, da er bis zum Reitergeneral avancierte. Als er Jahre später nach Köln kommt und an einem Stadttor in einer Obsthändlerin die ehedem Angebetete erkennt, kam es zu diesem berühmt-berüchtigten Dialog: Jan »Wer et hätt jedonn«, Griet »Wer et hätt jewoß« oder hochdeutsch: Hinterher ist man immer schlauer.

Der Ratsturm am 8. Mai 1945.

Prätorium / Römischer Abwasserkanal

4

Nach den Zerstörungen im zweiten Weltkrieg, die vom Rathaus nur die Renaissance-Laube und den Stumpf des Turmes übrigließen, wurden während der 50er Jahre umfangreiche Ausgrabungen gemacht.

Die Archäologen stießen auf mehrere Bauetappen des römischen Statthalterpalastes und der Römermauer, die bis ins erste Jahrhundert zurückreichen. Die Grundmauern des römischen Zentrums mit dem »Prätorium« sind unter dem neuen Rathaus erhalten geblieben und von der Kleinen Budengasse aus zu besichtigen (G).

Noch eine Ebene tiefer, vom Prätorium aus zugänglich, wurde das über hundert Meter lange Stück eines römischen Abwasserkanals freigelegt. Seit dem 2. Jahrhundert wurde das Schmutzwasser in gemauerten Kanälen gesammelt und unter Ausnutzung des Bodengefälles zum Rhein hingeführt. Ein Hauptsammler liegt fast zehn Meter unter der Erde und verläuft ziemlich genau unter der Budengasse. Er wurde vor rund 1800 Jahren so dauerhaft gemauert, daß er noch im zweiten Weltkrieg als Luftschutzkeller dienen konnte. Eine Kuriosität ist die Kreuzung des römischen Kanals mit einem modernen Abwassersammler. Durch eine Scheibe kann man auf den neuen Kanal blicken, durch den die graue Kloake der heutigen Stadt fließt. Ein Stück des alten Schachts mußte dafür herausgeschnitten werden und ist – römisches Köln zum Anfassen – genau oberhalb der Schnittstelle auf dem Laurenzgitterplätzchen (H) aufgestellt.

Römischer Abwasserkanal unter der Budengasse.

Palastaula

5

Einen oberirdischen Eindruck der Römerzeit vermittelt die Palastaula (Aula Regia) vor dem Rathaus (I). Der Chor dieser früheren Halle mit einem Geländer ringsherum ist frei sichtbar. An dieser Stelle befand sich wahrscheinlich auch der erste christliche Kultraum in Köln. Wie schwer indes das Christentum bei den Rheinländern durchsetzbar war, bezeugt eine Episode aus dem Jahr 520, die in dieser Aula spielte:

Gallus, wohl ein christlicher Missionar, der später heiliggesprochen wurde, versuchte mit Brachialmethoden, die Kölner zu bekehren und steckte ihre Tempel an. Die kölschen Heiden wurden darüber so wütend, daß sie den Gallus mit gezückten Schwertern verfolgten, der sich hierher in die Palastaula flüchten mußte. Der fränkische König Theuderich selbst mußte einschreiten, um die aufgebrachte Menge mit schönen Worten zu besänftigen.

Einen aktuellen Bezug haben auch nach eineinhalb Jahrtausenden noch die Gründe, wegen derer Gallus sich so ereiferte. Ihn störte nicht nur, daß sich die Heiden im Tempel »bis zum Erbrechen mit Speisen und Trank vollstopften«, sondern auch, daß sie »die Körperteile, an denen sie litten, geschnitzt und aufgehängt hatten«. Denn würde der heilige Gallus heutzutage mit seinen rigiden Maßstäben gegen den Fetischismus in den abendländischen Wallfahrtsorten auftreten, müßte er so manche christliche Vorhalle und Kapelle anzünden. Dort sind eine Fülle von solch inkriminierenden Körperteilen ausgestellt, und das nicht nur in Holz, sondern gleich in Marmor, Silber oder sogar in Gold.

Judenviertel / Mikwe

6

Direkt neben dieser Palastaula stand fast 1000 Jahre später die Synagoge der mittelalterlichen Judengemeinde. Seit dem 9. Jahrhundert war der Bezirk um das Rathaus jüdisches Siedlungsgebiet; der Straßenname »Judengasse« (L) erinnert heute daran.

Nach mehreren Pogromen wurden die jüdischen Kölner und Kölnerinnen im Jahr 1424 endgültig aus der Stadt vertrieben, ihre Gemeinschaftseinrichtungen zerstört und ihre Häuser enteignet. Auf den Fundamenten der abgerissenen Synagoge bauten die christlichen Kölner eine Kapelle. Wie wenig Grund man sah, die Erinnerung an den jüdischen Ursprung zu tilgen, belegt der Name dieser Ratskapelle »Maria in Jerusalem«; der Geistliche dort führte den Titel »Patriarch in Jerusalem« (siehe Einleitung, S. 36).

Durch die Glaspyramide vor dem Rathaus schaut man tief hinab in die Erde: die Mikwe, das alte jüdische Kultbad.

Die Grundrisse des alten Judenviertels wurden bei der Neugestaltung des Rathausplatzes durch unterschiedliche Bodengestaltung nachgezeichnet (M). Mit verschiedenen Steinen, Grauwacke und Granit, werden die Straßenfluchten und Gebäudeumrisse dokumentiert. Parallel zur Straße entstand das ehemalige »Jerusalemgäßchen« neu. Neben der Synagoge stand die sogenannte Frauenschule, der Teil des jüdischen Gotteshauses, in dem die Frauen zu sitzen hatten. Gegenüber lagen Warmbad, Festhaus, Hospiz und Backhaus. Sichtbare Überreste sind heute nicht mehr vorhanden, bis auf die Mikwe, in die man über eine Treppe vom Platz hinabsteigen kann. Die tiefen Fundamente in der

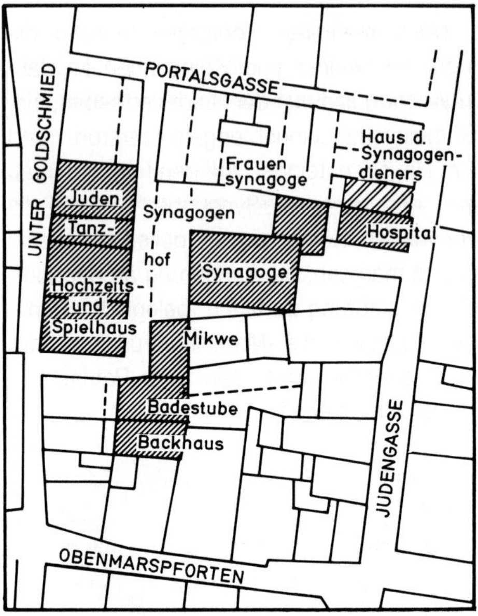

Bebauungsplan des Judenviertels aus dem 14. Jahrhundert.

Erde blieben erhalten, weil der Schacht nach der Zerstörung des Oberbaus im 15. Jahrhundert zunächst noch als Brunnen und später als Abfallgrube und Kloake benutzt wurde. Erst 1953 beim Rathausneubau wurde die Mikwe gefunden und ausgegraben.

Mikwe heißt »lebendiges Wasser«, und nach den traditionellen levitischen Gesetzen mußten die Juden zur Teilnahme am Kult und Gemeinschaftsleben rein sein. In der Mikwe wurden Kultgegenstände untergetaucht, aber auch Menschen wuschen sich hier, die als »unrein« galten, etwa nach der Berührung eines Toten, dem Genuß bestimmter Speisen oder nach Verstößen gegen die sexuellen Reinheitsgesetze. Frauen wuschen sich insbesondere nach einer Geburt oder der monatlichen Periode an diesem Ort wieder »rein«. Was später nur noch als symbolisches Ritual vorkommt und in jüngerer Zeit von jüdischen Feministinnen wieder entdeckt wurde, geht zurück auf eine viel ältere Tradition. Die alten Religionen sind überzeugt, daß fließendes Wasser eine reinigende Kraft habe und den Menschen säubern, ja sogar »heiligen« könne.

Die Mikwe mußte eine Quelle oder wenigstens bewegtes, »lebendiges« Grundwasser sein. Die von Petrarca aus Köln berichteten Waschungen von Frauen am Rhein zum Tag der Sommersonnenwende gehen vielleicht auf eine vergleichbare Tradition zurück, und auch das Christentum hat diese Kulte übernommen und integriert. Davon zeugt noch das Fest Mariä Lichtmeß, das am 2. Februar, vierzig Tage nach Weihnachten, der Geburt Jesu, gefeiert wird. Zu diesem Zeitpunkt betritt Maria erstmals wieder den Tempel. Nach jüdischer Tradition galt eine Frau vierzig Tage nach der Geburt als unrein und durfte den Tempel währenddessen nicht betreten.

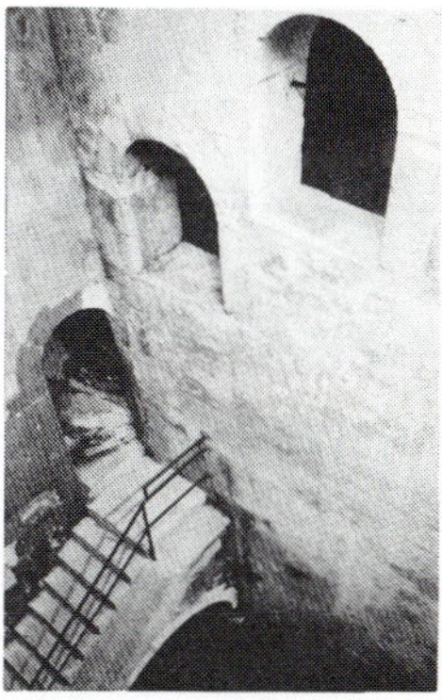
Die frühere Mikwe ist heute wieder zugänglich.

An Farina

7

Dem Rathaus gegenüber liegt ein neuer Citybau, der 1987 eingeweiht wurde (N). Läden im Erdgeschoß, darüber Praxen und Büros, dann vier Etagen Eigentumswohnungen, obenauf Penthäuser mit Blickkontakt zu den Türmen von Dom, Rathaus und Groß St. Martin. So sieht das schicke Arbeiten und reiche Wohnen in der Innenstadt heute aus. Das Grundstück gehörte der Stadt, wurde teuer verkauft und von der Gesellschaft »Modernes Köln« bebaut. Das Unternehmen ist eine Tochter der Stadtsparkasse, der städtischen Wohnungsbaugesellschaft »Grund und Boden«, der Stadtwerke sowie der »Modernen Stadt«, die wiederum zur Hälfte der Deutschen Bank und zu je einem Viertel der Colonia-Versicherung und dem Bankhaus Oppenheim gehört. Damit ist alles beisammen, was Rang, Geld und Einfluß im Kölschen Klüngel hat. Man begegnet hier einer der Schnittstellen von politischem Einfluß und privatem Kapital, und es ist kaum ein Zufall, daß das Konsortium »Moderndes Köln/Moderne Stadt« in der Kölner City immer dann auftaucht, wenn öffentliche Grundstücke oder Gebäude zur Disposition stehen: beim Kolumbahof am Dischhaus oder am Josef-Haubrich-Hof, früher schon bei der Kunsthalle oder aktuell beim Wettbewerb zum Gürzenich-Umbau.

»An Farina« wurde als steuersparendes Erwerbermodell mit einem Gesamtvolumen von etwa 60 Millionen Mark von Dr. Ebertz vermarktet, einem der Experten aus der Kölner Abschreibungsriege. Köln war in den 70er Jahren die Hochburg der Steuersparbranche, denn in der Domstadt ist das berüchtigte Bauherrenmodell als »Kölner Modell« erfunden worden. Nach der gleichen Faustregel funktionierte auch der Neubau »An Farina«: Fast ein Drittel der Kosten bekamen die Käufer als Steuervorteil vom Finanzamt zurück, und das klappt natürlich nur, wenn man eigentlich kräftig Einkommensteuer zu zahlen hätte. So konnten hier schon 10 Jahre früher als in anderen Quartieren Preise von fünf- und neuntausend Mark pro Quadratmeter erzielt werden und ein Einzimmerappartment für runde 300.000 Mark den Besitzer wechseln.

Erste Kölner Frauenplastik von Anneliese Langenbach im Innenhof »An Farina«.

Im grünen Innenhof steht die erste Kölner Frauenplastik (O), eine wuchtige Säule, die in Reliefs »Die Kölnerin« zeigt, von der Ubierin über die mittelalterliche Marktfrau bis zur modernen Citybewohnerin. Die Frau des 20. Jahrhunderts war geplant in Jeans und Bluse, aber so »radikal« mochten die Auftraggeber doch nicht sein, und die Bildhauerin mußte eine junge Mutter mit Kind darstellen.

Die Gülich-Säule, 1686 errichtet und im 19. Jahrhundert gezeichnet.

Seinen Namen »An Farina« bezieht das Schöner-Wohnen-Projekt von dem Haus nebenan, an der Ecke Obermarspforten/ Unter Goldschmied (P).

Gülich-Platz

8

Hier stand das Stammhaus eines einstmals großen Kölnisch-Wasser-Produzenten, Johann Maria Farina. Lange bevor das Produkt als Duftwasser oder Parfüm verwendet wurde, »half« es schon gegen Kopf- und Zahnschmerzen, Seitenstechen, Gelbsucht, ja selbst gegen Pest und Koliken. 1732 ließ sich Farina an dieser Ecke nieder in dem Haus »zum Morion genannt auf der Marsforten an dem Eck gegen Gülichs Kopf über«. Bis heute heißt die Firma »Farina gegenüber«; von dem Kopf indes, dem »gegenüber« man angefangen hatte, wollte man später nichts mehr wissen, denn der gehörte einem Revolutionär: Auf dem Platz (Q) gegenüber dem

Das Henkerschwert, mit dem Gülich enthauptet wurde, ist im Solinger Klingenmuseum erhalten.

Farina-Gebäude steckte bis zum Einmarsch der französischen Truppen auf einer Schandsäule der in Bronze gegossene Kopf des Kölner Kaufmanns Nikolaus Gülich (heute im Stadtmuseum zu besichtigen). Gülich lebte und arbeitete hier im ausgehenden 17. Jahrhundert, bekam aus nächster Nähe und eigener Anschauung die korrupten Machenschaften im Rathaus mit und versuchte, dem Klüngel durch Anzettelung eines Aufstandes beizukommen (siehe Einleitung, S. 43). Das gelang jedoch nur unvollständig, dann ging es dem Bandwarenhändler Gülich selbst an den Kragen. Er wurde verhaftet, verurteilt und enthauptet. Sein Haus mußte dem Erdboden gleichgemacht werden, so verlangte es das kaiserliche Urteil, und an der gleichen Stelle sollte sein aufgespießter Kopf alle künftigen Generationen vom Revoltieren abschrecken. Bis, wie gesagt, die französischen Truppen einmarschierten und die »Schandsäule« 1794 umlegten. Bis heute aber hat sich die Bauverwaltung an das kaiserliche Urteil von 1686 gehalten: Die Stelle, an der Gülichs Haus stand, wurde nicht mehr bebaut, der Platz ist frei geblieben. Sinnigerweise ziert ihn heute der Fastnachtsbrunnen mit einem launigen Goethegedicht, das der alte Herr anläßlich

Mit einem Straßenfest wurde 1987 für einen Tag ein neues Gülich-Denkmal eingeweiht: Nikolaus als Freiheitsheld!

eines Karnevalsbesuchs in Köln schrieb, und das an diesem Ort eher zynisch wirkt: »Sittsam wird ein tolles Streben, wenn es kurz ist und mit Sinn.«

1848 / Marx und Engels

9

Die Querverbindung von hier aus zur Hohe Straße, die nur noch an den Straßenschildern erkennbar ist, heißt »In der Höhle«. Früher war das eine schmale und winklige Gasse, die Verbindung der Schildergasse zum Alter Markt. Hier arbeiteten und wohnten Karl Marx und Friedrich Engels in der Revolutionszeit von 1848: Engels lebte »In der Höhle 14« (R) und Marx mit Frau Jenny und drei Kindern in der nahen »Cäcilienstraße 7«. Die Redaktion ihrer »Neuen Rheinischen Zeitung« lag erst »Unter Hutmacher« (S), einer Gasse an der Westseite des Heumarktes, die es nicht mehr gibt, und später »An St. Agatha 12«, heute neben dem Kaufhof. Nebenan in der »Schildergasse 49« war der zentrale Treffpunkt der 48er Bewegung, das »Café Stollwerck«. Hier wurde der »Kölner Arbeiterverein« gegründet, hier saß die »Demokratische Gesellschaft«, und hier haben Marx und Engels zu Mittag gegessen, Kaffee getrunken, Konferenzen abgehalten und, wenn es ungemütlich in den Redaktionsstuben war, auch ihre Artikel geschrieben (siehe Einleitung, S. 51). Alles lag um die Ecke, »fußläufig«, wie die Stadtplaner sagen würden.

Marx war bereits als verantwortlicher Redakteur der »Rheinischen Zeitung« von

Unter Hutmacher: Arbeitsplatz von Karl Marx als Chefredakteur der »Neuen Rheinischen Zeitung«. Fotografie vom 20.4.1889.

Die erste Eisenbahn von Köln nach Aachen ließ der Marx-Mäzen und Unternehmer Oppenheim bauen.

1841 – 43 in Köln gewesen. Das erste Blatt war vom linksliberalen Bürgertum finanziert worden: von dem Eisenbahnunternehmer Dagobert Oppenheim, dem Handelskammerpräsidenten Ludolf Camphausen und dem Garngroßhändler Gustav von Mevissen.

Das Experiment endete aber mit einem Verbot durch die preußische Regierung und

Café Stollwerck auf der Schildergasse: das Versammlungslokal der 48er-Prominenz.

anschließendem Prozeß. Marx wurde ausgewiesen. 1848 kehrte er aus dem Brüsseler Exil nach Köln zurück, weil er sich hier bei seinen bürgerlichen Freunden Protektion für einen neuen Paß für die Hauptstadt Berlin erhoffte.

Das konnte er natürlich nicht zugeben, und so klingt seine spätere Rechtfertigung für den Schritt nach Köln ganz anders, typisch kölsch: »Wir mußten eben nach Köln gehen

Jenny Marx stopfte die Socken, kochte Essen und versorgte die Kinder in der Apostelnstraße.

und nicht nach Berlin. Erst war Köln das Zentrum der Rheinprovinz, die die französische Revolution durchgemacht, sich im ›Code Napoléon‹ moderne Rechtsanschauungen bewahrt, die weitaus bedeutendste große Industrie entwickelt hatte und in jeder Beziehung damals der fortgeschrittenste Teil Deutschlands war.«

Schildergasse / Kaufhof

10

Der Kreuzungspunkt von »Hohe Straße« und »In der Höhle« war im Jahre 38 v. Chr. exakt der Standort jenes römischen Vermessungsoffiziers, der auf Befehl des weitsichtigen Feldherrn Agrippa von hier aus das Gelände oberhalb des Rheins vermessen hat. Das Gebiet wurde in ein Kataster von Vermessungslinien (limitationes) eingeteilt, denen Straßenverlauf und Bebauungslinien folgten, so daß der Meßpunkt heute rekonstruierbar ist.

Etwas weiter, an der Kreuzung von Schildergasse und Hohe Straße, stehen zwei Geschäftsbauten, deren monumentale Architektur den Geist der Jahrhundertwende spiegelt: das Geschäftshaus Palatium, heute Hansen, und gegenüber der Kaufhof. Der

Römischer Vermessungsoffizier auf der späteren Schildergasse bei der Arbeit.

Kaufhof wurde als ehemaliges Warenhaus Tietz 1912 – 14 von dem Architekten Wilhelm Kreis mit starken Anklängen an die Antike entworfen: zwei vertikal betonte Etagen und darüber quer gelagert ein breites Horizontalgeschoß. Seit 1897 hatte Tietz seinen Direktionssitz in Köln. Im Jahre 1933 war die Leonhard Tietz AG als sogenanntes »jüdisches

Geschäftshaus Palatium (heute Hansen), 1912 von dem Architekten W. Kreis entworfen.

Kaufhaus« eines der ersten Opfer der Enteignung und Zwangsarisierung. Bereits ein Vierteljahr nach der Machtergreifung mußte es sich in »Westdeutsche Kaufhaus AG« umbenennen, und im September 1934 hatten die letzten jüdischen Aufsichtsratsmitglieder ihre Mandate niederzulegen. Alfred Leonhard Tietz gelang es, seiner Verhaftung durch Flucht ins Ausland zu entgehen. Einen maßgeblichen Anteil an der Übernahme jüdischer Firmen hatten die deutschen Groß- und die Kölner Privatbanken.

Der Tip zur Rast: Trödelcafé, An Sankt Agatha 29 (neben dem Kaufhof), Tel: 2580228, täglich 9.30 bis 1 Std. nach Ladenschluß geöffnet, an Sonn- und Feiertagen 14 bis 19 Uhr – Kombination von nostalgischem Café und Antiquitätenladen – Stühle, Tische, Porzellan: alles ist auch zu kaufen – selbstgemachter Kuchen und Imbiß – Literatur unbekannter Autoren – kitschig, aber angenehm.

Antoniterkirche

11

Es gibt nur wenige Kirchen in Köln ohne Turm. Meist sind es Klosterkirchen, wie die der Minoriten oder der Kartäuser, die als arme Bettelorden auf die Pracht eines mächtigen Turmes verzichteten. Die Antoniterkirche wurde in der Zeit der Pest nach 1350 gebaut und ist deswegen ohne Turm geblieben. Im nördlichen Seitenschiff hängt eine Plastik von Ernst Barlach. Ein fliegender Engel erinnert als Totenmal an die Toten des zweiten Weltkriegs. Er trägt die Züge der Künstlerin Käthe Kollwitz, die von Barlach heftig verehrt wurde. Ursprünglich für den Dom in Güstrow gegossen, wurde die Plastik von den Nazis als »entartete Kunst« eingeschmolzen. Später wurde von dem Gipsmodell dieser zweite Abguß angefertigt.

Bis zur Säkularisation in der Franzosenzeit gehörte die Kirche dem Antoniterorden. 1802 wurde sie von Napoleon als erster offizieller Gottesdienstraum den Kölner Evangelischen Christen übergeben, die ja erst mit dem Einmarsch der Franzosen in Köln öffentlich Gottesdienste feiern durften. In der Zeit der Studentenbewegung 1968 war die Antoniterkirche mit ihrem damals weithin bekannten »Politischen Nachtgebet« ein Zentrum des kritischen Protestantismus und der Protestbewegungen Kölns. Anfang der 90er Jahre kam die Gemeinde wieder in die Schlagzeilen, weil sie als eine der ersten evangelischen Kirchengemeinden mehreren von Abschie-

Die N-S-Fahrt neben der Antoniterkirche soll in einem gigantischen Tunnel verschwinden.

bung bedrohten Romafamilien aus dem früheren Jugoslawien Unterschlupf bot. Diese Form des »Kirchenasyls« wird auch von anderen Gemeinden, wie etwa der Martin-Luther-Kirche in der Südstadt, praktiziert, die mit ihrem zivilen Ungehorsam zunächst den meist hilflosen Familien Kleidung, Essen und ein Dach über dem Kopf besorgen, bis die Behörden vielleicht umgestimmt werden können.

Im Jahre 1607 wurde – möglicherweise am Krummen Büchel – Anna Maria van Schür-

Der »Fliegende Engel« von Ernst Barlach trägt die Züge der Künstlerin Käthe Kollwitz (hier ein Entwurf von 1926).

Krummer Büchel / Anna Maria van Schürmann

12

mann geboren, die zu den klügsten Geistern ihrer Zeit gehörte, aber in dieser Stadt weitgehend vergessen ist. Anna Maria van Schürmann war die Tochter protestantischer Flüchtlinge aus Antwerpen, die dem Adel angehörten und ins scheinbar freie Köln gekommen waren. Der Vater erkannte früh ihre Genialität und unterrichtete sie fortan, unterstützt von einem Hauslehrer. Gäbe es für das 17. Jahrhundert ein Guinness Book of Records, Anna Maria stünde wohl an vorderster Stelle. Daß sie Englisch, Deutsch, Französisch und Italienisch schon in ihrer Kindheit neben ihrer niederländischen Muttersprache kannte, läßt sie als hochbegabt erscheinen; daß sie darüber hinaus Griechisch und Latein sprach, war vielleicht zeitbedingt; aber daß sie Hebräisch, Arabisch, Chaldäisch, Syrisch und Persisch, Samartanisch und auch Äthiopisch beherrschte, zur letzteren Sprache nebenbei eine Kurzgrammatik und ein Lexikon verfaßte, weil es beides noch nicht gab, das hebt sie doch weit heraus aus dem Kreis der gelehrten Frauen und Männer. Gleichzeitig waren ihre musischen und künstlerischen Fähigkeiten hochentwickelt, was zahlreiche erhalten gebliebene Schnitte, Kupferstiche und Bilder belegen. Ihre Eltern mußten als

Anna Maria van Schürmann (1607-1678) – vergessenes Universalgenie.

Protestanten nach der niederländischen Heimatstadt auch Köln wieder verlassen. Anna Maria van Schürmann ging nach Utrecht und avancierte zu einem weltbekannten Genie, mit dem alle (protestantischen) Größen der Zeit in Briefkontakt standen. Später kehrte sie noch einmal an den Rhein zurück, um aufopferungsvoll zwei alte Tanten zu pflegen.

Hier wird ein anderer, weltverleugnender und religiöser Zug in ihrem Leben sichtbar. Sie hatte sich schon früher mit der Theologie befaßt, hatte als erste Studentin in Utrecht (hinter einem Vorhang) an Vorlesungen der Theologie teilgenommen und eine Schrift über das Frauenstudium veröffentlicht.

Gleichzeitig war sie sehr fromm und hatte sich während der letzten zwanzig Jahre ihres Lebens einem skurrilen Sektengründer, de Labadie, verschrieben. Als »Labadistin« unterwarf sie sich völlig ihrem Meister, klagte sich selber der Ruhmsucht an, brach alle Kontakte zu früheren intellektuellen Freundinnen und Freunden ab, verbrannte Briefe und Schriften und brachte ihr Geld bei der Sekte ein. Sie starb 1678 im Bruch mit der Amtskirche und ließ sich mit einer Freundin gemeinsam ins Grab legen. Den größten Teil ihres Lebens verbrachte sie in Holland, wo sie heute bekannter ist als in Köln. In dem kleinen nordfriesischen Flecken Franker liegen im Heimatmuseum einige Objekte aus ihrem Besitz.

Sternengasse Nr. 10 und 30 / Maria Medici / Sozialistenverfolgung

13

Die Sternengasse, die als kurze und kümmerliche Seitenstraße im Weichbild der autobeherrschten Cäcilienstraße liegt, war früher eine mittlere Hauptstraße, die Verbindung zwischen den Bezirken St. Cäcilien und St. Maria im Kapitol. Im Hause Nr. 10 lebte seit 1583 Peter Paul Rubens, der hier seine Kindheit verbrachte. Sein Vater war Rechtsanwalt und mußte als Protestant ebenso wie die Schürmanns oder auch die Vondels mit der Familie aus Antwerpen fliehen. Rubens hat in Erinnerung an die Kindheit in Köln für seine

Pfarrkirche die »Kreuzigung Petri« gemalt. Das Bild, das in mitreißender Dramatik Schmerz und Leiden des Petrus zeigte, hängt heute noch frisch restauriert in der nahen Kirche neben dem Schnütgen-Museum.

Das Grundstück Sternengasse 10 zählt jetzt zur Rückseite des Fernmeldeamtes. In demselben Haus lebte sechzig Jahre später, 1641/42, die vormalige, aber vertriebene französische Königin Maria de Medici, welche bei den Hofintrigen zwischen ihrem Sohn Ludwig XIII. und dem berüchtigten Kardinal Richelieu nicht mehr mithalten konnte und Frankreich verlassen mußte. Sie starb hier am 3. Juli 1642 und ließ ihr Herz in der östlichen Achskapelle des Doms beisetzen. Neben dem Eingang zum Fernmeldeamt erinnert ein großes, aus weißem Marmor und Kupfer gearbeitetes Relief an die prominenten Bewohner des ehemaligen Hauses, Rubens und Medici, und an das berühmte Kölner Puppentheater »Hänneschen«, das hier von 1926 bis 1938 sein Domizil hatte.

Maria de Medici – Holzstich ihres Selbstbildnisses von 1587.

Ein paar Hausnummern davor, in der Sternengasse 30, spielte ein ganz anderes Kapitel der Kölner Geschichte. Hier lag im 19. Jahrhundert die Bierbrauerei Joosten, ein Lokal der Kölner Sozialdemokratie zur Zeit der Sozialistenverfolgung unter Bismarck. (Ein weiterer konspirativer Treff der illegalen SPD war ganz in der Nähe, die Wirtschaft von Wilhelm Steinbüchel in der Großen Witschgasse 10.) 1878 waren durch das sogenannte »Sozialistengesetz« alle sozialdemokratischen Organisationen und Publikationen sowie die nahestehenden Gewerkschaften verboten. Nur noch Wahlkampf und Parlamentsarbeit waren erlaubt, so daß sich die rund einhundertzwanzig aktiven Sozialdemokraten der Stadt heimlich treffen mußten. Dadurch kam während der zwölfjährigen Verfolgungszeit die schließlich weit verbreitete Praxis auf, nach außen unpolitische und gesellige Clubs für Sport und Wandern, Familienfeiern oder

Bierbrauerei Joosten in der Sternengasse 30. Lokal der Kölner Sozialdemokraten zur Zeit des Sozialistengesetzes.

Männergesang zu gründen. Viele Sozialdemokraten verloren damals ihren Arbeitsplatz, wenn ihnen illegale Tätigkeit bewiesen oder nachgesagt wurde. Einige von ihnen kamen in der Firma »Bosch und Haug« in der Breite Straße unter, die der Volksmund deshalb »Die rote Bude« nannte.

Hiermit zeige ich ergebenst an, daß mein Lokal allen Gästen zugänglich ist, die auf dem Boden der heutigen Gesellschaftsordnung stehen und sozialdemokratische Vereine Versammlungen bei mir nicht mehr abhalten können.

Peter Paffrath
Stammheim, Bahnhofstraße.

Hohe Straße 12

14

Im ersten Stock des Hauses Hohe Straße 12 betrieben Kommunisten in den ersten Monaten der Nazidiktatur eine illegale Druckerei. Hier wurden Tausende von Flugblättern und Zeitungen gedruckt, bis die Geheime Staatspolizei im Oktober 1933 dahinter kam und die Druckerei zumachte.

Mit »St. Maria im Kapitol« nähern wir uns einer der ersten Adressen des alten Köln. Die Kirche gehörte bis zur Säkularisation zu

Hohe Straße 12: illegale Druckerei während der Nazi-Zeit.

St. Maria im Kapitol

15

dem vornehmsten und reichsten Damenstift nicht nur der Stadt, sondern vielleicht ganz Deutschlands und nahm schon im frühen Mittelalter nur Frauen aus den reichsten Fürstenhäusern auf. Einen ersten Eindruck vermittelt ein Weg rund um den alten Stifts- oder Immunitätsbezirk, dessen Mauern teilweise noch stehen, über die Kasinostraße oberhalb der autobeherrschten Pipinstraße und den ruhigen und stilvoll gestalteten Lichhof mit der Erinnerungsfigur an die Toten des 2. Weltkrieges, »Trauernde« von Gerhard Marcks (1949). Weiter geht es durch das originale Immunitätstor »Dreikönigspförtchen«, das nach der Legende im Jahre 1164 die Eingangstür für die Knochen der Heiligen Drei Könige in die Stadt gewesen sein soll, und zurück über den Marienplatz, jetzt Sitz des »Frauengeschichtsvereins«.

Die Basis der Kirche bilden die Fundamente eines römischen Tempels. Bei der Anlage ihrer Provinzhauptstadt muß die Römer offensichtlich die Terrassierung am Rhein angesprochen haben, die »Hügel« (immerhin über zehn Meter Höhenunterschied über die Treppe zur Plectrudengasse) haben sie vielleicht an die sieben Hügel ihrer Heimatstadt Rom erinnert, und sie errichteten die wichtigsten Staatsbauten auf dieser Terrasse: den Tempel des Mercurius/Augustus (unter dem Dom), den Palast des Statthalters für die Provinz (unter dem Rathaus) und den Tempel ihrer

Maria im Kapitol – die Vorlage für den berühmten Kleeblattchor (Dreikonchenanlage) steht in Bethlehem.

wichtigsten, der kapitolinischen Götter (hier unter St. Maria).Der spätere christliche Kirchenname »Im Kapitol« übernimmt die Erinnerung, so wie der Bau die Fundamente. Die Römer verehrten hier die Göttin Juno und deren Lieblingstochter Minerva, eine wichtige Matronin für die Städte, das Handwerk, die Wissenschaft und die Künste, sowie Junos Gatten Jupiter. Die Christen verehrten dann später hier die heilige Maria, die ja häufiger das Matronat von heidnischen Göttinnen übernehmen mußte.

Der Besucher betritt die Kirche von Westen her durch den Kreuzgang, der von ruhigen Innenstadtwohnungen flankiert wird. Früher war dieser Bezirk den Stiftsdamen vorbehalten, die von einer Empore im Westen des Kirchenraums dem Kult folgten. Baugeschichtliches Vorbild hierfür ist die Kaiserpfalz in Aachen. Die Geschichte der Kirche wurde immer entscheidend von Frauen bestimmt. Die erste der uns bekannten ist Plectrudis, die Gattin eines fränkischen Regenten namens Pipin, die sich auf diesen Staatsbesitz zurückzog, als ihr Mann sich eine Zweitfrau nahm. Nach Pipins Tod 714 versuchte sie ihrem Enkel gegen Karl, den Sohn von Pipins Freundin, den Thron zu sichern. Ihr eigener Nachkomme war gestorben oder ermordet worden, was in den fränkischen Herrscherfamilien nahezu identisch gewesen ist. Plectrudis unterlag aber im familiären Streit. Der Enkel starb – oder wurde umgebracht – und Karl, der wegen seiner militärischen Qualitäten den Beinamen »Martell« (Hammer) erhielt, wurde König. Plectrudis blieb als ehemalige Königin hier in der fürstlichen Residenz und richtete damals wohl schon ein Damenkloster ein. Zwei flankierende Grabplatten der Gruft von Plectrudis grüßen rechts und links an der Wand jede Besucherin, die die Kirche betritt.

Eine weitere wichtige Frau war Ida, Enkeltochter des Kaisers Otto II. und der Kaiserin Theophanu, jener Dame, die für St. Pantaleon von entscheidender Bedeutung war. Zu Idas Zeit, im 11. Jahrhundert, war es üblich, daß die Prinzessinnen aus dem deutschen Kaiserhaus, die nicht standesgemäß verheiratet werden konnten (oder vielleicht auch nicht wollten), Äbtissinnen von Stiften oder Klöstern wurden, was ihnen Selbständigkeit garantierte und die Möglichkeit ließ, ihr Erbe mitzunehmen, frei darüber zu verfügen und sich wissenschaftlich oder künstlerisch zu entfalten. Diese Regelung betraf nicht nur die adeligen Töchter, sondern alle selbständigen

Große Frauen im Stift: Plectrudis und Ida (unten rechts auf dem Heriman-Kreuz).

Volltreffer auf den Chor von Maria im Kapitol – der Regen fiel bis in den Keller.

und reichen Damen der Zeit. Die Stiftsdamen genossen dabei gegenüber den Klosterfrauen nicht nur den unschätzbaren Vorteil, kein Armutsgelübde ablegen zu müssen und sich Dienerinnen halten zu können, sondern auch samt ihrem Geld den Stift wieder verlassen zu können. Ida wurde die Bauherrin des heute noch erregenden Kirchenbaus mit der Dreikonchenanlage (Kleeblattform) im Chor, der ersten überhaupt im nördlichen Abendland, deren Vorbilder in der Bethlehemer Geburtskirche und in der byzantinischen Architektur zu finden sind. Keine der romanischen Kirchen Kölns schafft so variationsreiche und gegensätzliche Raumeindrücke wie Maria im Kapitol. Hier ist auf den vielen möglichen Wegen und Punkten im Chor und den Umgängen nachzuvollziehen, wie sehr der Bau von der Liturgie des Hochmittelalters mit Prozessionen, Wegen und Stationen bestimmt war; und nicht zufällig entdecken in unserer Zeit avantgardistische Musiker und Theaterleute, wie etwa John Cage, diese Kirchenräume wieder neu zur Inszenierung ihrer Experimente.

Welche Bedeutung dieser Raum früher hatte, mag man auch daran ermessen, daß zur Altarweihe am 5. Juli 1049 der Kaiser und der Papst selber erschienen und von 272 Bischöfen berichtet wird (eine der frühen kulturellen Massenveranstaltungen mit wirtschaftlichem Effekt!). Nach der Entzweiung der Stadt mit dem Kölner Erzbischof wurde Maria im Kapitol im 14. Jahrhundert zur Hauptkirche des Rates und der Bürger, denn der Dom war die Bischofskirche. In Maria im Kapitol wurden Bürgermeister eingeführt und beerdigt, hier begannen die großen Prozessionen, startete der Erzbischof seinen Weihnachtsumzug auf einem weißen Maultier und hierhin flossen zahllose Geschenke, Stiftungen und Erbschaften.

Um Maria im Kapitol ranken sich eine Fülle von Legenden. Die bekannteste ist die vor Weihwasser triefende Geschichte von dem elfjährigen Hermann Josef, der auf dem Schulweg dem Jesuskind seinen Apfel anbot und sein Geschenk tatsächlich losgeworden ist. Bei Hermann Josefs Begegnung soll es

Der junge Jesus nahm gern die biodynamischen Äpfel von Hermann Josef.

sich um die »Mutter Gottes, die das Jesuskind liebkost« gehandelt haben, eine Standfigur um 1180, heute links hinter dem Altar in der Apsis. Seitdem liegt jeweils ein frischer Apfel vor Maria, wobei auch hier unklar bleibt, wie weit antiker Mythos und christliche Legende verwoben sind und ob nicht überhaupt die schöne Frau gemeint ist (wie etwa in der Geschichte von Helena und Paris). Die Lovestory von Hermann Josef, der so überwältigt war, daß er ins Prämonstratenser-Kloster Steinfeld in der Eifel eintrat und nach seinem Tod seliggesprochen wurde, ist übrigens auch auf dem Verschönerungsbrunnen auf dem Waidmarkt (1894) dargestellt.

Eine bizarre Geschichte rankt sich um die riesigen Knochen, die über dem Beichtstuhl in einer Ecke des südlichen Seitenschiffs hängen: Zint Märjensrepp. Angeblich stammt das Kuriosum von einem vorzeitlichen Saurier, tatsächlich handelt es sich um den 4 Meter langen Unterkiefer eines Grönlandwals aus der späten Eiszeit. Der mag sich in grauen Vorzeiten in den Rhein verirrt haben, und so wurden seine Reste irgendwann später am nahegelegenen Ufer ausgebuddelt. Und wie immer, wenn die Kölner einen Knochen fanden, machten sie daraus eine Reliquie und erfanden die entsprechende Legende: Marias Rippchen!

Im Dritten Reich war die Krypta der Kirche Treffpunkt der katholischen Jugend, die sich den Vereinnahmungsversuchen und Zwangsveranstaltungen der Hitlerjugend nicht unterordnen wollte. Hier war ein Ort der inneren, religiösen Emigration, die in der Betonung des Kultes, der Liturgie und der Exegese lag und heute gezielt als »Opposition« definiert wird. Eine Steinintarsie mit dem Bild des Drachentöters St. Georg im Boden zwischen der fünften und sechsten Säule im südlichen Seitenschiff soll an diese Kapitol-Jugendgruppen während der Nazizeit erinnern. In

Marias Rippchen – ein Walfischkiefer im Seitenschiff von Maria im Kapitol.

der Krypta findet sich außerdem eine liegende Grabfigur der Äbtissin Ida.

Über den Lichhof und die Treppe hinab in die Plectrudengasse führt der Weg – ehemals ein Höhenunterschied von über 10 m – zu einem früheren Seitenarm des Rheins. Auf

Der Weg hinab zum alten Rhein

der Treppe kreuzt man die Fundamente der alten Stadtmauer, die in einem größeren Stück noch in der Tiefgarage linker Hand mit einem gemauerten Abwasseraustritt erhalten sind.

Trinitatiskirche / Filzengraben 4

In der französischen Zeit Kölns war die evangelische Gemeinde noch sehr klein. Das änderte sich rasch mit den preußischen Truppen und dem Verwaltungsapparat des Regierungspräsidenten in den 30er Jahren des 19. Jahrhunderts. Mit energischer Unterstützung durch Friedrich—Wilhelm IV. wurde 1857 – 60 die Trinitatiskirche als erster explizit evangelischer Kirchenbau in der Geschichte Köln errichtet. Im Stil lehnte sich der Architekt August Stüler an den preußischen Klassizismus an und griff damit auf antike Formelemente der altchristlichen Basilika zurück.

16

Die neue protestantische und preußische Richtung im Sakralbau wollte sich deutlich von den in Köln vorherrschenden romanischen und gotischen Kirchen absetzen. Trinitatis ist auch heute noch die größte evangelische Kirche in der Stadt und eines der wenigen nach den Kriegszerstörungen original wieder aufgebauten Bauwerke des preußischen Klassizismus. Im Filzengraben Nr. 4,

Die preußische Garnisonskirche in Köln ...

rechts von Trinitatis – heute steht hier ein Neubau – befand sich bis zur Machtergreifung 1933 die Gau- und Ortsgeschäftsstelle der NSDAP. Später zog sie erst in die Mozartstraße und 1936 in die alte Universität um.

Heumarkt / Reiterdenkmal

17

Auf einem alten Stadtplan kann man das Areal seitlich der Deutzer Brücke unter verschiedenen Namen finden: Paradiesgarten, Auf dem Himmelreich, Unter Käster, Augustinerstraße, Markmannsgasse oder Sassenhof. Bis auf einen Straßenzug sind alle verschwunden, die Gebäude abgerissen, und das Gelände weitgehend vom Hotel Maritim überbaut. Angefangen haben die Bautrupps im 3. Reich mit dem Durchbruch einer breiten Schneise am Rheinufer, die nach Westen fortgesetzt werden sollte, für eine monumentale Ost-West-Achse von Deutz bis zum Aachener Weiher quer durch die Stadt. Die Planung der 50er und 60er Jahre hat diese Baupolitik nahtlos fortgeführt, jetzt nicht mehr unter dem Diktat der Partei, sondern unter dem Primat von Ford, VW und Daimler Benz – die Innenstadt wurde »verkehrsgerecht« gemacht. Mit den Folgen um die verpfuschte Abfahrt von der Brückenrampe, die unklare Straßenbahnanbindung und die Zerstörung

... neben der die frühere Gauleitung der NSDAP lag.

des Heumarktes haben sich alle Stadtplaner bis heute herumzuschlagen. Der Neubau des Hotels Ende der 80er Jahre nach Entwürfen des Architekten Gottfried Böhm hat zwar die Lücke am Ufer wieder geschlossen und einen städtebaulich markanten Punkt gesetzt, aber es fehlt immer noch die Überbauung der Brückenrampe zur anderen Seite. Parallel zur Markmannsgasse war einmal der Neubau des Völkerkundemuseums geplant. Doch darauf wird man angesichts der leeren Kulturkassen zum ausgehenden Jahrhundert wohl noch warten müssen.

In der Mitte der Brückenauffahrt reitet seit jüngerer Zeit wieder der Preußenkönig Friedrich Wilhelm III. gen Osten. Das Denkmal war nach dem Kriege den Alteisensammlern zum Opfer gefallen. Aber der Kölner Verkehrsverein hatte über eine halbe Millionen Mark für einen neuen Reiter gesammelt und dazu die Reste des preußisches Relikts aus allen Ecken zusammengekramt und wieder auf dem Heumarkt vereinigt. Die ursprüngliche Fassung war 1872 – 78 von Kölner Bürgern als Hommage an den Preußenkönig geschaffen worden und wird von der heutigen Denkmalpflege als »subversive Überlistung« des preußischen Militärstaates hingestellt. Es sei nämlich gegen den erklärten Willen des Königs gelungen, mehr Zivilisten auf dem Sockel unterzubringen als Militärs. Aber das kann auch nicht über die grandiose Anpassung des Kölner Bürgertums an die Hohenzollern hinwegtäuschen, wo es doch zu den Standards der lokalen Geschichtsschreibung gehört, die angebliche Distanz zu Berlin und zum Preußentum zu betonen. Und dieser Reiter selbst, Friedrich Wilhelm III., wird von Friedrich Engels treffend beschrieben als »einer der größten Holzköpfe, die je einen Thron regiert. Er war zum Korporal und zum Inspektor der Uniformknöpfe geboren. Er kannte nur zwei Gefühle – Furcht und feldwebelhafte Anmaßung.«

Seidmacherinnengäßchen / Frauenzünfte

18

Erst im Jahre 1987 erhielt diese Gasse auf Antrag zweier Frauengeschichtsforscherinnen, Irene Franken und Edith Kiesewalter, ihren weiblichen Namen. Vorher hießen die zwei Straßenzüge »Unter Seidenmacher« und »Seidmachergäßchen«. Die Ratsherren konnten sich der historischen Wahrheit nicht verschließen, daß Seidenverarbeitung im Mittelalter ganz überwiegend Frauenarbeit war. Köln hatte neben Zürich und Paris als einzige Stadt Westeuropas eigene Frauenzünfte, die im Spätmittelalter auch eine bedeutende Rolle in der lokalen Wirtschaft spielten. Es gab Zünfte der Garnmacherinnen, der Goldspinnerinnen, der Seidenweberinnen und später auch der Seidenspinnerinnen. Alle stellten wichtige Produkte für den Außenhandel der Stadt her, sei es das sogenannte Fils de Cologne, auch »kölsch garn« genannt, Goldbrokatfäden oder Seiden- bzw. Halbseidenstoffe. Die Seidenverarbeitung war, wirtschaftlich gesehen, der wichtigste Zweig damals. Die Rohseide wurde importiert, doch in Köln gesponnen, gewebt und bestickt. Das Gewebe hing eng mit der Borten- oder Wappenstickerei zusammen, die in Köln schon im Hochmittelalter durch den liturgischen Bedarf in Kirchen und Klöstern gefragt waren: Kölner Borten finden sich auf Priestergewändern und liturgischen Tüchern, als kostbare Verpackung der Reliquien, als künstlerische Stickereien und auf Wandbehängen, auf prunkvoller Kleidung wie auf Kissenbezügen. Durch die Handelskontore waren sie weit verbreitet. Zeugnisse dieser Arbeit aus dem kunstgeschichtlichen oder religiösen Kontext finden sich reichlich im Diözesanmuseum, im

Der Tip zur Rast:
La Movida,
Gürzenichstr. 21,
Tel. 2 58 32 55 –
Mo – Sa 8 – 24 Uhr,
So 11 – 24 Uhr – mediterranes Bistro mit Terasse im Schatten des Gürzenich, mitten in der Stadt und wie eine Oase – schöne Einrichtung, leckeres Essen rund ums Mittelmeer bis Mitternacht – akzeptable Preise und vor allem eine aufmerksame Wirtin.

Schnütgenmuseum und in der Domschatzkammer.

Die Frauenzünfte entstanden Ende des 14. Jahrhunderts. In den Zünften gab es Meisterinnen, die eigene Töchter oder bis zu sechs Lehrmädchen ausbilden durften und so ihr Wissen nur an Frauen weitergaben. Die Seidenmacherinnen gehörten zu den reichsten Zünften der Stadt, und die Meisterinnen stammten oft aus der aristokratischen Oberschicht, waren mit Rats- und Bürgermeisterfamilien liiert. Allerdings mußte es neben zwei Meisterinnen immer auch zwei männliche Repräsentanten für die politische Außenvertretung geben. Denn die Ratssitzung durfte keine Frau betreten und sei es auch eine noch so reiche Seidenweberin. Die Frauenzünfte hatten anscheinend auch keine eigenen Zunfthäuser wie andere Gaffeln und Zünfte. Ende des 16. Jahrhunderts lösten sich die reinen Frauenzünfte allmählich wieder auf. Mit der anfänglichen Zulassung von Männern wurden die Frauen nach und nach wieder in unqualifizierte Arbeitsbereiche abgedrängt. Es war die Zeit der ersten Wirtschaftskrisen und die Zeit, in der das Bild und die Rolle der Frau als Nur-Hausfrau, Mutter und Gebärerin entstand. Demgegenüber war die Position der Frau im Mittelalter wesentlich mehr durch ihre Arbeit als durch ihren Mann bestimmt. Die starke Stellung der Frauenzünfte wird nicht zuletzt auch durch die geographische Anlage dieser Seidmacherinnengasse dokumentiert, im Zentrum der Stadt, direkt neben dem Rathaus.

Hühnergasse / Tom Tom

19

Zum Schluß dieser Wanderung als aktueller Ort der jüngsten Geschichte (für die schwulen Teilnehmer auch als Tip zur Einkehr) ein Lokal in der Hühnergasse, nahe dem Heumarkt. Heute nennt sich der Schuppen »Carussel«, aber bis Ende '87 war es noch das »Tom Tom«, jenes legendäre Lokal, in welchem seinerzeit Verteidigungsminister Wörner gern verkehrt hätte, aber stattdessen seinem General Kießling unterstellte, der hätte es getan. Und weil das verkehrt war, während unterstellt wurde, der General sei »verkehrt«, denn er habe dort verkehrt, kam es zu einer mittleren Verteidigungskrise der NATO, als von schwulen Generälen und Epreßbarkeit die Rede war und ein kleiner Zipfel der konspirativen Machenschaften des in Köln ansässigen »Militärischen Abschirmdienstes« MAD (Konrad Adenauer Kaserne, Brühler Straße) gelüftet wurde. Trotz aller Unterstellungen, Vorverurteilungen und umgefallener Zeugen mußte nicht der Verteidigungsminister gehen, sondern der General wurde entlassen – aber mit »allen militärischen Ehren«.

Der Treff der Homosexuellen in der Hühnergasse befindet sich in geschichtsträchtiger Nachbarschaft, denn bereits im Spätmittelalter wird von einer Schwulenszene auf dem Heumarkt berichtet. Im Sommer des Jahres 1484 kam es zu einer großangelegten Untersuchung des Rates, nachdem einem Pfarrer bei der letzten Beichte eines Sterbenden zu Ohren gekommen war, daß dieser häufig gegen einen Gulden Entgelt mit einem »rychen burger« Unzucht getrieben hatte. Die weitere Recherche brachte für den Nicht-Eingeweihten Erstaunliches an den Tag: homosexuelle Prostitution, die schwulen Treffpunkte der Zeit und die Praktiken der »Sodomiterei«, wie die Homosexualität damals genannt wurde. Man fand mindestens zweihundert Beteiligte in der ganzen Stadt, bis hinauf in den Rat und damit die Stadtspitze selbst, die der »unaussprechlichen Sünde« frönten. Aber wie so vieles in Köln wurde auch dies nicht weiterverfolgt, sondern nach dem Rat der Universitätstheologen in kölschem Einvernehmen unter den Teppich gekehrt.

1. **Altengrabengäßchen:**
   Henker und Bischof
2. **Maria-Ablaß-Kapelle:**
   Die versteckte Kirche
3. **Unter Sachsenhausen:**
   Straße der Banken / Freiherr Schröder und die Nazis
4. **Stadtmuseum:**
   Der goldene Vogel
5. **Regierungspräsidium:**
   Die Preußen in Köln / Berufsverbote / Karl Barth
6. **El-De-Haus:**
   Gestapo-Zentrale / Gedenkstätte
7. **Nazi-Viertel:**
   Krebsgasse – Polizeipräsidium / Glockengasse – Synagoge / Helenenstraße – SA-Kneipe
8. **Maria in der Kupfergasse:**
   Die Schwarze Madonna / Das »Haus der schönen Frauen« / Prostituierte im Mittelalter
9. **Schweizer Ladenstadt:**
   Altes Einkaufszentrum
10. **Breite Straße, Ehrenstraße:**
    Das neue Einkaufsparadies / Bazaar de Cologne
11. **St. Aposteln:**
    Vierzehn Nothelfer
12. **Neumarkt:**
    Die Kapitalinteressen / Römisches Erbe / Schießplatz/ Freiheitsbaum und Adenauer
13. **Richmodisturm:**
    Legende aus der Pestzeit vom Herrn Aducht
14. **Gesundheitsamt:**
    Vernichtung der Kranken im Dritten Reich
15. **Thieboldsgasse:**
    Psychiatrie im Mittelalter / Armen- und Arbeitshaus
16. **Griechenmarkt:**
    Handwerkerviertel / Weber und Färber an den Bächen
17. **Großer Griechenmarkt:**
    Weberaufstand und bewaffneter Kampf gegen die Nazis in Köln
18. **Alte Mauer am Bach:**
    Prinzessin Theophanu / Bürobau ohne Genehmigung / Der Wasserturm

Westliche Innenstadt

Bischof, Banken, Einkaufszentren

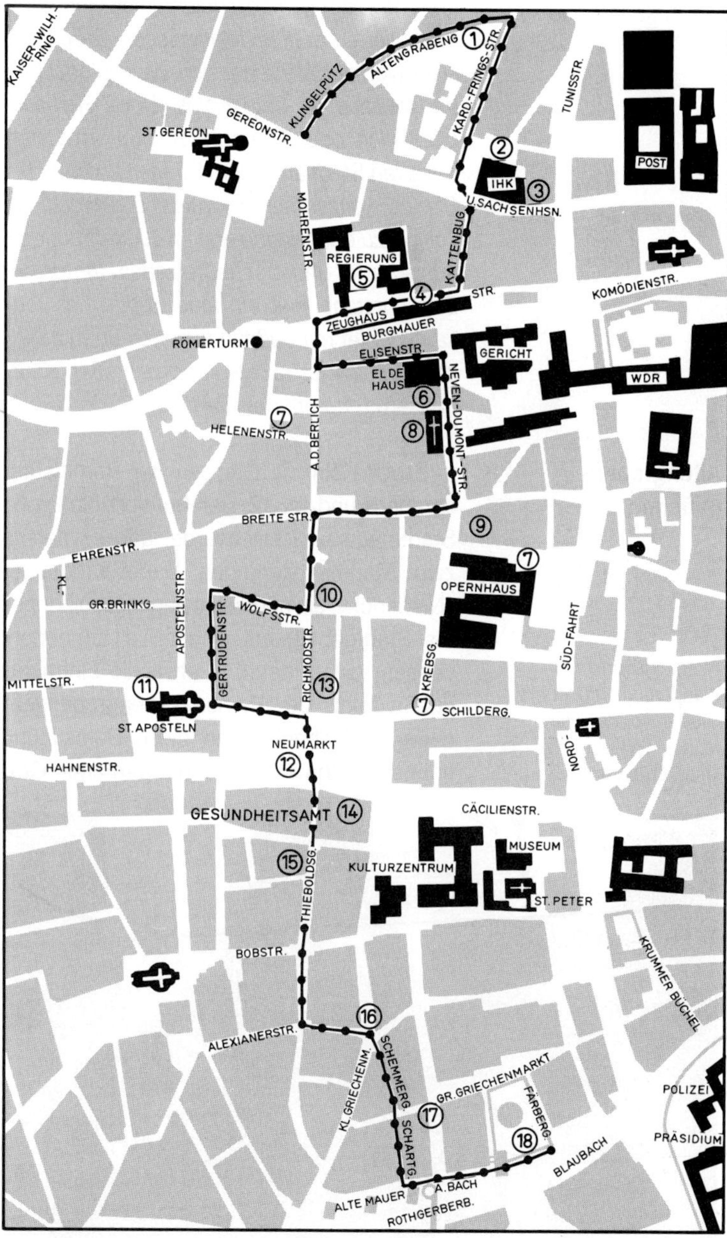

Start im Altengrabengäßchen – längere Strecke – Dauer ca. 3 Stunden – günstige Zeit: ein langer Samstag.

Die zweite Wanderung führt durch den westlichen Teil der Innenstadt, angefangen im Norden hinter dem Bischofspalais, und geht über den Neumarkt bis hinunter ins Griechenmarktviertel, den mittelalterlichen Bezirk der Handwerker. Während sich die historischen und politischen Orte Kölns (Dom, Rathaus, Gürzenich oder Maria im Kapitol) im Osten der alten Stadt auf einem Streifen entlang des Rheins konzentrieren, wurde der westliche Teil bis zu den Ringen erst im 19. Jahrhundert aufgewertet und dichter besiedelt. In unserer Zeit entstand hier ein innerstädtisches Einkaufsgebiet mit Fußgängerzonen und Ladenzentren, Modestraßen und den großen Kaufhäusern rund um den Neumarkt.

Altengrabengäßchen

(1)

Ausgangspunkt der Wanderung – früher ein Graben vor der alten Mauer, die Gasse der Unberührbaren.

Bevor Köln die Grenzen der Römerstadt sprengte und im 12. Jahrhundert die große Stadtmauer errichtet wurde, gab es bereits zwei Stadterweiterungen. Dabei wurde der »Niederich«, ein nördlich gelegenes, niedrigeres Stadtgebiet, mit einem Wall umgeben, dessen Verlauf heute in etwa die Eintrachtstraße folgt. Der Namen »Altengrabengäßchen« soll ebenfalls an diese Befestigung erinnern, denn er bezeichnet den alten Gra-

ben vor der Mauer. Im 16. und 17. Jahrhundert war dies einer der verrufensten Winkel der Stadt. Hier wohnte der Henker, hier lebten Dirnen und die Leute, die die Kloaken entleeren mußten, spöttisch »Goldgräber« genannt. Der Henker war nicht nur für die Hinrichtungen zuständig, sondern hatte auch Aufsicht über die Prostituierten und kassierte als »Zuhälter« Schutzgelder von ihnen. Er kontrollierte alle unehrenhaften, aber öffentlichen Berufe wie den Abdecker oder Schinder, den Hunde(tot)schläger und die genannten »Goldgräber«: Im Altengrabengäßchen waren die Unberührbaren konzentriert.

Henker bei der Arbeit (1464). Im 16. und 17. Jahrhundert kontrollierte er außerdem alle »unehrenhaften« Berufsgruppen.

Heute schirmt eine hohe Ziegelsteinmauer einen anderen Unberührbaren vor den neu-

Am Tag seines Kardinalbesuches 1934 wird Hermann Göring Ehrenbürger der Stadt Köln – dahinter Oberbürgermeister Günther Riesen.

gierigen Blicken der Kölner ab: den Kardinal. Auf einem kleinen Klingelschild an der Toreinfahrt Kardinal-Frings-Straße 10 ist sein Name zu lesen. Hier wohnt er in einer großen grünen Oase, in die man nur von einem der Kirchtürme oder vom Dom aus hineinspähen kann. Hier empfing der damalige Kardinal Schulte am 27. Juni 1934 den NS-Potentaten Hermann Göring; derselbe Schulte übrigens, der beim Bruch des Versailler Vertrages und dem Einmarsch der deutschen Truppen ins entmilitarisierte Rheinland im Jahr 1936 an die faschistische Heeresführung telegrafierte: »In den denkwürdigen Stunden, da die Wehrmacht des Reiches wiederum als Hüterin des Friedens und der Ordnung in das deutsche Rheinland Einzug hält, begrüße ich die berufenen Waffenträger unseres Volkes mit ergriffener Seele und eingedenk des erhabenen Beispiels opferbereiter Vaterlandsliebe, ernster Manneszucht und aufrechter Gottesfurcht, das unser Heer von jeher der Welt gegeben hat.«

Doch von solchen Geschichten wollen die heutigen Amtsinhaber und Kirchenvertreter nichts mehr wissen.

Maria-Ablaß-Kapelle

2

Umgeben von den Tempeln der Dresdner Bank, der Börse und Reynolds Tobacco wird man die »Maria-Ablaß-Kapelle« hinter der Industrie- und Handelskammer nur schwerlich entdecken. Der Name erinnert an die frühere Pfarrkirche St. Maria Ablaß, die nebenan bis zur Säkularisation stand und 1808 abgerissen wurde. In der mittelalterlichen Gesellschaft spielte sie eine wichtige Rolle als der Ort, an dem der Erzbischof am Palmsonntag nach feierlicher Prozession den Kölnern die Ablässe verkündete. Eine Praxis, die im 12. Jahrhundert mit der Erfindung des Fegefeuers aufgekommen war und mit der die größten Sünder die phantastische Möglichkeit hatten, auch nach dem Tode noch im Jenseits rumzufummeln und etwas für ihr Seelenheil zu tun. Der Ablaß war dafür Brief und Siegel, der über Dauer und Ausmaß bestimmte, je nachdem was sie an Pfründen und Stipendien für Kirche und Klerus hinterlassen hatten.

Die Kapelle selbst geht auf einen Kölner Kreuzritter zurück, Bruno von Mauenheim. Für den war 1217 die Eroberung des »heiligen Landes« und das Totschlagen der Heiden nicht besonders glücklich verlaufen, er war in Gefangenschaft geraten. Doch nun geschah das rheinische Wunder, oder die Halluzinationen des Bruno erlangten materielle Kraft: Die heimische Marienfigur von einem Fresko der Kapelle erschien ihm im fernen Kerker und befreite ihn von seinen Ketten. Zum Dank baute Bruno nach seiner glücklichen Heimkehr rund um das wundertätige Bild diese Kapelle und hängte die Gefängnisketten an der Wand auf, wo sie noch immer zu finden sind. Die »Maria-Ablaß-Kapelle« dient heute der russisch-orthodoxen Gemeinde für ihren Gottesdienst: Samstag um 18.00 die Vesper und Sonntag um 10.00 die Liturgie.

Unter Sachsenhausen

Ihren Namen hat diese Straße von der womöglich ersten Mietskaserne Kölns, ein Gebäude, das unter einem einzigen Dach 16

3

Einzelhäuser beherbergte: »Unter 16 Häusern«. Die Straße entwickelte sich im 19. Jahrhundert zur Kölner Bankenallee und ist heute eine der ersten Adressen der Stadt. Die großen Geschäftsbanken Deutsche, Dresdner und Commerzbank auf der Südseite in einer Reihe mit der BfG, Amro und Vereinsbank, der türkischen IS Bankasi oder der Anker Bank, und gegenüber die wichtigen Kölner Privatbanken Oppenheim und das Bankhaus Stein und bis zum Bankrott 1974 auch Herstatt. Die frühere Herstatt-Bank an der Ecke zur Nord-Süd-Fahrt, mit den hellen Marmorwänden und dem breit schwingenden Dachgeviert in Spannbeton, steht neben einer Reihe anderer Bauwerke aus den 50er Jahren auf einer Liste, die die Stadtkonservatorin unter Denkmalschutz gestellt hat. Verglichen mit der Quadratmeterausnutzung heutiger Bürobauten, kann diese nur ästhetisch bestimmte Dachkonstruktion doch erstaunen.

Das Bankhaus Stein gehört zu den feinsten Adressen des Bankviertels und residiert, um keine Aufmerksamkeit zu erregen, ohne Straßenschild im Gebäude der Industrie- und Handelskammer. Nur im Inneren findet man den dezenten Hinweis »Marcard, Stein & Co. Bankiers seit 1790«. Mitinhaber des Hauses war in den 30er und 40er Jahren der Kölner Bankier Kurt Freiherr von Schröder, einer der wichtigsten finanziellen Förderer der Nazis. Schröder bemühte sich erfolgreich um die Gewinnung weiter Kreise der Finanzwelt und der Großindustrie zur Unterstützung der NSDAP, und in seiner Villa (am Stadtwaldgürtel Nr. 35) trafen am 4. Januar 1933 bei einem Geheimtreffen Adolf Hitler und der vormalige Reichskanzler von Papen zusammen, um die Regierungsübernahme durch die Nazis vorzubereiten. Schröder war der ökonomische Geburtshelfer der faschistischen Regierung, die kurz darauf, am 30. Januar 1933, von Hindenburg eingesetzt wurde. Das 3. Reich dankte es dem Kölner Bankier: Schröder wurde Vorsitzender der Wertpapierbörse und Präsident der Industrie- und Handelskammer, saß im Stadtrat, avancierte zum Bezirkswirtschaftsführer Rheinland, zum Reichsehrenrichter der Wirtschaft, später »sogar« zum SS-Standartenführer und Mitglied des Generalrates der deutschen Wirtschaft. Nach dem Krieg verurteilte ihn ein britisches Militärgericht zu 3 Monaten Haft und 1.500 Reichsmark Geldstrafe, mußte aber angesichts heftiger Proteste und Demonstrationen das Urteil revidieren. Am Ende kam Schröder mit 60.000 DM Geldstrafe davon, die zur Hälfte durch die Internierungshaft abgegolten war. Das Bankhaus Stein wurde von den Alliierten 1945 geschlossen, durfte aber 1950 wieder aufmachen.

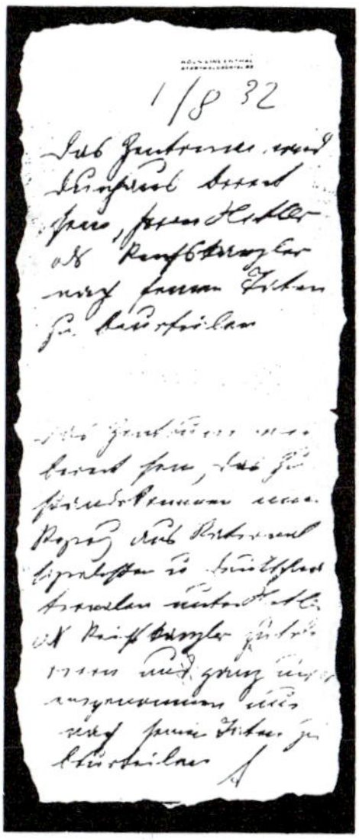
1/8 32

Finanzier der Nazis – der Kölner Bankier Kurt Freiherr von Schröder. Daneben ein Auszug aus einem Brief Konrad Adenauers an Schröder vom 1.8.1932: »Das Zentrum wird bereit sein, das Zustandekommen einer Regierung aus Nationalsozialisten und Deutschnationalen unter Hitler als Reichskanzler zu tolerieren.«

Stadtmuseum / Der goldene Vogel

4

Das alte Ziegelgebäude, das mit den rotweißen Fensterläden eher eine Reminiszenz an die rheinische Burgenromantik zu sein scheint, war früher das städtische Waffendepot, das Zeughaus, heute ist es das Stadtmuseum. Mit der rückwärtigen Längswand steht es auf der alten römischen Stadtmauer. An der Westseite wurde im Stil der Kölner Patrizierhäuser ein Treppenturm errichtet, wie sie ähnlich noch ein paar Mal in der Stadt zu finden sind, die aber im Vergleich zu den italienischen Geschlechtertürmen alle keine militärische Funktion hatten. Sie waren zur Repräsentation da, so wie heute der goldene Vogel, der seit 1991 auf dem Turm steht.

In Wirklichkeit ist es ein Ford Fiesta, bearbeitet von dem Kölner Aktionskünstler HA Schult im Jahre 1989. Damals feierte die Firma Ford den 60. Jahrestag ihrer Ansiedlung in Köln und das gleichzeitige Jubiläum des ersten Fließbandes in Deutschland. Da das Auto als Umweltzerstörer Nummer 1 ins Gerede gekommen war, brachte das seinerzeitige Ford-Vorstandsmitglied Daniel Goeudevert die Kunst ins Spiel – ein Künstler mußte das Auto veredeln, verfremden. HA Schult machte das, und als die Jubiläen vorbei waren, bekam er seine eigenen Objekte geschenkt. Zwei Jahre später fand eines dann hier einen öffentlichen Ruheplatz und erregt seitdem die heimischen Gemüter: ob Regierungspräsident oder Oberstadtdirektor, Oberbürgermeister oder Stadtkonservator, alle haben ihren Senf dazu gegeben, ob es paßt und ob es erlaubt ist, ob es schön ist und wann es weg muß, mit der Folge, daß endlich über ein Museum geredet wird, das ansonsten kaum Gesprächsstoff zu bieten scheint.

Regierungs-präsidium

Unmittelbar an diesen Bau schließt die »Alte Wache« an, die 1840/41 im Stil der florentinischen Palazzi als Wachgebäude für die preußische Verwaltung gebaut wurde. Sie hatte das gegenüberliegende Regierungspräsidium zu schützen und war mit einer ständigen Garnison ausgestattet (eine zweite Wache gab es auf dem Neumarkt, eine dritte an St. Georg, von der das Portal mit den ruhenden Kriegern noch steht). Vom alten Regierungspräsidium, das 1830-32 von ei-

5

nem Schüler des berühmtesten Architekten der Preußenära, Friedrich von Schinkel, entworfen wurde, ist lediglich der rechte Seitenflügel erhalten. Das preußische Präsidium diente damals nicht nur als Amts- und Wohnsitz des Regierungspräsidenten, sondern auch als lokale Dependance der Hohenzollernkönige, wenn diese zu Besuch in Köln waren. Die gesamte preußische Verwaltung in Köln bestand bei der Eröffnung aus 52 Personen, wuchs in über hundert Jahren bis zum 2. Weltkrieg auf etwa 200 und schnellte dann bis heute auf über 1.300 hoch.

Die Figur rechts vom Eingang in dem wunderschönen wilden Garten ist der erste Kölner Regierungspräsident von 1815, Friedrich Reichsgraf zu Solms-Laubach. Seine Darstellung zusammen mit einer hohen Weinrebe und mit dem Hinweis, er symbolisiere »geschichtsbezogene Gegenwart«, ist eine subtile Anspielung auf eine Marotte des heutigen Amtsinhabers Franz Josef Antwerpes, der diese Figur seines 29. Vorgängers spendiert hat. Antwerpes betreibt nämlich seit Jahr und Tag mitten in der Stadt Weinbau, man kann die Reben vom mittleren Balkon direkt vor seinem Arbeitszimmer herunterwachsen sehen. Höchstpersönlich und unter dem Beifall der Kölner Öffentlichkeit pflegt, schneidet und erntet der Regierungspräsident die sauren Reben. Anschließend läßt er die Ernte seines »Klein-Kölnhausener Zukkerberg« für einen guten Zweck versteigern, pro Flasche gegen eine »Spende« von 500 Mark.

In diesem Haus fanden in den 70er Jahren die Verhöre und Befragungen zu den sogenannten »Berufsverboten« statt, als der Staat versuchte, Kommunisten unter Lehrern und Beamten aufzuspüren und zu entlassen. Einen berüchtigten Vorläufer hatte diese Praxis in den sogenannten »Dienststrafverfahren« des 3. Reiches. Hier wurde am 20. Dezember 1934 einer der berühmtesten evangelischen Theologen unseres Jahrhunderts, Karl Barth, angeklagt und von seinem Bonner Lehrstuhl entfernt.

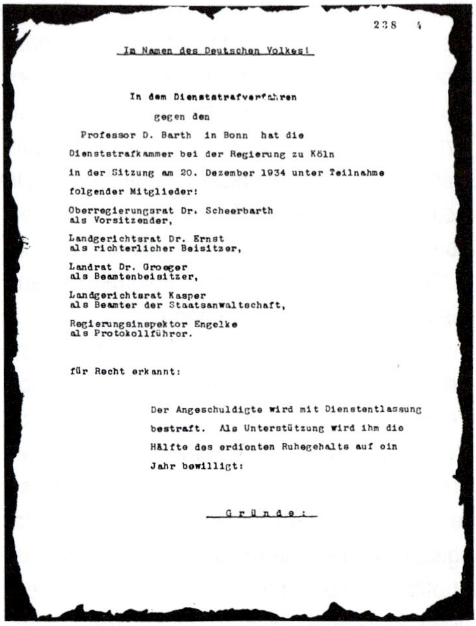
238 4

Im Namen des Deutschen Volkes!

In dem Dienststrafverfahren
gegen den
Professor D. Barth in Bonn hat die
Dienststrafkammer bei der Regierung zu Köln
in der Sitzung am 20. Dezember 1934 unter Teilnahme
folgender Mitglieder:

Oberregierungsrat Dr. Scheerbarth
als Vorsitzender,

Landgerichtsrat Dr. Ernst
als richterlicher Beisitzer,

Landrat Dr. Groeger
als Beamtenbeisitzer,

Landgerichtsrat Kasper
als Beamter der Staatsanwaltschaft,

Regierungsinspektor Engelke
als Protokollführer.

für Recht erkannt:

Der Angeschuldigte wird mit Dienstentlassung bestraft. Als Unterstützung wird ihm die Hälfte des erdienten Ruhegehalts auf ein Jahr bewilligt:

Gründe:

1934 wurde der Theologieprofessor Karl Barth beim Kölner Regierungspräsidenten seines Lehrstuhls beraubt.

Der preußischen Zeit zuzuordnen ist auch das alte Amtsgericht am Appellhofplatz jenseits des Zeughauses. Es wurde Ende des letzten Jahrhunderts als Ziegelsteinbau im Stil der niederländisch beeinflußten Neurenaissance errichtet. Der Name des Platzes weist auf die ehemalige preußische Berufungs- oder Appelationsinstanz hin. Als der Stadtrat im Jahre 1985 diesen Platz nach dem Kölner Schriftsteller Heinrich Böll umbenennen wollte, kam es zu empörten Protesten der Juristen, und der Name blieb. Stattdessen wurde der Platz hinter dem neuen Ludwig-Museum mit dem Namen des Schriftstellers geschmückt.

El-De-Haus

6

Vorbei am Regierungspräsidium überquert man die Autostraße, läßt den Römerturm rechts und die Römermauer links liegen und biegt wieder nach links in die Elisenstraße ein. Am Ende gelangt man zum »El-De-Haus«, das nach den Initialen des Besitzers Leopold Dahmen benannt wird, die über dem

Hauseingang dargestellt sind. Das graue, breit angelegte Bürogebäude wurde von Dahmen 1935 gebaut und 1936 an die Gestapo vermietet. Hier hatte die Geheime Staatspolizei für den Gau Rheinland und Aachen ihren Sitz mit einem eigenen Gefängnis- und Foltertrakt in zwei Kelleretagen und einer Hinrichtungsstätte hinter dem Haus. Tausende von Häftlingen, zunächst politische Oppositionelle, Sozialdemokraten und Kommunisten, dann während des Krieges auch protestierende Jugendliche von den »Edelweiß-Piraten«, Kriegsgefangene und vor allem zahlreiche ausländische Zwangs- oder Fremdarbeiter/innen waren hier eingesperrt, wurden verhört, häufig mißhandelt, gefoltert und viele von ihnen auch umgebracht. Die Gestapo hatte ein eigenes Terrain auf dem Westfriedhof, auf dem zahlreiche Opfer aus der »Elisenstraße« (so die Eintragung im Totenbuch) begraben sind.

Zellentür im El-De-Haus.

Das El-De-Haus ist eines der wenigen Gebäude der Innenstadt, das im Krieg fast unversehrt blieb, so daß 1945 die Stadtverwaltung hier einziehen konnte. Die Haftzellen im Keller wurden jetzt als Aktenkeller genutzt und gerieten in Vergessenheit. Die Stadt und

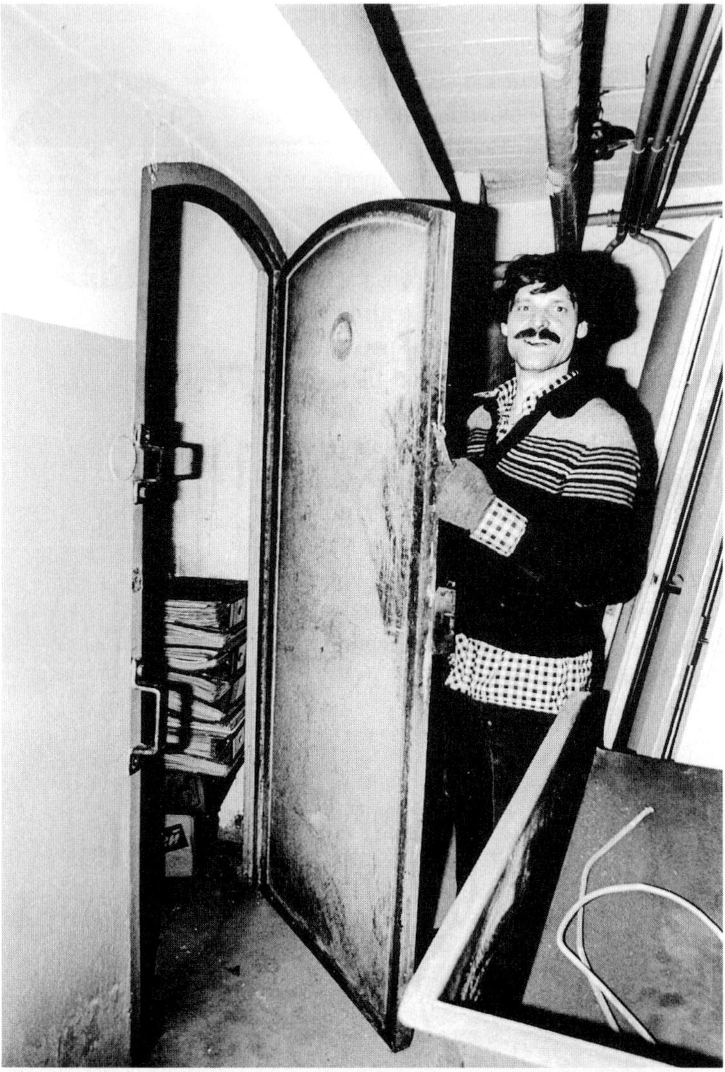

Jahrzehntelang lagerte die Stadtverwaltung ihre Akten in den Gestapozellen. Erst ein »Einbruch« brachte 1978 den Beweis – hinter den Regalen waren die Inschriften der Gefangenen noch zu lesen. Fotos wie dieses dienten als Beleg.

die älteren Kölner verdrängten ihr Wissen, der Hausbesitzer, der weiter von der öffentlichen Hand seine Miete kassierte, hatte keinen Grund, die Nazigeschichte wachzuhalten. Bitter allerdings war es für einige Kölner, die früher hier mißhandelt worden waren und in dem jetzt dort untergebrachten Rentenamt um ihre Entschädigungen und Versorgungsansprüche – oft vergeblich – nachsuchen mußten.

Seit Ende der 60er Jahre war es der Kölner Sammy Maedge, der immer wieder auf das EL-De-Haus hinwies, vor allem auf die Zellen mit ihren zahllosen Wandinschriften. Aber erst mit Unterstützung einer Bürgerinitiative 1977 regte sich allmählich Protest in der Kölner Öffentlichkeit. Die Stadt als Mieterin erklärte sich lange für unzuständig, der Besitzer Dahmen wollte die »alten Kamellen ruhen« lassen. Dem Fotograf Gernot Huber und dem Lehrer Kurt Holl gelang es schließlich bei einem nächtlichen »Einbruch« im März 1978, Zellen und Inschriften zu fotografieren und das, was bisher nur vom Hörensagen bekannt war, öffentlich zu dokumentieren. Jetzt erst sah sich der Stadtrat gezwungen, die Keller unter Denkmalschutz zu stellen und die Akten entfernen sowie die Inschriften restaurieren zu lassen. Gleichzeitig wurde die Einrichtung eines Dokumentationszentrums zur Geschichte des Nationalsozialismus in Köln beschlossen. Aber erst 8 Jahre später, wieder unter öffentlichem Druck, wurde dieser Beschluß 1987 umgesetzt. Mitte der 90er Jahre schließlich werden die letzten Behörden aus dem EL-DE-Haus ausziehen. Neben der Forschungsstelle wird nun auch eine Dauerausstellung zum Nationalsozialismus im ehemaligen Gestapo-Hauptquartier eingerichtet.

Jahrzehnte hinter Akten verborgen: »Gottes Mühlen mahlen langsam, aber sicher!« – »Kinder müssen kommen für den Krieg / Räder müssen rollen für den Sieg / Köpfe müssen rollen nach dem Krieg.«

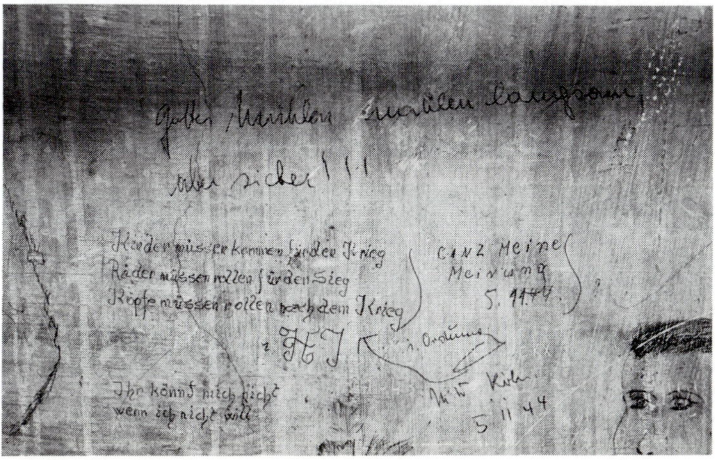

Krebsgasse / Glockengasse / Helenenstraße

7

Synagoge in der Glockengasse (1861).

Ein weiterer Ort in der Nähe, der ebenfalls an das 3. Reich erinnert, ist die Krebsgasse Nr. 3. Hier befand sich bis 1945 das Polizeipräsidium, in dem bis zum Umzug ins El-De-Haus die Gestapo residierte. Eine Tafel im Boden, von Ketten und Eisenpollern umgeben, erinnert daran. Ursprünglich wollte die Stadt an der neuen Fassade auf dem historischen Grundstück die Tafel anbringen, aber der Hausbesitzer lehnte ab.

Eine weitere Gedenktafel hängt in der Glockengasse, an der Ecke der nahegelegenen Oper gegenüber dem 4711-Haus. Sie erinnert an die große Synagoge, die 1861 an dieser Stelle eingeweiht wurde. Der jüdische Bankier Abraham Oppenheim hatte sie finanziert und der Dombaumeister Ernst Friedrich Zwirner entworfen, damals noch eine selbstverständliche christlich-jüdische Kooperation. Im Stil ähnelte die Synagoge mit einer Halbkuppel, die von vier Minaretts flankiert wurde, einer Moschee. Sie wurde in der sogenannten »Reichskristallnacht« am 9. November 1938 verwüstet und nach dem Krieg nicht wieder aufgebaut.

Eine dritte Tafel liegt weiter entfernt, an der Ecke St. Apern/Helenenstraße, an dem Gebäude der »Kreishausgalerie«. Sie erinnert an die frühere Synagoge der orthodoxen jüdischen Gemeinde, der sogenannten Gerechten, »Adass Jeschurun«, die hier auch eine Volksschule, ein Gymnasium und ein Lehrerseminar unterhielten. Nach dem letzten Direktor dieses Gymnasiums, Erich Klibansky, wurde der anliegende Platz benannt. Der

Eine Tafel an der St. Apernstraße erinnert an die Synagoge der orthodoxen Gemeinde Adass Jeschurun. Das Innere der Synagoge wurde am 10.11.38 zerstört, das Gebäude fiel einer Bombe im 2. Weltkrieg zum Opfer.

Synagoge Glockengasse: Die Nazis zerstörten sie in der »Kristallnacht« 1938. Heute steht hier die Oper.

Pädagoge konnte einen Teil seiner Schüler vor den Nazis nach England in Sicherheit bringen, wurde aber selbst mit seiner Familie am 20. Juli 1942 vom Bahnhof Deutz-Tief aus verschleppt und wenige Tage später in der Nähe von Minsk von SS-Männern ermordet.

Die ganze Gegend um das Regierungspräsidium scheint bereits in der Weimarer Republik Schwerpunkt der Nazis gewesen zu sein. Die NSDAP hatte ihre Stammkneipe »Haus Mainz« in der Helenenstraße Nr. 9 (heute eine Wäscherei). Inhaber war der Nazi-Stadtrat Mainz. Nicht allzu weit davon entfernt lag in der Zeughausstraße die Gaststätte »Zur Rübe«, in der die SS verkehrte. Vor beiden Kneipen kam es in der Weimarer Republik wiederholt zu Übergriffen der Nazis auf politische Gegner; im Dezember 1930 wurde nahe der »Rübe« Hermann Kraemer, ein Mitglied des kommunistischen Jugendverbandes, erschossen.

Maria in der Kupfergasse / Schwarze Madonna

8

1630 kamen aus Herzogenbosch vertriebene Nonnen nach Köln und ließen sich an der Kupfergasse (heute Schwalbengasse) nieder. Im Gepäck hatten sie eine alte, schwarze, aus Lindenholz geschnitzte Marienfigur, für die sie eine eigene Kapelle und später drumherum eine barocke Kirche (1705) bauten. Die »Schwarze Muttergottes« war und ist in Köln eine hochverehrte und in vielen Sorgen und Nöten angeflehte Schutzfigur. Früher ging sogar der Trainer des 1.FC Köln vor wichtigen Spielen zur schwarzen Madonna und opferte eine Kerze. In früheren Zeiten erhielten schwangere Frauen von den Nonnen eine Kerze und einen schmalen weißen Leinengürtel, der in roter Farbe mit den Initialen von Jesus und Maria bedruckt war. Er wurde um den Leib gebunden und sollte zu einer guten Geburt verhelfen. Die Kerze wurde angezündet, wenn die Geburtswehen einsetzten, und bevor sie abgebrannt war, sollte auch die Geburt beendet sein.

»Schwarze Madonnen« werden nicht nur in Köln verehrt. Es gibt einige berühmte schwarze Marienfiguren (z. B. in Tschenstochau in Polen oder in Chartres in Frankreich), denen bedeutende Wirkungen und Wunder nachgesagt werden. Der Glaube an schwarze Göttinnen ist sehr viel älter als das Christentum (Paulus berichtet im Neuen Testament z. B. von der schwarzen Diana in Ephesus) und wurde wie so vieles von der neuen Religion übernommen und auf die Marienverehrung übertragen. Die Tradition geht zurück auf schwarze Erd- oder Mondgöttinnen, die vornehmlich in Grotten, an Quellen oder in Höhlen, jedenfalls in Verbindung mit Wasser verehrt wurden und denen eine besondere Heilkraft und stärkere Wirkung als gewöhnlichen weißen Göttinnen nachgesagt wurde. Die Verbindung vorchristlicher Kulte mit Geburts- und Fruchtbarkeitsriten kommt häufig vor, und es liegt nahe, in der Übernahme dieses Glaubens bis in die Kupfergasse hinein,

Gnadenbild der Schwarzen Madonna in St. Maria in der Kupfergasse.

ein Weiterwirken der heidnischen Tradition zu vermuten.

Der Name der Schwalbengasse wird oft populär-kölsch mit dem Begriff der »Bordsteinschwalbe« (Prostituierte) in Verbindung gebracht. Das ist zwar sprachgeschichtlich an den Haaren herbeigezogen, doch in dieser Gegend um den Berlich herum lag im Hochmittelalter das Hauptwohn- und Arbeitsgebiet der städtischen Dirnen. Die Steuerlisten der Gemeinden nennen schon im 13. Jahrhundert ein »Haus der schönen Frauen« in der Schwalbengasse, das älteste nachgewiesene Bordell überhaupt in Deutschland, welches – den Steuerbeträgen nach zu urteilen – hohe Umsätze brachte.

»Das Mittelalter bietet ein buntes, schillerndes und widersprüchliches Bild der Prostitution. Einerseits war es bis zum 14. Jahrhundert möglich, daß ein Ehemann oder Vater seine Frau oder Tochter an ein Frauenhaus verpfänden konnte, um seine Schulden zu bezahlen. Andererseits gelten Frauenhäuser als sogenannte befriedete Orte, wo jedes Verbrechen doppelt hart bestraft wird. Vergewaltigung und Beleidigung von Prostituierten wird ausdrücklich ebenso geahndet wie bei anderen Frauen. Nachdem die Verpfändung von Frauen an einen Wirt oder eine Wirtin verboten wird, kann jede Prostituierte das Frauenhaus jederzeit wieder verlassen. Selbst wenn sie Schulden hat, kann man sie nicht

Schwalbengasse/Ecke Neven-DuMont-Straße: im Mittelalter das bevorzugte Wohn- und Arbeitsgebiet städtischer Dirnen.

zum Bleiben zwingen.« (Anke Wolf-Graf, Verborgene Frauenarbeit).

In Köln, der größten Stadt Deutschlands, arbeiteten immer zahlreiche Prostituierte, denn der enorme Pilgertourismus und Fremdenverkehr stellten eine beträchtliche Einnahmequelle für die Dirnen dar. Dazu kamen die großen kirchlichen Veranstaltungen, die Staatsbesuche der regierenden Häupter und die gesamte urbane Situation, die die Prostitution begünstigten. Erst im ausgehenden Mittelalter verschlechterte sich mit der generellen Situation der Frauen auch die Stellung der Prostituierten. Aus dem vormaligen Schutz durch die städtischen Henker wurde immer mehr ein Zuhälterverhältnis. An den Rand der Gesellschaft gedrängt, bekommen die »Huren« deren Doppelmoral zu spüren, die die Prostitution braucht, sie aber gleichzeitig öffentlich verachtet.

Maria Magdalena, Schutzmatronin der Prostituierten

Schutzheilige der Prostituierten war die heilige Magdalena, der zu Ehren jährlich eine

Prozession veranstaltet wurde. Seit dem 13. Jahrhundert gab es sogar einen Orden, die »Magdalenerinnen« oder »weißen Frauen«, die ursprünglich nur Prostituierte aufnahmen. Die Kölner Niederlassung des Ordens lag am Eigelstein und wurde »Haus Bethlehem« genannt.

Den Blick in die Kleine Brinkgasse versperrten früher Sichtblenden. Haken sind die letzten Zeugnisse in der Wand.

In jüngerer Zeit befanden sich die innerstädtischen Bordelle in der nicht weit entfernten Brinkgasse. Hier arbeiteten bis weit in die 60er Jahre die Prostituierten in kleinen Häusern, die allerdings von der Ehrenstraße aus durch Sichtblenden abgeschirmt waren. Das hatte die Stadtverwaltung beim Katholikentag 1957 durchgesetzt, um die Massen der frommen Kölntouristen nicht zu irritieren. Im Zuge der Aufwertung der Innenstadt für Handel und Konsum wurden die Prostituierten 1970 gegen ihren Widerstand aus der Brinkgasse vertrieben und arbeiten seitdem in einem zentralen Bordell an der Hornstraße in der Nähe des Schlachthofs in Ehrenfeld.

CAFE AM BERLICH

Der Tip zur Rast:
Café am Berlich, Auf dem Berlich 8, Tel. 257 62 57 – großes Café im Stil der 60er Jahre mit Papageien, Affen und Fischen, gutem Kuchen und kleinem Imbiß – geöffnet von 9 bis 18 Uhr sowie an Sonn- und Feiertagen.

Schweizer Ladenstadt

Das Einkaufszentrum neben der Oper mit dem Namen »Schweizer Ladenstadt« ist das älteste geschlossene Konsumetablissement in Köln, eröffnet bereits in den 60er Jahren. Vergleicht man es mit dem »Bazaar de Cologne« (Mittelstraße) aus der Mitte der 70er und dem »Olivandenhof« (Zeppelinstraße) vom Anfang der 90er Jahre, lassen sich deutlich die gewandelten Philosophien des Konsums ablesen. Die »Ladenstadt« wirkt wie eine bessere Großgarage, tatsächlich wurde über die Geschäftsstraßen im Erdgeschoß eine Hochgarage und später obendrauf wie bei einem Vertiko eine Bürozeile gesetzt. Hier spielen Material und Gestaltung zur Präsentation der Produkte noch keine Rolle. Jeder Laden und jedes Produkt steht und wirbt für sich allein. Der 10 Jahre jüngere »Bazaar« dagegen ist gebaut als offene Halle mit einem Laufsteg querdurch, weiß, nüchtern, es ist der Charme einer Gesamtschule, er erscheint praktisch, aber kaum anregend. Das jüngste Beispiel

9

Breite Straße / Ehrenstraße

(10)

schließlich, der »Olivandenhof«, präsentiert sich ganz in den Signalfarben und Materialien der Konsumwelt: der ovale Bau mit graugrünem Glas, Stahlbändern, blauunterstrahlten Rolltreppen in der Diagonalen, die eine scheinbar unendliche Bewegung nach oben symbolisieren.

Wir sind hier im Herzen des gehobenen Kölner Einkaufsparadieses: Breite Straße, Ehrenstraße, Mittelstraße, Pfeilstraße, Kettengasse und Friesenwall. Wenn die Planer und Politiker im Rathaus in Begriffen wie »Neuer Aufbruch«, »Attraktivität der City«, »Optimistische Wirtschaftslage« und ähnlichen Euphemismen schwelgen, dann haben sie vor allem diese Citygegend vor Augen.

St. Aposteln

(11)

St. Aposteln ist eine der jüngeren romanischen Kirchen und fußt, obwohl sie neben dem römischen Westtor stand, weder auf einem antiken Vorgängerbau noch auf einem römischen Friedhof. Der Ausbau in der noch vorhandenen Form mit dem Kleeblattchor im Osten und dem mächtigen Turm, dem »Apostelklotz« im Westen, ist sichtbar von byzantinischen Elementen geprägt. Viele halten diese Kirche mit den ausgewogenen Proportionen des Baukörpers und den vielen harmonischen Details für den vollendetsten Bau der Romanik in Köln. Hinzu kommt die beherrschende städtebauliche Position am Neumarkt, die heute wegen des dominierenden Autoverkehrs allerdings kaum noch wahrzunehmen ist.

Unmittelbar hinter dem Eingang rechts findet sich ein Figurenensemble an der Wand, die »14 Nothelferinnen«. Der heilige Christophorus ist durch den ADAC auch im 20. Jahrhundert bekannt geblieben, aber die Anrufung der anderen ist doch ein wenig aus der Mode gekommen: Blasius hilft bei Halskrankheiten, weil er einem Jungen zu Hilfe eilte, der eine Fischgräte verschluckt hat; der Drachentöter Georg wird bei Schlangenbiß, Pest und Aussatz angerufen; Erasmus, dem unter der Folter die Därme aus dem Leib gerissen wurden, hilft bei Leiden des Unterleibs; der heilige Veit wird bei Epilepsie (»Veitstanz«) und Hysterie um Hilfe gebeten und Achatius bei Todesfurcht; die Jungfrau Margarete gilt als Siegerin über den Teufel und ist mit einem Drachen an der Kette dargestellt, sie hilft bei Geburtsnöten; Pantaleon, der in Köln eine eigene große Kirche hat und

Schlangenbiß, Pest oder Hysterie – für alles gibt es einen heiligen Helfer in St. Aposteln.

Unmittelbar hinter der römischen Stadtmauer wurde zu Beginn des zweiten Jahrtausends die Apostelkirche gebaut. Der Pastor kürzte später den Weg in seine Kirche ab, indem er sich einen Steg über die Mauer in den Chor der Kirche bauen ließ. Der zugemauerte Eingang ist rechts im Scheitel der Apsis noch zu erkennen. Für die Historiker ein Beleg, wie hoch die Römermauer eigentlich war.

griechischer Arzt war, soll bei Kopfschmerzen angerufen werden; Cyriacus und Ägidius helfen wiederum bei Geisteskrankheiten, der erste bei Besessenheit, der zweite bei Epilepsie; Eustachius, begleitet von einem Hirsch mit einem Kreuz im Geweih, ist der Patron der Förster; die heilige Barbara steht bei jähem Tod zur Verfügung und Katharina, die heidnische Professoren belehren konnte, hilft bei Leiden der Zunge; ihr Symbol als schreibende Intellektuelle ist eine Gänsefeder. Der heilige Dionysos zum Schluß, der enthauptet wurde und den Kopf unter dem Arm trägt, hilft bei Kopfschmerzen.

Das sind klare Einteilungen: Persönliches Leid und Tod werden zum Spezialgebiet der Heiligen. Die Verehrung der Vierzehn kam im späten Mittelalter auf, und das Programm ihrer Patronate bzw. Matronate spiegelt etwas von den beherrschenden Nöten der Entstehungszeit: Halskrankheiten, Pest und Schlangenbiß, Geburtsnöte, Reiseprobleme und immer wieder der plötzliche Tod. Erstaunlich ist die Fülle der Geisteskrankheiten, bei denen Hilfe gesucht wurde. Vielleicht drückt sich darin auch die magische Wundergläubigkeit einer Zeit aus, die zwischen Wahnsinn, Zauber und Hexerei kaum unterschied.

In Köln gibt es eine längere und teils heftig geführte Debatte um die Ausmalung der romanischen Kirchen. Früher waren wohl üblicherweise die Wände und Decken bemalt, sind aber immer wieder verändert und an den Zeitgeschmack angepaßt worden – im Barock, im 19. Jahrhundert oder eben mit dem Wiederaufbau nach dem Krieg. Spötter wie die frühere Denkmalchefin Hiltrud Kier sprachen von »Rohbaustellen« angesichts der mächtigen romanischen Kirchenräume. Am deutlichsten wird dieses Urteil vielleicht in St. Georg, der Kirche, die als erste schon in den 20er Jahren in der vom Bauhaus beeinflußten Nüchternheit restauriert wurde. Der Maßstab ist seitdem die Verdeutlichung der Architektur und das Sichtbarmachen des Baukörpers im Stein und Material. In St. Aposteln hat man nun nach mancherlei kleineren Experimenten versucht, diese Philosophie zu durchbrechen und hat den Maler Hermann Gottfried von 1988 bis 1993 mit der Ausmalung der Choranlagen beauftragt. Das Thema ist ein biblisches Bildprogramm nach der Offenbarung und den Visionen des Johannes: das himmlische Jerusalem, Wiederkunft, der Drache vor der Frau, das Lamm und die Erlösung. Nun ist das Werk vollendet, und jeder kann sich sein Urteil bilden. Die Kritik, vor allem von seiten der Denkmalpflege, war harsch: »Niederschmetternd ... zerrissene Gesamtwirkung ... laute Farbigkeit verdrängt die architektonische Struktur... Mißbrauch der Kirchen«. Tatsächlich aber ist es eher ein untaugliches Beispiel für eine fragwürdige Theorie. Denn das Exempel, einen der großen Maler unabhängig von überholten Bildprogrammen oder den wohlmeinenden Vorschlägen der Pfarrgemeinderäte selbständig arbeiten zu lassen, ist bisher noch nicht gemacht worden.

St. Aposteln wird am 2.8.1974 das Kreuz aufgesteckt.

Neumarkt

Für den Neumarkt wird eine Betrachterposition in der Mitte des Platzes vorgeschlagen. Zur Einstimmung sollte man sich langsam um die eigene Achse drehen, um Dimension und Ausmaß der über 900jährigen Anlage und ihren derzeitigen Zustand zu erleben.

(12)

Zunächst eine Betrachtung der Interessenten und ihrer Claims:

Die nordwestliche Ecke zwischen der Gertrudenstraße und der Richmodstraße ist in der Hand der Kreissparkasse Köln mit ihrer neo-antiken »Neumarkt-Passage«, eingeschlossen das kleine, aber ambitionierte »Käthe-Kollwitz-Museum« oben unter dem Dach der Passage. Dann folgt die »Richmod's-Passage«, Anfang der 90er Jahre errichtet von der »Zimmer-Gruppe«, inzwischen aber schon mit mehrfachem Besitzerwechsel. Dahinter der »Olivandenhof«, dessen Name nicht auf irgendwelche Elefanten zurückgeht, sondern auf ein ehemaliges Franziskanerkloster an dieser Stelle mit dem Beinamen »ad olivas«. Bauherr des Olivandenhofes war die Colonia-Versicherung ge-

meinsam mit dem gleich nebenan liegenden Unternehmen »Karstadt«.

Alle diese Etablissements wurden in Anlehnung an alte Passagen errichtet, wie man sie von Paris, Antwerpen und neuerdings auch von Hamburg kennt. Allerdings ist das Flanieren in diesen Palästen – geheizt und geöffnet bis 23.00 Uhr! – kein allgemeines Vergnügen; hier herrscht Hausrecht und das ist privat. Auf einem Stadtplan der 80er Jahre kann man noch sehen, daß zwischen

Olivandenhof – für seine diagonalen Treppen im großen Oval erhielten die Architekten einen Preis.

Zeppelin und Richmodstraße ein öffentlicher Weg war, die »Olivengasse«. Sie wurde verkauft, genauso wie die gebogene Verlängerung der Zeppelinstraße zwischen Karstadt und Olivandenhof. Auch die sieht nur wie eine Straße aus. Aber versuchen Sie einmal, hier zu betteln, zu musizieren, das Pflaster zu bemalen oder ähnliche urbane Tätigkeiten zu entfalten, da fliegen sie raus, hier gilt das Hausrecht. »Straße« und damit Öffentlichkeit, das sind hier Fiktionen.

Zweitens die Geschichte des Neumarkt:

In römischer Zeit war hier eine Wohngegend an der Ost-West-Hauptstraße. Im 11. Jahrhundert wurde der Markt in der heute noch vorhandenen Dimension angelegt. Seitdem blieb er unbebaut. Die Archäologen gehen deswegen von umfangreichen und außerordentlich wertvollen Bodendenkmälern der römischen Epoche unter dem Platz aus, die in Größe und Zustand einzigartig sein könnten. So sind sie nicht nur strikt gegen Tiefgaragenpläne unter dem Neumarkt, sondern sie wollen auch den Bestand nicht ausgraben, um die einzigartige »Bodenurkunde« nicht zerstören zu müssen und sie künftigen Generationen übergeben zu können.

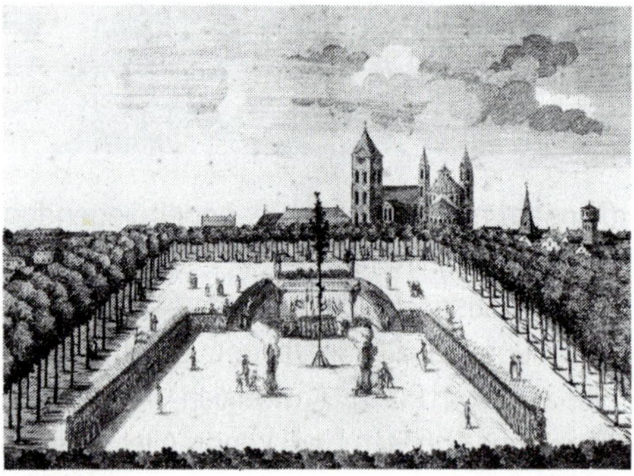

Der Freiheitsbaum der französischen Revolutionstruppen auf dem Neumarkt.

Im Mittelalter diente der Platz mit einer Tränke und einem Brunnen als Viehmarkt und besaß eine Schließanlage für die wehrhaften Bürger. Er soll aber auch den »Hexen« als

Tanzplatz gedient haben, wie viele Frauen unter der Folter in den Hexenprozessen aussagten.

In der französischen Zeit Kölns sah der Neumarkt große politische Massenkundgebungen. Am 9. Oktober 1794, drei Tage nach dem Einmarsch in die Stadt, wurde von den Revolutionstruppen hier der Freiheitsbaum ausgepflanzt: eine hohe, nackte Tanne, oben mit der roten Jakobinermütze geschmückt und mit den blau-weiß-roten Farben der Republik umwunden. Die Interessengemeinschaft der Neumarktkaufleute hat ein neues Denkmal organisiert und mit 500.000 Mark finanziert, das allerdings nicht an den Freiheitsbaum und die Revolutionsparolen »Freiheit, Gleichheit, Brüderlichkeit«, sondern an den früheren Oberbürgermeister Konrad Adenauer erinnern soll und neben St. Aposteln aufgestellt wird.

»Zu ihrem Grausen schlug die Tote die Augen auf ...«

Richmodisturm

(13)

Im Mittelalter lebte am Neumarkt eine der besseren Kölner Familien. Ein Campanile-ähnlicher Turm in der Richmodstraße (1928 renoviert und 1990 in die gleichnamige Richmod's-Passage« integriert) erinnert an die früheren »Herren«-häuser. Um die zwei Pferde, die oben herausschauen, gibt es eine Legende, die im Jahre 1349, zur Pestzeit spielt:

Zu der Zeit war die schöne Richmodis von Aducht gestorben, und weil Ansteckungsgefahr drohte, mußte sie sofort begraben werden. Zwei arme Totengräber bekamen beim

Zwei Pferde schauen herab auf den Neumarkt und erinnern an die Legende von der schönen Richmodis.

Zunageln des Sarges mit, welchen kostbaren Schmuck der trauernde Witwer Mengis von Aducht seiner Geliebten auf die letzte Reise mitgegeben hatte. Die zwei Bestatter kamen nachts zurück und gruben Richmodis wieder aus, um die Pretiosen für die Lebenden zu verwerten, bis die Scheintote zu ihrem Grausen die Augen aufschlug. Aducht, der trauernd oben auf seinem Turm saß, wollte die Botschaft nicht glauben und schwor, daß eher seine zwei Pferde den engen Treppenturm hinaufkämen und den Kopf zum Fenster hinausstreckten, als daß Richmodis noch lebte. Und genau so passierte es, weswegen das glückliche Paar später die ausgestopften Pferdeköpfe an den Turm hängen ließ.

Gesundheitsamt

14

Im »Kunstführer Köln« wird das Gesundheitsamt an der Süd-Ost-Seite des Neumarktes wegen seiner »ausgedehnten ruhigen Werksteinfassade« gerühmt. Das ehemalige »Haus Bing« wurde 1908 von dem Architek-

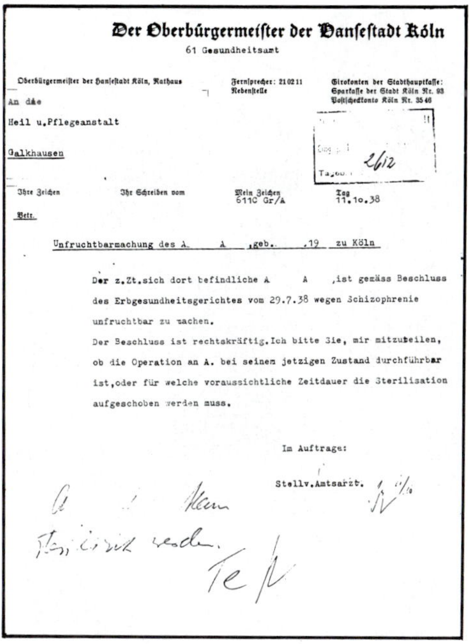
Der Oberbürgermeister der Hansestadt Köln
61 Gesundheitsamt

Oberbürgermeister der Hansestadt Köln, Rathaus

Fernsprecher: 210211
Nebenstelle

Girokonten der Stadthauptkasse:
Sparkasse der Stadt Köln Nr. 93
Postscheckkonto Köln Nr. 3546

An die
Heil u.Pflegeanstalt
Galkhausen

Ihre Zeichen | Ihr Schreiben vom | Mein Zeichen 611C Gr/A | Tag 11.10.38

Betr.

Unfruchtbarmachung des A. A ,geb. .19 zu Köln

Der z.Zt.sich dort befindliche A A ,ist gemäss Beschluss des Erbgesundheitsgerichtes vom 29.7.38 wegen Schizophrenie unfruchtbar zu machen.
Der Beschluss ist rechtskräftig.Ich bitte Sie, mir mitzuteilen, ob die Operation an A. bei seinem jetzigen Zustand durchführbar ist,oder für welche voraussichtliche Zeitdauer die Sterilisation aufgeschoben werden muss.

Im Auftrage:

Stellv.Amtsarzt.

ten Müller-Erkelenz entworfen – so viel ist zu erfahren, doch nichts über die »innere« Geschichte des Hauses.

Zwischen 1933 und 45 wurden in diesem Gebäude unter dem Decknamen »Gesundheitsamt« Zwangssterilisation, Euthanasie und die Vernichtung von Kölner Kranken organisiert. Unmittelbar nach der Machtergreifung entwickelten die Nazis ein Programm der »Erbgesundheit und Rassenhygiene«. Im Gesundheitsamt führten sie ab 1934 eine Zentralkartei aller ihnen bekannten

Unter dem Decknamen »Gesundheitsamt« organisierten die Nazis von hier aus die Aussonderung und Vernichtung des »unwerten Lebens«.

Porträt des Bruders Tobias, des wahrscheinlichen Gründers der Alexianer.

Der Tip zur Rast: Roßschlachterei und Gaststätte Pietsch, Alexianerstraße 12, Telefon: 21 32 60, Ö: 11-23.00 Uhr - vorzügliches Essen zwischen DM 9,90 (Sauerbraten) und DM 13,90 (Rumpsteak) – alles vom Pferd! Karge kölsche Wirtschaft mit einheimischem Publikum.

Personen, die später die Grundlage für Ausmerzung und Vernichtung abgab. Betroffen waren psychisch Kranke, geistig und körperlich Behinderte, Taubstumme, Tuberkulosekranke, Fürsorgezöglinge, Altersheimbewohner, Arbeitsinvaliden, Kriegsopfer und vor allem Juden. Das Gesundheitsamt prüfte, wie »rein« Abstammung oder »erbbiologischer Zustand« der Betroffenen war, oft eine entscheidende Voraussetzung für Heirat, Beruf, Anstaltsunterbringung oder Zwangsmaßnahme. Mindestens 3.500 Zwangssterilisationen sind hier mit der Begründung »angeborener Schwachsinn« oder »Schizophrenie« angeordnet worden. Später wurden die Krankenmorde mit dem Begriff »Euthanasie« von hier aus vorbereitet und organisiert. Es gibt Untersuchungen, nach denen die Kölner Betroffenen überwiegend aus den Arbeitervierteln der südlichen und nördlichen Altstadt stammten, besonders aus Ehrenfeld, Nippes und Kalk.

Leiter des Gesundheitsamtes war der städtische Beigeordnete Karl Coerper, seit 1926 im Dienst der Stadt Köln und einer der zwei Spitzenbeamten, die von den Nazis 1933 übernommen wurden. Ab 1938 war Coerper auch Professor für Erb- und Rassenhygiene an der Universität. Chef der zuständigen Abteilung war der Medizinalrat Dr. Walter Auer, der nach 1945 weiter am Gesundheitsamt tätig war und später zum Obermedizinalrat befördert wurde.

Durch die Thieboldsgasse nach Süden: Armen- und Arbeitshaus

Die Gegend südlich des Neumarktes ist historischer Boden, was Gesundheitsverwaltung und Fürsorge anbelangt. Im 19. Jahrhundert lag auf dem Gelände hinter Volkshochschule und Kunsthalle das »Bürgerhospital«. Die erste Querstraße, die man beim Gang durch die Thieboldsgasse erreicht, die »Lungengasse«, erinnert in ihrem Namen ebenfalls an eine alte Einrichtung. Die »Lungenbrüder«, später »Alexianer« (diesen Namen trägt die übernächste Querstraße), waren ursprünglich für die Bestattung der Toten zuständig, später unterhielten sie hier eine Art geschlossene Anstalt für Geisteskranke. Aus vielen Berichten ist bekannt, daß die Alexianer eine äußerst robuste Mannschaft gewesen sein müssen, die auch bei pädagogischen Problemen der besseren Familien zu Hilfe gerufen wurden. Prügelstrafe und Einschluß im Kloster waren an der Tagesordnung.

15

Aber auch für Querulanten und Dissidenten waren die Alexianer zuständig. 1682 etwa wurde auf Beschluß des Rates der Führer des damaligen Bürgeraufstandes Nikolaus Gülich hier eingesperrt, mußte aber auf Druck der Straße freigelassen werden und erzwang seine Rückkehr, bei der er in einem Triumphzug von der Lungengasse zum Rathaus im Bett einer Demonstration vorangetragen wurde.

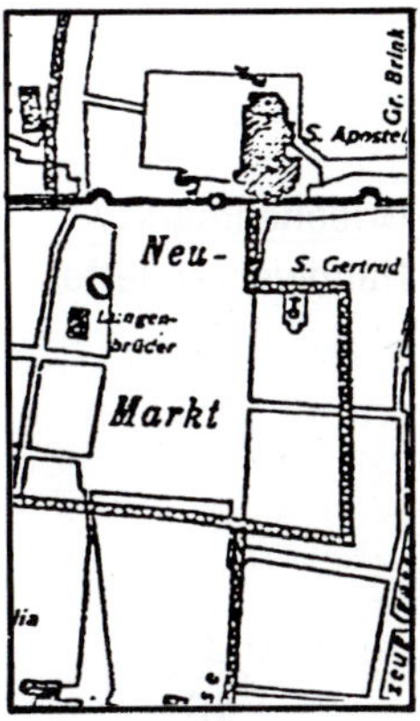

Kölns Topographie im 16. Jahrhundert – die Lungenbrüder nahe dem Neumarkt.

Anfang des 16. Jahrhunderts wurde aus dem Haus der Alexianer ein Armenhaus, dessen zweiter Name »Arbeitshaus« den neuen Charakter besser verdeutlicht. Köln war seinerzeit eine der urbanen Attraktionen Mitteleuropas und zog Reisende, Bettler, Müßiggänger und Lebenskünstler aller Länder an. Aber erst in der Neuzeit kam man auf die Idee, diese Leute in geschlossenen Anstalten unterzubringen und zur Arbeit zu zwingen.

1707 wurde das Armenhaus um einen Flügel erweitert, um das sogenannte »Zuchthaus«.

Schemmergasse – die 50er Jahre unter Denkmalschutz.

Griechenmarkt / Handwerkerviertel

16

Das Griechenmarkt-Viertel zwischen der Nord-Süd-Fahrt im Osten, den Bächen im Süden, dem Neumarkt im Norden und dem Mauritiussteinweg im Westen war ein Handwerkergebiet im alten Köln. Auf der Uferböschung des Duffesbaches, dem heute der Verlauf der Bachstraßen entspricht, stand die alte Römermauer. An den Ufern des Baches ließen sich um die Jahrtausendwende aus Friesland eingewanderte Weber nieder; eine Wirtschaftsansiedlung, die den Standortvorteil des Wassers zu nutzen wußte: Die Gerber wuschen hier ihre Felle vor der Verarbeitung, woran die Namen »Rothgerberbach« und

»Perlengraben« (von Perle = Fell) erinnern. Die Textilien wurden dann durch die Färber weiter verarbeitet, wovon »Blaubach« und »Färbergasse« zeugen; der »Waidmarkt« war der Handelsplatz des typischen Kölner Blaus, das aus dem »Waid«, einer Pflanze der Familie der Kreuzblütler, gewonnen wurde. Schließlich erinnern auch »Kämmergasse« und »Spinnmühlengasse« an verwandte Berufe, wie auch rheinwärts der »Filzengraben«, an dem die Filzmacher saßen.

In unserem Jahrhundert lebten im Griechenmarktviertel die armen Leute, die Ostjuden und die »Zigeuner«. Rund ein Viertel der etwa 16.000 jüdischen Kölner in den 20er Jahren war aus Polen, Rußland oder Galizien eingewandert und prägte dieses Viertel mit den Second-Hand-Angeboten in winzigen Ladenlokalen, den Hinterhofgebetsräumen, den Flickschneidern und kleinen Metzgern. Hier wurde neben Kölsch auch Jiddisch gesprochen. Dazu kamen viele Familien der Sinti, die auch zu den ganz Armen gehörten und vielfach nur vom Kleinhandel, dem Maggeln lebten. Zu ihrer Erinnerung ist hier an mehreren Stellen (Bobstraße 6-8, Agrippastraße/Ecke Kleiner Griechenmarkt und Ecke Kämmergasse) ein Teil der Spur des Kölner Künstlers Gunther Demnig zu finden, die an die Deportation und Ermordung der Kölner »Zigeuner« erinnert, mit dem in den Boden eingelassenen Schriftzug »1000 Sinti und Roma Mai 1940«.

Die erste Stadtplanung der 50er Jahre baute das gesamte Siedlungsgebiet relativ vorsichtig wieder auf, ohne es durch Hochhaus- oder Großbauten zu zerstören. Der Stadtkonservator hat das Gebiet als Ganzes unter Denkmalschutz gestellt, um den ausgeprägten Stil der Aufbaujahre zu erhalten. Der Weg durch die Alexianerstraße, Schemmergasse und Schartgasse bis zur Alten Mauer am Bach vermittelt einen guten Eindruck vom Charakter des Viertels.

Großer Griechenmarkt

17

Am Großen Griechenmarkt hat es zweimal in der Stadtgeschichte blutige Kämpfe zwischen Bürgern und der Staatsgewalt gegeben. Das erste Mal im Jahre 1371 beim großen Weberaufstand, der zwar niedergeschlagen wurde, so daß das Blut die Straße hinabfloß, wie es in einer Chronik heißt, der aber entscheidend zur Beteiligung der Zünfte an der Stadtherrschaft und am Zustandekommen des Verbundbriefes Ende des 14. Jahrhunderts beigetragen hat (siehe Einleitung, S.34).

... und das Blut der Weber floß die Straße hinab

Der zweite Aufstand datiert ins Jahr 1944. Köln war die eine Stadt innerhalb des deutschen Reiches, in der zu Kriegsende bewaffneter Widerstand gegen die Nazis geleistet worden ist. Beteiligt waren jugendliche Edelweißpiraten, desertierte Soldaten, entflohene Zwangsarbeiter, politisch Verfolgte sowie das »Nationalkomitee Freies Deutschland«, ein Zusammenschluß von Antifaschisten und Kommunisten. Allein im Verlauf von zwei Wochen, während des Dezembers 1944, meldete die Polizei sieben Feuergefechte in Köln, die wie Partisanenkämpfe der Resistance geführt wurden. Den Höhepunkt bildete ein

Es ging ums Überleben

Vielen Kölnern, die die letzten Kriegsmonate in Kellern und Bunkern hausten und wohl überwiegend sehnsüchtig auf das Eintreffen der Amis warteten, ist aus eigenem Erleben hinreichend bekannt, daß nächtliche Feuergefechte zwischen Gestapo und oppositionellen Gruppen keine Seltenheit waren. Nach der Erfassung der Jugendlichen für den Baueinsatz „Westwall" desertierten viele Jungen und kehrten mit Hilfe verständnisvoller Eisenbahner in ihre Heimatstadt zurück. Um den Jagdkommandos der Hitler-Jugend zu entgehen, versteckten sie sich in Trümmern oder fanden Unterschlupf bei Bekannten. Der für den Schanzeinsatz verantwortliche Oberbannführer Wallrabe wurde bei einer Razzia von einer Widerstandsgruppe erschossen.

Der jahrelange Luftkrieg hatte – im Gegensatz zu den Behauptungen unwissender Schreibtischstrategen – den Willen zur Fortsetzung des Krieges und den Glauben an die Führung längst untergraben. Geblieben war nur noch der Wille, den Krieg unter allen Umständen zu überleben.

Die Briten waren über die chaotischen Zustände im bombardierten Köln gut informiert. Das beweist der Bericht eines Schweizer Korrespondenten, der am 16. November 1944 unter der Überschrift „Himmler hangs 21 in Cologne" in der britischen Tageszeitung „Daily Express" veröffentlicht wurde.

Das Presseorgan der SS „Das Schwarze Korps" veröffentlichte in der Ausgabe vom 28. November 1944 die Todesanzeige des

DAILY EXPRESS

THURSDAY NOVEMBER 16 1944

Himmler hangs 21 in Cologne

SCHLAGZEILE *des „Daily Express" 1944, Todesanzeige für erschossenen Gestapo-Führer (unten): Dokumente für bewaffneten Widerstand in Köln.*

ϟϟ-Sturmbannführer
Dr. **Max Hoffmann**
Leit. d. Staatspolizeist. Köln
Inh. versch. Orden u. Ehrenzeichen
starb im Alter von 37 Jahren
am 27. 11. 1944 den Heldentod.
Frau Edith Hoffmann, geb. Stark,
und Söhne Felix, Rüdiger und
Bolko, nebst Angehörigen.
Berlin-Zehlendorf-West, Planettastraße 4.

Kölner Gestapochefs Dr. Max Hoffmann, der am 27. November 1944 bei einem Feuergefecht in Köln den Tod fand.

Willy Nießen
Köln 1

Kölner Stadtanzeiger vom 4.1.1985.

zwölfstündiges Gefecht am Großen Griechenmarkt. In den Kellern und Trümmern der Häuser hatte sich eine Widerstandsgruppe verschanzt und verteidigte sich mit Maschinenpistolen und Handgranaten. Erst als die Keller gesprengt wurden, konnte die Truppe überwältigt werden. Sieben Menschen kamen dabei ums Leben. Insgesamt wurden bei den Gefechten und Überfällen in Köln im Herbst und Winter 1944 fünf politische

Leiter, darunter der NSDAP-Ortsgruppenleiter Soentgen und der Gestapo-Chef Hoffmann sowie ein SA-Mann, ein HJ-Führer und sechs Polizeibeamte erschossen.

Reste römischer Bodenurkunden und Funde wurden in die neue Befestigung am Bach eingemauert.

Alte Mauer am Bach

18

Viele Kölnerinnen und Kölner kennen den schönen, versteckten »Uferweg« an den Bächen nicht. Er verläuft einige hundert Meter entlang der alten Römermauer, führt auf und ab, über Treppen, kleine Turm- und Mauerreste, durch klitzekleine Grünanlagen, und an einer Stelle ist von hier aus sogar die Mauerkrone begehbar. Doch kühlt heute kein Wasser mehr die Fundamente und Ufer, hier tosen nur noch die Wellen des Autoverkehrs.

Der Blick führt nach rechts hinüber auf die Türme von St. Pantaleon am anderen Ufer. Von dort ging im 11. Jahrhundert ein wichtiger Impuls zur Besiedlung des Viertels aus. Die byzantinische Prinzessin Theophanu, vermählt mit dem jungen Kaiser Otto II. und herbeigeschafft von dem Kölner Erzbischof Gero, brachte aus der fernen Heimat ihre Griechen mit: Kunsthandwerker, Goldschmiede, Buchmaler. Sie importierten entscheidende Impulse für die künstlerische und technische Qualität des Handwerks ins Rheinland und wurden hier, nahe der Kirche der Theophanu, angesiedelt. Es wurde das »Viertel der Griechen«.

Häuser ohne Baugenehmigung? In Köln nichts Besonderes!

Nach links fällt der Blick auch jenseits der Bäche auf ein 18 Stockwerke hohes, grauschwarzes Bürohaus am Perlengraben. Oben dran steht »Gothaer Versicherung«. Dieser Bau dokumentiert eine Variante kölscher Baupolitik, ohne daß eine Plakette am Haus daran erinnern würde. Verständlich, denn eines Tages, Ende der 60er Jahre, rieb sich der verantwortliche Dezernent der Stadtverwaltung verwundert die Augen (sagte er wenigstens später), als er den 18geschossigen Rohbau an der Abfahrt der Severinsbrücke sah und sich an keine Baugenehmigung bzw. keine so hochreichende erinnern konnte. Das übliche öffentliche Gezeter setzte ein, von Regreß war die Rede, von Abriß und hartem Durchgreifen. Nach einiger Zeit kehrte indes Ruhe ein, und der Bau wurde bis zur 18. Etage zu Ende gebracht. Ohne Strafe übrigens und ohne Regreß. Die Araber haben dafür ein passendes Sprichwort: »Wenn du ein Kamel klaust, wirst du gehenkt! Klaust du hundert, wird mit dir verhandelt.«

Wenn man sich umwendet, fällt der Blick schließlich auf einen mächtigen Turm, ein exklusives Hotel, dessen Namen an die alte Rolle erinnert: »Hotel im Wasserturm«. Der Bau stammt aus dem Jahre 1869/72 nach den Plänen des englischen Ingenieurs John Moore und war einer der größten Hochbehälter auf dem Festland. Zwei riesige flache Wasserbehälter lagen oben auf dem Turm, der zum ersten Mal wieder seit der Römerzeit

Tip zur Rast:
Restaurant in der obersten Etage des »Hotels im Wasserturm«
Öffnungszeiten: täglich von 12 bis 14.30 Uhr und von 18 bis 22.30 Uhr.
Gehobene Preise, gehobene Aussicht!

die Kölner Haushalte zentral mit Wasser versorgte. Bewußt nimmt der Bau romanische Stilformen auf, war allerdings nur bis Ende des 19. Jahrhunderts in Betrieb. Bis heute respektieren die Stadtplanung und die Umgebung seine monumentale Form, die »Engelsburg in der Kölner Stadtlandschaft«. Heute beherbergt er, aufs Feinste restauriert und umgebaut, eines der teuersten, aber auch individuellsten Kölner Hotels.

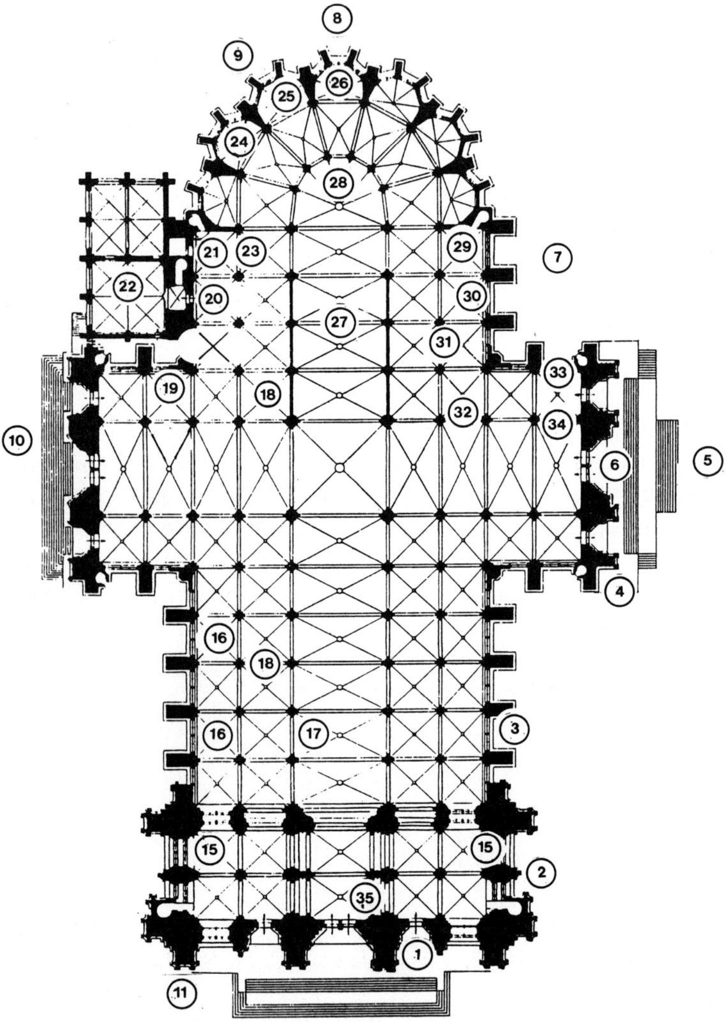

8
9
25
26
24
28
21
23
29
7
22
20
27
30
31
19
18
33
32
34
10
6
5
4
16
18
16
17
3
15
15
2
35
1
11

Rund um den Kölner Dom

Kaiser, Särge, Saurer Regen

Der kölsche Hang zum kollektiven Solipsismus ist bekannt. Wir wissen längst, daß diese Stadt die umfangreichste Mauer und den größten Platz im Mittelalter, die meisten Reliquien nördlich der Alpen und den bedeutendsten Bürgermeister der Neuzeit besaß. Die heimischen Superlative steigen aber ins Unermeßliche, wenn es um die »berühmteste Kathedrale der Welt«, das »größte kirchliche Bauwerk Deutschlands« mit dem »mächtigsten Chorgestühl des deutschen Mittelalters« und der »größten schwingenden Glocke der Welt« geht: den Kölner Dom. Da mischt sich sprachlose Faszination mit der seeligen Selbstbesoffenheit, an den eigentlichen Koordinaten des Abendlandes zu stehen. Literatur, Reiseberichte, Kunstbetrachtungen und Baugeschichte zum Thema Dom sind kaum überschaubar, meist stehen hierbei religiöse und kunstgeschichtliche Themen im Vordergrund. Im Gegensatz dazu soll es bei den folgenden Exkursionen um einige sozial- und alltagsgeschichtliche Aspekte, um merkwürdige oder interessante Punkte innerhalb und außerhalb des Bauwerks gehen. An dieser Stelle ist anzumerken, daß solche kursorischen Abstecher keine materialistische Kunstgeschichte des Kölner Doms ersetzen können, die alle von der kirchlichen Geschichtsschreibung vernachlässigten Aspekte der Bau-, Material- oder Sozialgeschichte in ihre Betrachtungen einzubeziehen und gleichzeitig auch die Mentalitätengeschichte um dieses faszinierende Bauwerk nicht zu vergessen hätte.

Zur Geschichte des Doms

Vor knapp zweitausend Jahren bildete das heutige Domquartier die nordöstliche Ecke der Stadt, ein Randgebiet auf abschüssigem Hang, dicht an der römischen Stadtmauer, auf dem die früheren Christen wahrscheinlich schon im 2. oder 3. Jahrhundert ihren ersten Kultraum einrichteten. Der Ort entsprach ihrer gesellschaftlichen Stellung; bis zur sogenannten konstantinischen Wende lebten sie in den römischen Städten eher als eine Randgruppe. Das älteste Dokument der Christengeschichte an diesem Ort ist ein großes Taufbecken aus dem 5. Jahrhundert, das unter der Domplatte von Osten her öffentlich zugänglich ist (Nr. 8, Zahlen siehe Grundriß). Nachdem das Christentum zur staatlichen Hauptreligion avanciert war, wurden in zahllosen An- und Um-,

Zu- oder Neubauten auf dem Hügel kirchliche Räume und Gebäude errichtet. Über ein Dutzend Bauetappen konnten bis heute nachgewiesen werden, die bei archäologischen Sonderführungen unter dem Dom zeitweilig zugänglich sind. Eine erste größere Bischofskirche aus dem 6. Jahrhundert blieb bis in die Zeit Karls des Großen bestehen (um 800). Mit dem Aufstieg des Christentums war aus dem früheren Gotteshaus am Rande eine Basilika geworden. Zu der Anlage gehörte mittlerweile auch eine Begräbniskapelle für die fränkischen Adelsgeschlechter. Zwei reich ausgestattete Gräber einer Fürstin und eines vierjährigen Kindes hat man in den 50er Jahren gefunden und ausgegraben; die Grabbeigaben und -reste sind heute im Diözesanmuseum.

Nach der Eroberung Sachsens durch Karl den Großen zu Anfang des 9. Jahrhunderts wurde Köln zum Mittelpunkt einer riesigen Kirchenprovinz und erhielt eine neue Zentralkirche, den »Hildebold-Dom«, benannt nach dem Kölner Erzbischof und Territorialfürsten Hildebold, der zugleich auch Chefkleriker am Hofe Kaiser Karls war. Entsprechend seiner Doppelfunktion gehörte zur Domkirche auch eine Wohnanlage mit Schlaf- und Speisesaal, Konferenz- und Vorratsräumen für die Domkleriker. Dieser Teil erstreckte sich etwa bis zu der Stelle nach Westen, wo heute die Domplatte vor dem Hauptportal liegt. Ein archäologisches Überbleibsel davon findet sich in dem alten Tiefbrunnen in der Garage unter der Domplatte (Nr. 14) und in einem früheren Geheimgang, der nicht weit vom Brunnen entfernt unter der ehemaligen Stadtmauer freigelegt worden ist (Nr. 13).

Das entscheidende Ereignis für den neuen, den gotischen Dom fällt in das Jahr 1164. Der Kölner Erzbischof Reinald von Dassel (Nr. 30) hatte den deutschen Kaiser Barbarossa auf seinen Raubzügen nach Italien begleitet und bei der Plünderung Mailands die Gebeine der »Magier aus dem Orient« als Kriegsbeute an sich gebracht. Mit diesen wertvollen Reliquien, die heute gemeinhin als die »Heiligen Drei Könige« bekannt sind, kehrte er in seine Residenzstadt Köln zurück. Ein geschickter Propagandafeldzug und die entsprechende Wirtschaftsförderungspolitik brachten bald solche Massen von Pilgertouristen an das Grab der drei Magier und damit nach Köln, daß der alte Dom schnell zu eng wurde und man am 15. August 1248 mit dem Bau einer neuen Kirche begann. Dieser Dom sollte alle bekannten Sakralbauten nach Höhe, Größe, Umfang und Preis in den Schatten stellen. Über hundert Facharbeiter wurden eingestellt, ein eigener Steinbruch am Drachenfels angeschafft, zahlreiche Arbeiter zusätzlich beim Transport, den Neben- und Zuarbeiten beschäftigt. Für Jahrzehnte bestimmte die Großbaustelle Dom die Ökonomie der Stadt und wirkte sich bis zur Ausdifferenzierung der handwerklichen Tätigkeiten sowie der Einrichtung von Zünften aus (siehe Einleitung nach 1259). Allein für das Fundament wurden 130.000 Tonnen Gestein verbaut und für das Mauerwerk 160.000 Tonnen im Rohblock

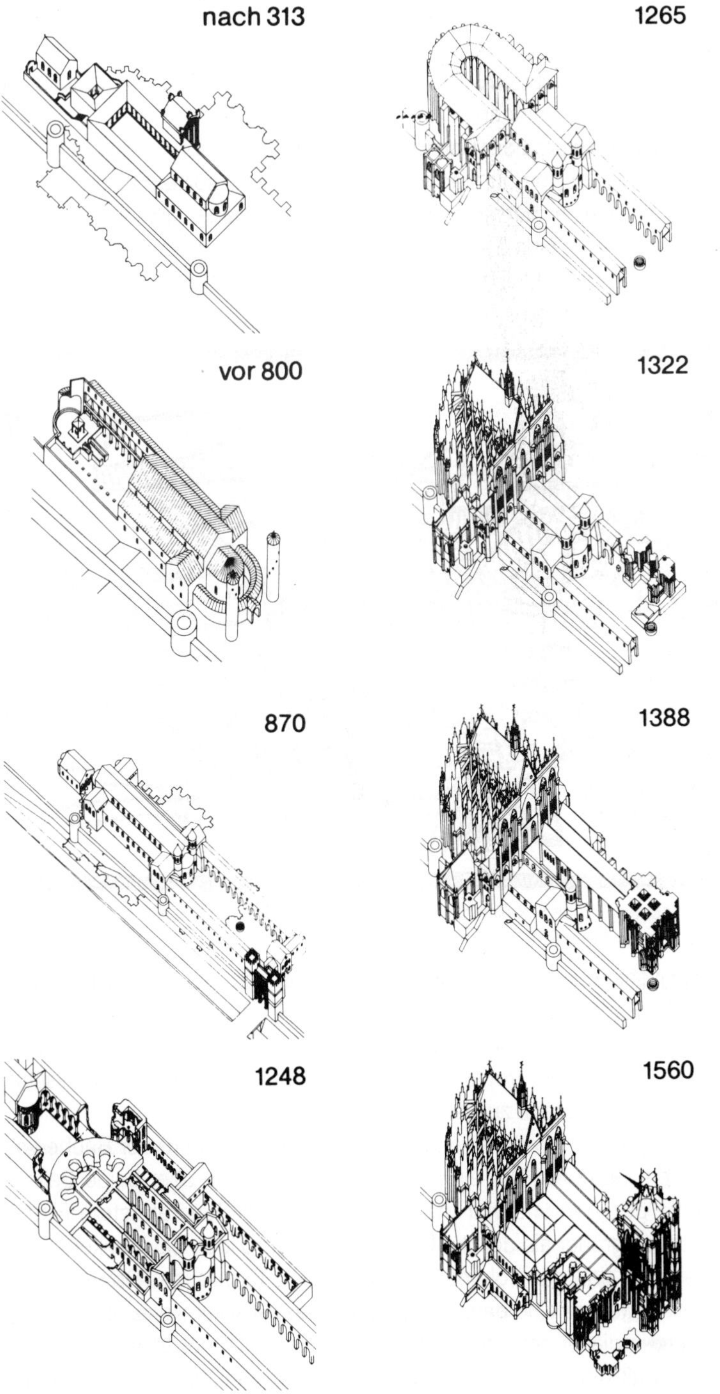

Über ein Dutzend Bauetappen zählt der Domhügel. Nach 870 der alte Dom mit der befestigten Bischofsburg.

geschlagen. Diese Mengen mußten geteilt, transportiert und bearbeitet werden.

Der Dombau führte zu den neuen Formen arbeitsteiliger Produktion in Köln mit weitreichenden sozialen und wirtschaftlichen Folgen.

Begonnen wurde der Bau mit dem Chor, dem Halbrund im Osten, der den Schrein der berühmten Heiligen ummanteln sollte. Für diese Reliquien hatte einer der grandiosesten Goldschmiede, Nikolaus von Verdun, einen goldenen Sarg entworfen (Nr. 28). Der Chor wurde 1322 eingeweiht und anschließend mit dem Bau des südlichen, der Stadt zugewandten Langhauses begonnen.

In einfachen Särgen ließ Reinald die geklauten Knochen nach Köln bringen – aus Angst vor anderen Räubern.

Zwischendurch erlahmten Bauinteresse und Spendenaufkommen, und der Papst selbst mußte sich mit einem Sonderablaß für ein Jahr und 40 Tage für alle Bauleute, die an der Errichtung des Doms beteiligt waren, engagieren. Trotzdem gelang es nicht, Langhaus und Mittelschiff höher als eine Etage zu ziehen.

Eine erneute Kraftanstrengung bedeutete dann 1410 der Baubeginn mit dem Südturm. Der Grundriß der Türme wurde über beide Seitenschiffe gezogen und war mit über fünfhundert Quadratmetern Fläche erheblich größer als der der französischen Vorbilder. Baustatiker haben errechnet, daß das Volumen eines einzigen Turmes des Doms ausgereicht hätte, um eine ganze Kathedrale des herkömmlichen Schnitts zu bauen. In dieser gewaltigen Dimension liegt auch der finanzielle Grund dafür, daß der Turmbau über eine Höhe von fünfzig Metern nicht hinauskam und 1560 die Bauarbeiten schließlich eingestellt werden mußten.

War der Raub der Mailänder Reliquien die Geburtsstunde des gotischen Doms, so sind bis heute die Geschichten vom Dom und den Drei Königen sowie die Chronik der Stadt Köln untrennbar miteinander verbunden. Genau wie der Schrein die Reliquien barg, so sollte der Domchor den goldenen Sarg ummanteln. Darüber interpretierte man das weite Firmament: »Knochen – Schrein – Chor – Himmel« – wie die Puppe in der Puppe in der Puppe ...

Die Attraktion des Doms ist bis in unsere Tage der goldene Sarg, und die Kölner haben einiges dafür getan, die Faszination und die Verehrung der Reliquien wachzuhalten. Den besten Clou aber landeten seinerzeit Erzbischof und Stadt, als sie die Heiligen Drei Könige zu den Schutzpatronen der Reisenden und insbesondere der fernreisenden Kaufleute erklärten. Von dem Tag an war für viele Jahrhunderte der Strom potenter Besucher garantiert. Mit dem Dom nahm auch das Hohe Domkapitel, die Verwaltung der Heiligtümer, an Ruhm und Reichtum zu. In Köln ist diese Vereinigung von 24 Männern die älteste Institution, die in ununterbrochener Reihenfolge existiert, und wahrscheinlich zählt das Kölner Domkapitel auch zu den ältesten Männerbünden der Gegenwart überhaupt (s. Nr. 16).

Der »Hohe Dom«, wie die juristische Person genannt wird, hat sich über alle politischen Gefährdungen und Systeme hinweg zahlreiche Häuser und umfangreichen Landbesitz erhalten und gesichert. Der ältesten Landstiftung aus dem Jahre 1358 dankt das Domkapitel noch jährlich in einer eigenen Gedächtnismesse.

1560 wurden die Bauarbeiten am Dom eingestellt. Die Gründe dafür: Der Weiterbau war nicht mehr zu finanzieren, die Bürger hatten andere Interessen, der Stil hatte sich geändert, und der Erzbischof von Köln, dessen Hauskirche der Dom seit jeher war (und ist), residierte längst außerhalb der Stadt.

Erst Anfang des 19. Jahrhunderts wurde mit dem romantischen Interesse für das »deutsche Mittelalter« diese Ruine wiederentdeckt und bald von den preußischen Königen als Nationaldenkmal, als Symbol deutscher Einigung instrumentalisiert. Das war schon eine denkwürdige Mesalliance: Ein katholisch-abendländisches Bauwerk, im Besitz des ultramontanen rheinischen Klerus, wird vom protestantischen Königshaus des preußischen Staates protegiert. Als Symbol dieser Verbindung wurde die optische Verlängerung der Domachse in die neue Eisenbahnbrücke interpretiert, die der Preußenherrscher Friedrich Wilhelm IV. vorangetrieben hatte. Aber da die Kölner im Laufe ihrer langen Geschichte schon manche krude Ideologie adaptiert und gleichzeitig an sich hatten abplätschern lassen, überstand der Dom nach seiner erstmaligen Vollendung und Gesamtweihe im Jahre 1882 auch diese Inanspruchnahme und gilt allmählich wieder als das, was er vor allem immer war: ein kölsches Bauwerk.

Viele lieben ihn, manchen jagt der »schwarze Gesell« (Heinrich Heine) einen Schrecken ein, Kirche und Politik benutzen ihn als Bühne bzw. Kulisse für ihre Inszenierungen, die Stadtplanung hat sich auf ihn eingerichtet – im weiten Umkreis des Doms werden keine Hochhäuser geduldet – und einigen soll er sogar in der Ferne die Tränen des Heimwehs in die Augen treiben. Für alle und jeden ist er aber Synonym für den Ort, in dem er steht: die »Domstadt« Köln.

Es lohnt sich, den Dom mit Muße zu bestaunen; ein Gang rundherum, auch die Aussicht von der Besucherplattform des Südturms herab oder von der anderen Rheinseite über die Hohenzollernbrücke hinweg empfiehlt sich, um einen Überblick zu gewinnen. Die folgenden zwei Touren kreisen innen und außen herum, wobei die eher unbeachteten Ecken und Details im Vordergrund stehen. Wen die gotische Architektur, das Gesamtkunstwerk von Raum, Ausmalung, Schmuck und Gestaltung interessiert, wer mehr über die Plastiken, das Gerokreuz oder den Schrein, den Lochner-Altar oder die mittelalterlichen Chorschrankenmalereien und Glasfenster und die anderen zahllosen Kunstgegenstände wissen will, sei auf einen der vielen Kunstführer verwiesen.

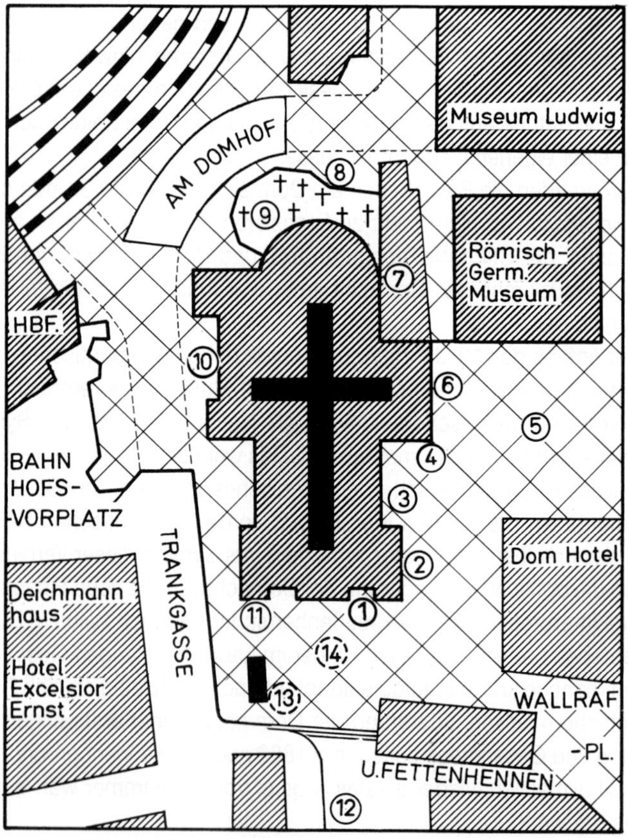

Um den Dom

1. Petersportal

Der amtliche Name des Doms ist »St. Petrus und Maria«. Daher hat auch das Petrusportal, der Besuchereingang zum Südturm, seinen Namen. Im oberen Bogenfeld (Tympanon) ist die Geschichte von zwei Magiern dargestellt: Der schwarze Zauberer, Simon, wird mit Hilfe der bösen Magie vom Teufel in die Luft gehoben, er kann fliegen, stürzt aber durch die Macht des weißen, des guten Zauberers Petrus wieder hinab. Da liegt er nun! Darunter die Ermordung des Apostels Petrus, die ehrlose Kreuzigung mit dem Kopf nach unten, und des Apostels Paulus, der geköpft wird.

Das Petersportal wurde als einziges schon im Mittelalter vollendet. Die alten Skulpturen (die helleren hinten) sind deutlich von den während des 19. Jahrhunderts ergänzten Figuren (die dunkleren vorn) zu unterscheiden. Während die früheren Bildhauer weiche, fließende, fast lässige Figurationen bevorzugten, betonte man im 19. Jahrhundert klar akzentuierte, männliche Formen und Porträts.

Direkt vor dem Petrusportal findet man auch die sogenannte Klagemauer. Seit dem Beginn des Golfkrieges im Januar 1991 existiert das fragile Gebilde aus Schnüren, Papptafeln, Latten und Blumenkübeln, initiiert und bewacht von dem Friedensaktivisten Walter Hermann, der hier auch selbst seit über vier Jahren vor dem Dom logiert. Auf Papptafeln können die Menschen alle ihre Sorgen und Nöte loswerden, die wie in einem überdimensionalen Fürbittenbuch aufgehängt werden. Sehr zum Unwillen des Domkapitels, das darin nur eine verunstaltende Beeinträchtigung seines Besitzes »Kölner Dom« sieht und mit Hilfe der Gerichte versucht, die Klagemauer vor dem Dom zu entfernen.

2. Südturm
Der Wasserspeier in der Mitte der zweiten Etage thematisiert die Legende vom ruhmsüchtigen Dombaumeister Gerhard. Dieser hatte seine Seele dem Teufel vermacht, der als Gegenleistung dafür den Dom zu Ende bauen wollte, aber von der listigen Frau Gerhards daran gehindert wurde. So blieb der Dom unvollendet, und der Teufel sprang wütend (hier als Hund dargestellt) vom Turm herab, eine Story, die so oder ähnlich an zahlreichen mittelalterlichen Domen erzählt wird.

3. Glockenklöppel
1874 wurde aus den während des deutsch-französischen Krieges erbeuteten französischen Kanonen die Kaiserglocke, mit 27.000 kg die größte Glocke aller Zeiten, gegossen. Am Ende des ersten Weltkriegs wurde sie aber wieder zerstückelt und nach dem Motto »Glocken zu Kanonen« in ihren Ursprung zurückverwandelt. Nur der zwei Meter hohe Klöppel überlebte den Waffenguß und steht nun neben dem Dom. An ihrer Stelle wurde kurze Zeit später, im November 1924, der extra für den Dom neu gegossene und 24 Tonnen schwere »decke Pitter« aufgehängt,

der nur zu besonderen Anlässen, z.B. am Heiligen Abend, zu hören ist.

Nur der Klöppel blieb von der Kaiserglocke erhalten.

4. Kaiserplatte

Die Platte erinnert an den Weiterbau des Doms im Jahre 1842. Friedrich Wilhelm IV., Mäzen des Doms, damals wörtlich: »Das große Werk verkünde von einem großen, mächtigen, ja den Frieden der Welt unblutig erzwingenden Deutschland«.

Wenige Jahre später wurde die Domfeier 1848 zur Versöhnung zwischen den rivalisierenden preußischen Königen und dem katholischen Domklerus. Der gemeinsame Feind waren die 48er Revolutionäre. Der zur Feier

Stück für Stück wird die Glocke 1918 ...

eingeladene Papst Pius IX. kam aus Angst vor revolutionären Unruhen nicht nach Köln.

5. Roncalliplatz

Heute die Hauptbahn der Skater und Freiluftakrobaten, denen man an Sommerabenden bei waghalsigen Sprüngen und Pirouetten zuschauen kann. Bis ins 19. Jahrhundert war dieser Platz der Eingangsbereich und Hauptplatz der Kirche. Hier drängelten sich Bettler, Pilger und Prostituierte. (Der unvollendete Dom war während des 16. und 17. Jahrhunderts ein beliebter Kontakthof und Arbeitsplatz der Kölner Dirnen. Der halbfertige Bau mit Gängen, Nischen und Gerüsten bot vielfache Ansprechmöglichkeiten!) Dieser Platz sah Herrscher und Papstaufzüge, aber auch Hinrichtungen, Mord und Totschlag. Gegenüber, an der Ecke des heutigen Domhotels, lag das bischöfliche Gefängnis, die »Hacht«. Hier wurden u.a. zahlreiche Frauen als Hexen eingesperrt, verhört, gefoltert und auf dem Domhof öffentlich verurteilt. Auf dem Domhof stand auch der »Blaue Stein«, ein Basaltblock, der im öffentlichen Todesritual eine

... wieder zersägt und ...

wichtige Rolle spielte. An ihn wurden die Verurteilten dreimal angestoßen mit dem Hinweis des Henkers, daß sie nie mehr nach Hause zurückkehren würden. Dann ging es in einem öffentlichen Zug nach Melaten, der Hinrichtungsstätte vor den Toren der Stadt.

Zum letzen Mal wurde 1803 auf dem Domplatz das Urteil gegen Mathias Weber, genannt »der Fetzer«, einen subproletarischen Kriminellen aus der Franzosenzeit, vollstreckt.

6. Südportal

Das gigantische Figurenprogramm des Doms gruppiert sich um zentrale religiöse Themen. Alle Plastiken sind in vielfältigen Beziehungen einander zugeordnet, so auch die über eintausend Skulpturen der Außenfassaden. Bei den Portalen ist dabei in der Mitte jeweils ein theologisches Hauptthema – hier im Süden die Passion – angesprochen, während die Seitenportale lokale Varianten darstellen – rechts die Gereons- und links die Ursulageschichte. Unter den zahllosen auf Mosaiken, Fenstern, Skulpturen, Bildern oder als

... in Kanonen zurückverwandelt.

Figuren dargestellten Heiligen konkurrieren, je nach Auftraggeber, die Dompatrone (Petrus und Maria) gegen die Lokalheiligen (Ursula, Gereon, Drei Könige, Maternus, usw.). Vor allem nach der Emanzipation der Kölner Patrizier vom Erzbischof haben die Bürger als Auftraggeber die kölschen Heiligen bevorzugt.

Die vier Türen der Südportale aus den Jahren 1948 bis 1954 schuf der Bildhauer Ewald Mataré. Als Lehrling half ihm seinerzeit Joseph Beuys bei diesen Arbeiten. Ganz links die Tür stellt das brennende Köln während des Bombenkrieges dar. Da in jüngerer Zeit die Türen während einer Grufti-Demonstration besprayt wurden und der Roncalliplatz viele »ungeliebte« Benutzergruppen anzieht, wie die Rollerskater und die Straßenkünstler, die Obdachlosen oder die Drogenabhängigen, die teilweise auch am Fuße des Domes lagern, wird an der Südseite ein Absperrgitter errichtet.

Von Kunsthandwerkern wird der Zaun gestaltet, der in Zukunft die Menschen vom Dom abhalten soll. Das Hohe Domkapitel stört sich am Treiben auf der Domplatte.

7. Dombauhütte

Die Dombauhütte, in deren Werkhof man über die Mauer an der Südseite des Chors blickt, beschäftigt etwa 70 eigene Handwerker (darunter sechs Frauen): Steinmetze, Bildhauer, Kunstglaser, Zimmerleute, Gerüstbauer, Dachdecker, Schlosser, Schreiner und Maler. Finanziert wird sie durch Kollekten,

Steinmetz bei der Arbeit.

Spenden und die Dombaulotterie sowie durch regelmäßige Zuschüsse von Stadt und Land und den Dombauverein. Ihr Jahresetat beträgt rund 12 Millionen Mark.

8. Taufbecken

Das Taufbecken unter der östlichen Domplatte stammt aus dem 5. Jahrhundert. Die Stufen im Gemäuer nördlich und südlich des Vier-Meter-Beckens zeigen, daß die Täuflinge ganz durch das Wasser mußten, wie in einem Jungbrunnen...

9. Domherrenfriedhof

Chefkleriker wie Erzbischöfe und Kardinäle wurden und werden innerhalb, Mitglieder des Domkapitels außerhalb des Doms bestattet. Die Säule und die drei Fundamente markieren einen alten Säulengang zwischen der Bischofskirche und der ehemaligen Stiftskirche Maria ad gradus (heute Museum Ludwig).

Eine Tafel erinnert in ihren dramatischen Reimen an den Abriß von St. Laurentius 1818. Die Pfarrkirche lag in der Nachbarschaft des Rathauses (daher dort der »Laurenzplatz«), und die sterblichen Überreste vom Pfarrfriedhof wurden bei der Auflösung auf den Domherrenfriedhof umgebettet.

»Ach Gott erbarme
Laurenz Zerstörung
versetzte der Pfarr
Leichenreste hierhin«.

Der Tip zur Rast:
Restaurant Museumsterrassen (Museum Ludwig)
Telefon: 2040831, täglich geöffnet von 10 bis 20 Uhr, montags Ruhetag – Bequeme Sessel hinter großen Scheiben, mit Blick auf den Böll-Platz und die Eisenbahnbrücke – Essen, Trinken, Eis und Kuchen in gefälligem Kaufhausambiente – Selbstbedienung, Citypreise.

10. Nordseite

Das ursprünglich zur römischen Stadtmauer hin abschüssige Gelände mußte um mehr als zehn Meter aufgeschüttet und durch Fundamente befestigt werden. Unter der Sakristei liegen drei Stockwerke tief diverse Keller- und Lagerräume des Doms, von denen aus ein neuer Zugang von außen in die Domschatzkammer geplant ist. Das Höhenniveau ist zur Autostraße hin unter der Domplatte erhalten geblieben.

Als Erinnerung an die Bombenangriffe bleibt die Reparatur des Nordturms sichtbar.

11. Plombe im Nordturm

Durch Bombentreffer wurde am 3. November 1943 ein achtzig Kubikmeter großes Stück Mauerwerk aus dem Nordturm herausgesprengt. In der Kölner Legendenbildung wurde dieses Loch angeblich von deutschen Pionieren »gegen den Willen der Heeresleitung« mit den heute noch sichtbaren Ziegelsteinen geflickt. In Wirklichkeit war es eine Kölner Firma in offiziellem Auftrag und mit Unterstützung von KZ-Häftlingen aus dem nahen Messelager. Als Dokument der Kriegszerstörungen ist diese »Plombe« bisher unverkleidet geblieben und gilt manchen auch als ein Mahnmal gegen den Krieg.

Der Dombaumeister in Köln. Köln den 5.November 1943.
59/23.

An die
Arbeitsgemeinschaft Bauunternehmung
Th.Wildermann und Schorn
z.Hd.des Herrn Th.Wildermann,Bauunternehmung

Köln.
Heumarkt 56

Jn den Anlagen übersende ich die Bestätigung der Gaubeauftragten des Generalbevollmächtigten für die Regelung der Bauwirtschaft im Gau Köln-Aachen,vom 5.11.43,nach welcher für die Sicherungsarbeiten am Kölner Dom die Voraussetzungen des § 2 der 31. Anordnung des GB-Bau vom 15.I.43 zutreffen.
Joh übertrage Jhnen nunmehr die Sicherung des bei dem Fliegerangriff vom 3.d.Mts.angeschlagenen Turmstrebepfeilers und die Schließung des an der Südseite des Domes gerissenen Loches gemäß den heutigen BesprechungenJch bitte nunmehr auch für die Vollendung des Schutzraumes im Dom bemüht zu sein.
Da die Sicherung des Strebepfeilers schon im Verkehrsinteresse so schnell wie eben möglich durchgeführt werden soll,sind die nötigen Materialien und zusätzlichen Arbeitskräfte ohne Verzug bewilligt worden,wofür 2 Scheine ausgestellt worden sind,welche ich Jhnen schon heute morgen ausgehändigt hatte.Joh hoffe,daß Dank dem Entgegenkommen

---

Der Gaubeauftragte
des Generalbevollmächtigten für
die Regelung der Bauwirtschaft
im Gau Köln-Aachen

Köln, am 5.11. 1943
Heumarkt 72 - Fernruf 22 37 47

GBa. Nr. 2124

Ausnahmebewilligung vom Bauverbot

für eine Sofortmaßnahme bei Bomben- und Brandschäden, sowie bei Katastrophenschäden an landwirtschaftlichen oder gärtnerischen Wohn- und Wirtschaftsgebäuden Nr. S 137

Bauherr: Staatliche Dombauverwaltung,z.Hd. d.Dombaumeisters Oberbaurats Güldenpfennig
Ort, Straße: Köln, Zeughausstrasse 13 ,
Baumaßnahme: Sicherungsarbeiten am Kölner Dom,

Endgültig festgesetzte ~~geschätzte~~ - Bausumme: RM 35.000.--

Auf Grund der 18. Anordnung des GB-Bau vom 16. 1. 41 und der dazu ergangenen Ausführungsbestimmungen bewillige ich die Durchführung der oben bezeichneten Sofortmaßnahme und hebe die Bausperre hierfür auf. Diese Sofortmaßnahme hat Vorrang vor anerkannten kriegswichtigen Bauvorhaben.
Die Bewilligung erfolgt in dem nachstehend bezeichneten Umfang unter folgenden Bedingungen:
Die Richtlinien für die behelfsmässige Kriegsbauweise sind zu beachten. - Sicherungsarbeiten (Stützung von zerstörten Pfeilern, Schliessung von Mauerlöchern,Beseitigung von Schäden an der Dachkonstruktion usw.).

Die Ausführung der Bauarbeiten soll erfolgen durch Bauunternehmung Theodor Wildermann, Köln, Heumarkt 56,

Der Bedarf an Baustoffen ist festgestellt - geschätzt - worden auf

– St. Schwemmsteine

5.XI.1943.

Herr Dombaumeister Güldenpfennig erklärt namens der staatlichen Dombauverwaltung folgendes :

Bei dem vorgestrigen Fliegerangriff auf Köln ist u.a. der Dom beschädigt worden. Zur Durchführung der unbedingt erforderlichen Sicherungsarbeiten sind etwa 120 cbm Mauerwerk auszuführen (Stützung des angeschlagenen Pfeilers, Schliessung der sonstigen Löcher an den Aussenwänden usw.), ferner sind Arbeiten an der Dachkonstruktion auszuführen.
An bewirtschafteten Baustoffen werden hierzu benötigt :

45 000 Ziegelsteine,
200 Sack Zement,
3 t Eisen.

Die Kosten der Sicherungsarbeiten belaufen sich auf 35 000 RM. Die Ausführung der Arbeiten erfolgt durch die Bauunternehmung Th.Wildermann, Köln, Heumarkt 56. Diese Firma ist in der Lage, 5 Stammarbeiter als Führungskräfte einzusetzen. Sie benötigt dazu weiter etwa 10 Kriegsgefangene, darunter 4 Maurer, und etwa 15 KZ-Leute. (Herr Bürgermeister Brandes, mit dem die Angelegenheit besprochen worden ist, hat sich mit der Bereitstellung dieser zusätzlichen Arbeitskräfte einverstanden erklärt.)

Zur Besprechung der Angelegenheit sind mit erschienen:

Herr Prof.Dr.Vogts, Konservator, und

Herr Th. Wildermann.

Güldenpfennig
Vogts

Theodor Wildermann · Köln
Bauunternehmung
Hoch- und Tiefbau, Beton- und Eisenbetonbau
Zimmerei, Putz- und Stuckausführung,
Übernahme schlüsselfertiger Bauten

THEODOR WILDERMANN, KÖLN, HEUMARKT 56

An die
Dombauverwaltung
Köln
Zeughausstr. 13

RECHNUNG Nr. 805/1 **Duplikat.** KÖLN Heumarkt 56 den 10.3.44

Unsere Reichsbetriebs-Nr.		Ihre bestellende Dienststelle	Bedarfsgruppe	Ihre Bestellung Nr. (Tag)		
1/0550/2195						
Reichswaren Nr.				Zeit der Leistung		

Pos.	Anzahl	Rechnung über Beseitigung von Fliegerschäden am Kölner D o m.	RM		RM	Für Empf. Vermerke
		I. Anbringung der Fensterbrüstung an der Südseite des Domes.				
1	8,85 ✓	cbm Mauerwerk innerhalb der Fensterbrüstung an der durch Bombeneinschlag verursachten Wandöffnung				

Während des Krieges lag neben dem Dom ein Luftschutzbunker, auf dem später das Römisch-Germanische-Museum gebaut wurde.

12. »Kaiserstraße«

Ursprünglich war der Dom von allen Seiten mit Kirchen, Höfen, Wohnungen usw. zugebaut. Erst der Funktionswandel zum herausragenden Nationaldenkmal während des 19. Jahrhunderts stellte ihn, nach dem Abriß der umliegenden Gebäude, wie auf einem Präsentierteller heraus. Zur gleichen Zeit planten König und Kölner in gebührendem Abstand repräsentative Hotel- und Geschäftshäuser, wovon das Domhotel, das Reichard- und Deichmannhaus sowie der Hauptbahnhof noch erhalten sind. Von Westen her sollte eine breite »Kaiserstraße« als Zufahrt zu den Eingangsportalen des Doms führen. Realisiert aber wurde nur der breite Platz zwischen Burgmauer und Café Reichard mit den WDR-Hörfunkstudios.

13. Annoloch

In der Tiefgarage unter der Domplatte ist im Fundament der römischen Mauer bei den Arbeiten zur Garage ein Geheimgang freigelegt worden.

Durch diesen Gang konnte Erzbischof Anno im Jahre 1074 während des ersten Bürgeraufstands fliehen. Den politischen Hintergrund bildeten Konflikte mit der aufstrebenden Kaufmannsklasse, die zwar allmählich zu Geld gekommen war, aber in der Stadt nichts zu sagen hatte. Der Zugang zum Annoloch liegt neben der Einfahrt zur Tiefgarage gegenüber dem Hotel Excelsior (s. S. 23).

14. Brunnen

Ebenfalls in der Tiefgarage wurde – einsehbar im oberen Parkdeck – ein Brunnen aus der vormaligen Bischofsburg des 9. bis 13. Jahrhunderts freigelegt.

Im Dom

15. Reliquienschränke

An der Innenwand des Nordturms hängt links neben der Plastik von der »Grablege« ein großer Vitrinenschrank, in dem hinter den Scheiben zahlreiche Menschenschädel zu sehen sind. Bei diesen präparierten und mit kostbaren Stoffen umhüllten Köpfen handelt es sich um Reliquien von Heiligen, nach deren Menge sich der Wert einer Kirche als Wallfahrtsort bemaß. Ähnliche Regale finden sich auch im Südturm und in manchen Nischen und Gehäusen diverser Altarbilder und -aufsätze. Insgesamt beherbergt der Dom Reliquien von einigen hundert »Heiligen«, heute allerdings die meisten in der musealen »Schatzkammer«, da man mit diesen uralten Todesobjekten nichts mehr anfangen kann und sich wegen der magischen Kulte eher geniert.

16. Adelsfenster

Das zweite und vierte Fenster im nördlichen Langhaus zeigt jeweils sechzehn verschiedene Wappen. Die Mitglieder des hochherrschaftlichen Domkapitels – hier als Stifter – mußten nämlich mindestens sechzehn adelige Vorfahren belegen können. Die »Domgrafen«, wie sie auch hießen, kleideten sich standesgemäß in rote Talare und Pelze und waren jedem Reichsfürsten ebenbürtig. Domherr in Köln zu sein, bedeutete zunächst einmal den Besitz eines reputierlichen Adelstitels und eine standesgemäße Unterbringung für höhere Adelssöhne. Um dabei aber den sakramentalen Kult zu garantieren, mußten wenigstens acht der vierundzwanzig Vollmitglieder des Domkapitels geweihte Priester sein. Den hohen Rang des Kölner Domkapitels belegt auch die Tatsache, daß Kaiser und Papst geborene Mitglieder waren und ihnen die beiden ersten Plätze im Chorgestühl freigehalten wurden.

17. Kriegerdenkmal

Am zweiten Pfeiler des nördlichen Langhauses hängt ein domeigenes Kriegerdenkmal aus dem Jahre 1919: »Den gefallenen Kämpfern aus Dompfarrei und Bauhütte«. Die hohe Holzfigur des heiligen Michael steht auf dem Schädel eines greulichen, zerquetschten Untiers. Symbolisch soll wohl das Verhältnis der Deutschen (»Michel«) zu ihren französischen Erbfeinden deutlich werden.

18. Domgräber

Innerhalb des Doms gibt es zahllose Gräber. Niemand kennt ihre genaue Zahl. Die Särge der Erzbischöfe bis zur Säkularisation stehen meist in den Chorkapellen, an andere erinnern die Tafeln an den Wänden, während die neueren Amtsinhaber in einer eigenen Gruft unter dem Hochaltar beigesetzt werden. Die Bodengräber der Frühzeit wurden Ende des 19. Jahrhunderts fast alle zugunsten eines einheitlich gestalteten Fußbodens entfernt. Auf eines der ältesten Gräber weist eine Marmortafel am dritten Pfeiler des nördlichen Seitenschiffes hin: auf einen Grafen Edmund von Frisheim, der im 9. Jahrhundert an dieser Stelle begraben wurde.

19. Gnadenmadonna

Eine Kultfigur aus der Zeit des Barock in der Tradition der weißen Göttinnen. Die Marienstatue mit dem Kind auf dem Arm hat einen winzigen Kopf und einen riesigen Corpus, der über und über mit Schmuckstücken, Ketten, Ringen, Perlen, Münzen oder Medaillons behängt ist. Noch heute liefern Menschen mit bestimmten Wünschen und Sorgen wertvolle Schmuckstücke in der Sakristei ab, die dann geweiht und an der Figur aufgehängt werden. Häufiges Diebstahlsobjekt!

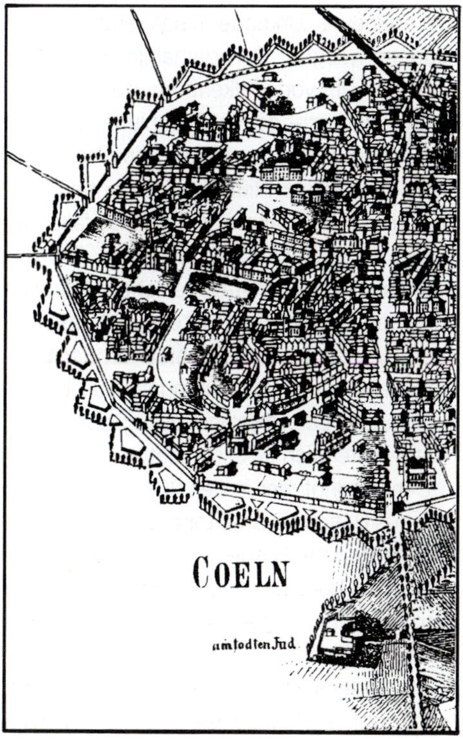

Die Erhebung im Süden der Stadt hieß noch im 19. Jahrhundert »Am todten Jud«.

Bei Arbeiten am Bahnhof Bonntor wird 1923 der jüdische Friedhof ausgegraben.

20. Judenprivileg

Der hohe Stein mit der lateinischen Inschrift links neben dem Eingang der Sakramentskapelle stammt aus dem Jahre 1266 und ist die steinerne Urkunde eines sogenannten »Judenprivilegs«. Der damalige Erzbischof Engelbert II. von Falkenburg dokumentiert darauf, daß er – gegen Bezahlung, versteht sich – den Juden der Stadt Köln Schutz vor ihren christlichen Mitbürgern garantiert. Anlaß für diesen Handel waren Überfälle der Kölner auf jüdische Beerdigungen. Der Judenfriedhof lag im mittelalterlichen Köln weit außerhalb der Stadt, in der Gegend des heutigen Güterbahnhofs »Bonntor« an der Bonner Straße, und es kam mehrfach zu Überfällen, sobald der Beerdigungszug das Severinstor hinter sich gelassen hatte.

Der Friedhof, der in den 20er Jahren beim Bau des Bahnhofs Bonntor ausgegraben und dessen Knochenfunde in einem Mausoleum auf dem jüdischen Friedhof in Bocklemünd neu bestattet wurden, diente im Mittelalter auch als Hinrichtungsstätte.

Ein anderer Passus des »Judenprivilegs« regelt, daß kein Jude mehr Steuern zahlen mußte als ein Christ und daß kein Fremder in Köln Geldgeschäfte tätigen durfte, »denn dadurch würde daraus den Juden ein Nachteil erwachsen«.

21. Wächterwohnung

Die vergitterten Fenster über dem Eingang zur Kapelle gehören zu der Klause eines Wächters, der bis 1975 von hier aus den Dom des Nachts beaufsichtigte. Die Kammer hat zwar kein Tageslicht, verfügt aber über fließendes Wasser, Strom, Heizung, Fernseher und eine Alarmleitung zur Polizei.

22. Sakramentskapelle

Die jetzige Sakramentskapelle ist der älteste Raum des gotischen Doms und diente früher als Sakristei bzw. als Kapitelsaal. Die Architektur ist äußerst feingliedrig mit einem schlanken Mittelpfeiler. Auf den steinernen Randbänken saß einst das Domkapitel, z.B. bei der Ausübung seines wichtigsten Rechts, der Wahl eines neuen Erzbischofs.

Der häßliche Bronzeständer mit dem »ewigen Licht«, links neben dem Altar, ist das »Sühne«-geschenk eines Kölner Regierungspräsidenten aus den 50er Jahren, der die Schandtat eines Amtsvorgängers vom Jahre 1874 wiedergutmachen wollte. Dieser hatte den Kölner Erzbischof Paulus Melchers auf preußisch-königlichen Befehl verhaften und deportieren lassen. Hintergrund dafür war der Streit um staatlichen oder kirchlichen Einfluß auf Schule und Ehe.

An der Wand dahinter befindet sich eine Tafel, die eine Stiftung der polnischen Königin Richeza aus dem Jahre 1063 festhält, nach der jährlich eine Spende von sechzig Holzbündeln zur Beheizung der Sakristei fällig wird.

23. Zunftbalken

Neben dem Gerokreuz hängt über dem Grabmal des Erzbischofs von Gennep ein Zunftbalken der Schneider aus dem Jahre 1361. Die Inschrift von der »Bruderschaft der ehrbaren Schneider-Zunft« erinnert an die Ursprünge der Handwerkerzusammenschlüsse in religiösen Gemeinschaften, den »broiderschefften«. Gekrönt wird dieses seltene Dokument des Kölner Handwerks durch fünf hohe Kerzenhalter. Einen zweiten Zunftbalken der »Kannegießerzunft« aus der Zeit um 1400 gibt es gegenüber (s. Nr. 29) neben der Marienkapelle, mit der erst kürzlich restaurierten Darstellung des Marienzyklus.

24. Stadtmauer im Dom

Der hohe Sarkophag in der Mitte der zweiten, der Maternus-Kapelle, beherbergt die Überreste des Erzbischofs Philipp von Heinsberg, der 1191 vor Neapel an der Pest verschied. Unter seiner Herrschaft setzten die Kölner nach vielerlei Widerständen den Bau der Stadtmauer im 12. Jahrhundert durch. Daran erinnert sein Grab, verziert mit Mauern, Zinnen, Türmen und Toren.

25. Die Rippe der Richeza

Der schwarze Marmorsarg an der rechten Wand der dritten, der Johannes-Kapelle, enthält die Reste der polnischen Königin Richeza (Rixa). Geboren wurde sie im Rheinland als Enkelin der Kaiserin Theophanu, verheiratet in Polen, dort Königin, dann nach einem Familienstreit zurück nach Köln und hier 1063 gestorben. Dem Dom ist sie »heiß« verbunden durch eine Heizungsrente, welche eine Urkunde in der Sakramentskapelle bestätigt (Nr. 22). Eine Rippe der Richeza verschenkte der Kölner Erzbischof noch im Jahre 1975 zur 900-Jahr-Feier einer Benediktinerabtei in Polen. Hier findet man auch einen der im Dom äußerst spärlichen Sachhinweise, sogar in Deutsch und Polnisch – wohl für die zahlreichen polnischen Touristen, die das Grab ihrer Richeza suchen und besuchen.

Die weiße Marmorbüste in der Mittelnische stellt Clemens August Droste zu Vischering dar, den Erzbischof zu Köln 1835-1845. Er war ein starker Gegenspieler der preußisch-protestantischen Politik im Rheinland und wurde 1845 aus Köln verbannt.

26. Das Herz der Maria Medici

Im Fußboden der nächsten, der sogenannten Achsen- oder Dreikönigen-Kapelle, war einmal das »Herz« einer anderen Regentin begraben: Maria Medici, Königin von Frankreich und Mutter König Ludwigs XIII. Den Staatsränken Richelieus und ihres Sohnes war sie nicht gewachsen, ging ins Exil und starb hier in Köln im Jahre 1642 (siehe Wanderung 1, S. 87). Ihre Eingeweide – pathetisch »Herz« genannt – wurden an ihrer Lieblingsstelle im Dom unter dem Sarg der Heiligen Drei Könige begraben. Inzwischen sind sie verschwunden. Eine Platte mit drei Kronen im Boden der Kapelle erinnert aber noch an Maria Medici.

In der Achskapelle stand bis zum Ende des 19. Jahrhunderts der goldene Sarg mit den Knochen der heiligen Drei Könige, vor dem die pilgernden Massen im Chorumgang defilierten. Eine runde Gedenktafel an der Decke der Kapelle erinnert an einen Orkan vom 7. Oktober 1434, bei dem ein herabstürzender Brocken fast den Schrein mit den wertvollen Reliquien getroffen hätte.

27. Der Chor

Der Chor des Doms stellt in seiner architektonischen Anlage und Ausstattung, dem Figurenprogramm und der Malerei, den Fenstern und Böden, Kapellen und Altären ein Gesamtkunstwerk dar. Der Chor wurde als erstes geplant und gebaut und sollte mit dem goldenen Sarg das eigentliche Zentrum des neuen Doms darstellen. So wurde die bauliche Anlage von vornherein auf die im Chorumgang vorbeiziehenden Pilger ausgerichtet. Das Chorgestühl aus dem 14. Jahrhundert ist dem Domkapitel und den höchsten Gästen vorbehalten. Viele hundert Schnitzereien zie-

»The Judensau« im Chorgestühl – Solche antisemitischen Darstellungen gibt es oft in den christlichen Kirchen des Mittelalters.

ren es mit listig-lustigen aber auch mit moralisch-frivolen Darstellungen menschlicher Lüste und Wünsche. Darunter befindet sich mit der »Judensau« auch eine antisemitische Verhöhnung des jüdischen Schweinefleischverbotes. Auf dem entsprechenden Motiv beschäftigen sich zwei Juden mit einer »unreinen Sau«. Solche Motive gab es zu der Zeit in vielen christlichen Kirchen. Der englische Historiker Isajah Schachar hat 1974 eigens eine Dissertation darüber verfaßt: »The Judensau«.

Handwerker beim Straßenkampf – auch solche Bilder kennt das Chorgestühl.

28. Der goldene Sarg

Der Dreikönigenschrein ist eine Goldschmiedearbeit aus der Werkstatt des Nikolaus von Verdun aus dem 12. Jahrhundert. Im Inneren befinden sich stoffumhüllte Reliquien, Überreste der »Magier aus dem Morgenland«, die nach der Legende von der römischen Kaisermutter Helena ausgegraben und in Konstantinopel, später dann in Mailand ausgestellt wurden. Von dort aus brachte sie der Kölner Erzbischof Reinald von Dassel im Jahre 1164 nach der Zerstörung der Stadt als Kriegsbeute mit nach Köln. Die Neudefinition als »Heilige Könige« und die Festlegung auf die Zahl »Drei« erfolgte erst im christlichen Mittelalter. Damals ging es um die machtpolitische Frage, wer höher im Rang sei, Kaiser oder Papst, und wer wen einzusetzen bzw. zu salben habe. Die Reliquien und deren Besitz spielten dabei eine wichtige ideologische und symbolische Rolle, denn sie galten als die ersten christlichen Könige überhaupt, waren sie doch von dem Säugling Jesus akzeptiert worden.

Wer ihre Überreste besaß, verfügte quasi über den Ursprung des wahren Königtums. Die Kölner Erzbischöfe haben denn auch stets ihr Recht zur Salbung der deutschen Herrscher im Dom zu Aachen geschickt genutzt, mit diesem Pfund der christlichen Genealogie zu wuchern. So galt der erste Amtsakt eines neu geweihten Herrschers dem Besuch am Grab der Heiligen Drei Könige in Köln.

Neuere naturwissenschaftliche Untersuchungen belegen das Alter der Materialien , die die Reliquien umgeben: Die Stoffe um die Knochen stammen aus dem 2. und das Eichenholz des Sargkerns aus dem 11. Jahrhundert. Noch heute öffnen die Domherren einmal jährlich am 6. Januar, dem Tag der Heiligen Drei Könige, den Frontgiebel, hinter dem ihre drei Schädel sichtbar werden; daneben auch die Heiligen Felix und Nabor.

29. Der Altar der Stadtpatrone

Das mächtige Tafelbild wurde um 1443 von dem damaligen Ratsmitglied Stefan Lochner im Auftrag des Stadtrates gemalt. Als Stiftungsbild und Selbstdarstellung hing es bis 1803 in der Ratskapelle und wurde dann aus Angst vor den bildersammelnden französischen Besatzungstruppen im Keller des Ratsturms versteckt. 1809 gelangte es wegen der dortigen Feuchtigkeit in den Dom. Als die Stadt fünfzig Jahre später ihr Bild zurück haben wollte, weigerte sich das Domkapitel. In einem aufsehenerregenden Prozeß bis zum höchsten Reichsgericht verlor die Stadt; der Besitzanspruch war verjährt.

Es gibt Kunsthistoriker, die die Darstellung der Stadtpatrone durch Lochner – in der Mitte die Könige, rechts Gereon und links Ursula – für eine Provokation halten. Die zwei knienden Könige sollen demnach in der Pose von Stiftern die beiden Kölner Bürgermeister darstellen und diese an ihre dienende Pflicht gegenüber der Stadt erinnern. Als Provokation mag man auch die Darstellung zahlreicher Juden – erkennbar an ihren spitzen Hüten – auf einem amtlichen Stadtbild ansehen, so kurz nach der Vertreibung aller Juden durch den Rat im Jahre 1424. Und schließlich kann auch die Position von Papst und Bischof ganz hinten am Bildrand, noch hinter der Gruppe der Freundinnen und Begleiterinnen Ursulas, eine Zumutung für die damaligen Zeitgenossen gewesen sein.

30. Victor Carden, ein »bekehrter Jude«

Unter dem Mittelfenster neben dem Lochner-Altar hängen fünf bemalte Steinfiguren. Die mittlere zeigt die heilige Anna Selbdritt. Zu ihren Füßen kniet der Stifter Victor Carden, ein konvertierter Jude, dessen ganze Energie nach seiner Taufe der »Bekehrung« der Juden zum »wahren christlichen Glauben« galt.

Der Steinsarkophag rechts darunter beherbergt den eigentlichen Urheber des neuen gotischen Doms und damit des Pilger- und Wirtschaftszentrums West, Reinald von Dassel, kommandierender General, Erzbischof von Köln und Dieb der Reliquien von Mailand.

31. Gottfried von Arnsberg

Das Grabmal Gottfrieds von Arnsberg ist durch ein Gitter vor den neidischen Verwandten geschützt, die bei der Erbschaft des Grafen schlechter wegkamen als das Domkapitel. Die blau-weiße Kranzschleife – »Die dankbare Stadt Arnsberg« – erinnert dagegen an die Stadtrechte, die der Graf dem Ort einst verliehen hat, und an eine großzügige Stiftung, nach der noch heute die Arnsberger Schulkinder im September ein süßes Milchbrötchen und die örtlichen Honoratioren ein

Festessen bekommen. Sie bedanken sich dafür in jedem Jahr im September mit einer Kranzniederlegung an diesem Grab – und zwar an dem Sonntag vor dem Fest des Hl. Michael.

32. Christophorus
Auf die riesige Steinfigur des Heiligen Christophorus am südlichen Mittelpfeiler des Chorumgangs fiel einst der erste Blick durch den alten Domeingang. Man glaubte, daß ein Blick auf den Heiligen davor schütze, am selben Tag ohne Sakramente zu sterben.

33. Kinderfenster
Eine moderne Darstellung der Rolle von Kindern im alten und neuen Testament findet sich an der Ostwand des südlichen Querhauses, mit aktuellen Beispielen wie dem Straßenverkehr und so dramatischen Darstellungen wie der Beschneidung des kleinen Jesus. Für Kinder kann es bei einer Dombesichtigung interessanter sein als so manches wertvolle Detail der Kunstgeschichte.

34. Saurer Regen
An der Seite des südlichen Querhauses stellt bisweilen die Dombauhütte Modelle, Bilder und Tabellen zum Thema »Steinzerfall durch Luftverschmutzung« aus. Deutlich wird, daß der Saure Regen den Dom stark angreift. Schwefelsäure zersetzt den Kalkanteil der Natursteine und wandelt ihn in Gips um, der leicht löslich ist. Ein erheblicher Anteil der sauren Niederschläge ist auf die Braunkohlekraftwerke der RWE/Rheinbraun westlich von Köln zurückzuführen, deren Schwaden bei klarem Wetter vom Fernsehturm aus deutlich sichtbar sind.

35. Napoleons Pferd
Am zweiten Pfeiler links vor dem Hauptausgang hängt ein Eisenring, an den Napoleon sein Pferd angebunden haben soll. Zwar war

Der Tip zur Rast am Schluß:
Entweder jenseits des Bahnhofs in der Domstr. 81 das LoRe, Tel. 1 39 04 08 – täglich Mittagstisch von 11.30 bis 14.30 Uhr – eine Einrichtung des Kölner Arbeitslosenzentrums, in der Berber und Banker das gleiche Essen bekommen, aber unterschiedliche Preise zahlen: 3,50 bzw. 8.50 fürs Menü.
Oder: Campi neben dem Museum Ludwig, Am Frankenturm 5, Tel. 24 66 86 – die älteste italienische Institution in der Domstadt – Gigi Campi berühmt als Jazz-Promoter und Betreiber der Eisdiele der 50er Jahre – feine Küche, ein eloquenter Wirt, gehobene Preise und gleich, ob man auf einen Espresso vorbeischaut oder das große Menü wählt, immer ist man akzeptiert.

Der Dom als wissenschaftliches Experimentierfeld: Garthes Pendelversuche 1852 im hohen Chor dienten der Erforschung der Erddrehung. Das Pendel war ca. 150 Fuß lang und vollendete eine Schwingung in 14 Sekunden.

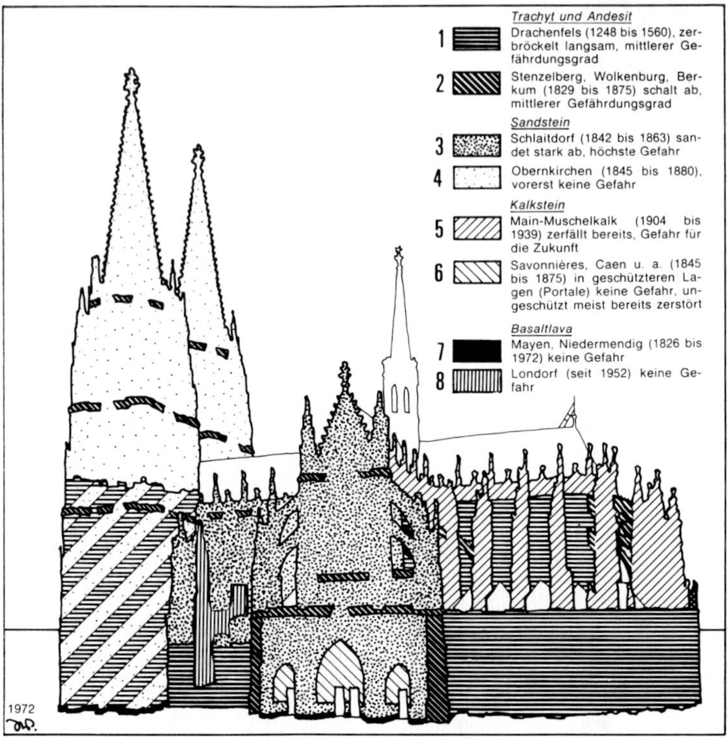

In einer »Bilddokumentation zur Verwitterung« informiert der Dombaumeister u.a. über die wichtigsten Gesteinsarten des Doms.

Napoleon nie im Dom und schon gar nicht zu Pferde, aber diese Geschichte belegt doch den schlechten Ruf der französischen Herrschaft in den kirchlichen Kreisen Kölns. Zur Zeit der französischen Besatzung diente der Dom, der schon vorher völlig heruntergewirtschaftet worden war, als Gefangenenlager und Futtermitteldepot.

1. **Nord-Süd-Fahrt:**
   Herstatt-Bank: die größte Pleite
2. **An den Dominikanern:**
   Albertus Magnus / Hexenverfolgung
3. **Ecke Marzellenstraße:**
   Deutsche Arbeitsfront
4. **Marzellenstraße:**
   Mariä Himmelfahrt / Jesuiten, Gegenreformation und Barock / Göttin der Vernunft
5. **Unter Fettenhennen:**
   Buchdruck im alten Köln
6. **Burgmauer:**
   Königstraße / Verbotene Stadt / Höchster Punkt Kölns
7. **Mariengartengasse:**
   Beginen und Frauenorden
8. **Minoritenstraße:**
   Minoritenkirche und Bettelorden / Adolph Kolping
9. **Kolumbahof:**
   Kirche der Bürgermeister / Kolumba und die Bärin
10. **Brückenstraße:**
    Bauklüngel & »Moderne Stadt«
11. **Hohe Straße:**
    Goldmeile / Luxusmieten / Stollwerckhaus und Straßenmusik
12. **Am Hof:**
    Brauhaus Früh / Der Inquisitor Petrus Martyr
13. **Bechergasse:**
    Brügelmannkomplex / Penthouse unter Denkmalschutz
14. **Martinsviertel:**
    Sanierung im Dritten Reich / »Sankt« Siegfried
15. **Auf dem Rothenberg / Ecke Lintgasse:**
    Annoköpfe / Die erste Revolution in Köln

Von der Stolkgasse in die Altstadt

Hexen, Ketzer, Klüngel

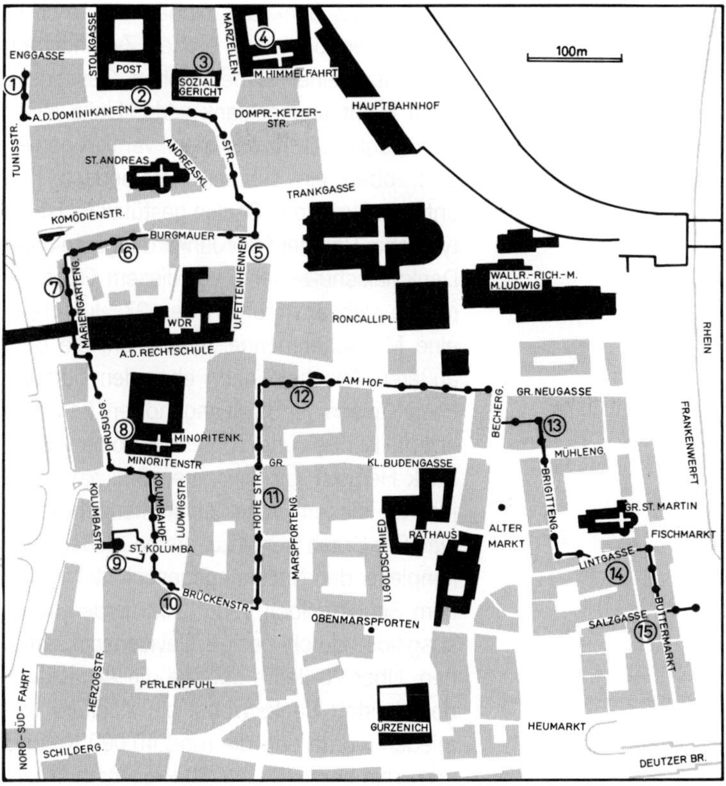

Start »An den Dominikanern« – Kurze Wege und Entfernungen – Dauer 1,5 bis 2 Stunden.

Nachdem die ersten drei Touren in groben Zügen die wesentlichen Punkte des alten, des neuen und des kirchlichen Zentrums vorgestellt haben, wird diese Wanderung einige der unbekannten Hinterhöfe zeigen; die Feinheiten, zumal die historischen, erschließen sich nämlich erst nach und nach.

Nord-Süd-Fahrt

1

Wenn man oberhalb der Nord-Süd-Fahrt an der Ecke zu den Dominikanern steht, im Rücken das Bankhaus Oppenheim, erblickt man gegenüber einen großen Zwillingsbau, der trotz seiner sieben hohen Geschosse noch leicht und schlank wirkt. Links ist er eher horizontal, rechts mehr vertikal gegliedert, oben ein schmales Betondach und unten auf kräftigen Säulen gestützt: Es ist ein typischer Bau der 50er Jahre, der heute unter Denkmalschutz steht. Vor diesem Gebäude rottete sich am Morgen des 27. Juni 1974 eine Menschenmenge zusammen, die dem äußeren Anschein nach eher den bürgerlichen Kreisen der Stadt angehörten. Es waren erregte Kunden und Sparer der Kölner Privatbank Herstatt, die hier ihren Sitz hatte und just an diesem Tage zusammengebrochen war. Der Crash wurde zur ersten großen Bankenpleite der Nachkriegsgeschichte mit einem Schuldenloch von 1,2 Milliarden Mark, ausgelöst durch riesige Devisenspekulationen. Über 20 Jahre dauerte die Abwicklung der Herstatt-Bank, wobei ein Konkurs vermieden wurde und die rund 40.000 Kunden immerhin noch 70 bzw. 80 Prozent ihrer Einlagen zurückerhielten. Die Schuldigen und Verursacher bzw. Beteiligten der Pleite – Bankier Herstatt, Devisenhändler Dattel, Mehrheitsaktionär Gerling und alle anderen – konnten sich allesamt mit Hilfe ihres Geldes herauskaufen, bzw. kamen mit Bewährungsstrafen davon, auch wenn ihr Ruf – jedenfalls zeitweilig – in Köln ramponiert war.

Der Straßenname »An den Dominikanern« erinnert an das hier bis ins 18. Jahrhundert

Das Gebäude der ehemaligen Herstatt-Bank steht heute unter Denkmalschutz.

ansässige Kloster. Nach der Säkularisation folgte eine Kaserne und seit Ende des vergangenen Jahrhunderts die Post. Die Dominikaner siedelten sich nach dem 2. Weltkrieg an der nahegelegenen St.-Andreas-Kirche wieder neu an.

An den Dominikanern

2

Eine Tafel am Postamt an der Ecke zur Stolkgasse erinnert mit Stolz an die Klostergeschichte: »Hier wirkte Albertus Magnus, auch ›Der Deutsche‹ und der ›Doctor universalis‹ genannt.« Die Tafel schweigt über einen

Eine Gedenktafel an der Hauptpost weist auf das ehemalige Dominikanerkloster hin.

nicht weniger bedeutenden, aber nicht ganz so berühmten Ordensbruder des Albertus, Jakob Sprenger, der einige Generationen später in diesem Kloster als Prior wirkte. Sprenger und ein weiterer Dominikaner namens Heinrich Institoris, beide Inquisitoren, verfaßten 1487 den »Hexenhammer« und sorgten von hier aus für seine Verbreitung. Ein Werk, von dem der Historiker Soldan schreibt: »Barbarisch an Sprache wie an Gesinnung, spitzfindig und unverständlich in der Argumentation, originell nur in der Feierlichkeit, mit der die abgeschmacktesten Märchen als historische Belege vorgetragen werden, das verruchteste und zugleich läppischste, das verrückteste und dennoch unheilvollste Buch der Weltliteratur.«

Der Hexenhammer erlebte noch zu Lebzeiten der Autoren mehr als ein Dutzend Auflagen und avancierte bald zum Standardwerk der »Hexenverfolgung«. Die Dominikaner, ein Orden, der eigens im Kampf gegen die Ketzerei des 12. und 13. Jahrhunderts gegründet

Das Buch zur Hexenverfolgung in Köln von Irene Franken und Ina Hoerner.

worden war, und aus dessen Reihen sich die meisten Inquisitoren der katholischen Kirche rekrutierten, trug entscheidend zur Verbreitung des Hexenhammers bei. Sicher, hier im Kloster wurden keine Frauen gefoltert und verbrannt, aber an diesem Ort wurden die Theorien ersonnen, die den Tätern zur Legitimation dienten.

Nicht unschuldig an der kirchlichen Theorie und gesellschaftlichen Praxis der Frauenunterdrückung sind auch der große Albertus Magnus und sein berühmter Schüler Thomas von Aquin, der einige Jahre hier lebte. Beide beteiligten sich an dem irrationalen Aberglauben ihrer Zeit, zumindest Albertus beschäftigte sich ausführlich mit der Magie, und es ist kein Zufall, daß von diesem »Experten« eine Reihe von Legenden und Geschichten überliefert sind, in denen er als mächtiger Zauberer auftritt. Beide waren dem irrationalen Denken ihrer Zeit genauso verhaftet wie die meisten ihrer Zeitgenossen, verbrämten es allerdings mit ihrer Furcht vor Frauen zu einem wissenschaftlich-theologischen Anspruch. Im Werk dieser »Lehrer des Abendlandes« findet sich eine Fülle von Belegen, die sie als Frauenverächter – und übrigens auch als Antisemiten – ausweisen.

Albertus Magnus – Kupferstich von Nikolaus de Larmessin, 16. Jahrhundert

Solche »Zauberbecher« gab es zwar in jeder besseren Apotheke, doch dieser wird im Stadtmuseum als Becher des Albertus Magnus gezeigt.

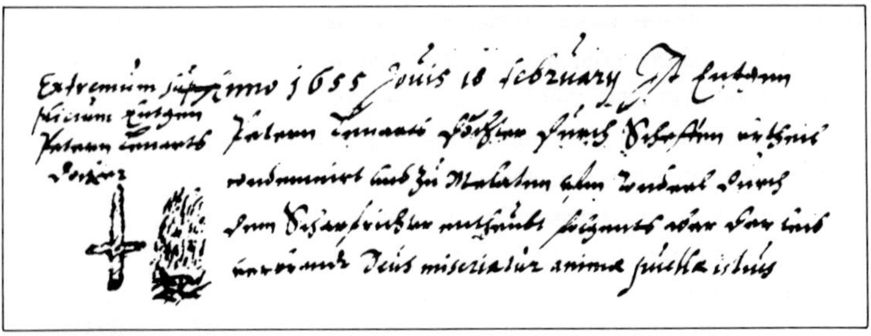
Anno 1655 Jovis 18 february

Deus misereatur animae puellae istius

Auszug aus einem »Hexenprotokoll«.

In Köln war es mit der »Hexenverfolgung« des 16. und 17. Jahrhunderts trotz des Wirkens der Dominikaner vielleicht nicht ganz so schlimm wie in anderen Städten. Das liegt einmal an der stärkeren wirtschaftlichen Stellung der Frauen in der Stadt, zum anderen an dem Emanzipationsstreben der Bürger gegenüber dem Erzbischof. Dennoch gab es in einem Zeitraum von über 100 Jahren 97 »Hexenprozesse«, bei denen 37 Frauen ermordet wurden. Die im wahren Sinn des Wortes »Schauplätze« waren das Gefängnis am Dom, die »Hacht«, der Domhof und die Hinrichtungsstätte auf Melaten. Im Stadtarchiv ist ein eigenes Protokollbuch der »Hexenverhöre« einsehbar. (Siehe Einleitung, S. 44 ff)

Robert Ley, Chef der »Deutschen Arbeitsfront« bei einer Kundgebung auf dem Neumarkt.

Heute ist in diesem wuchtigen Gebäude mit der Hausnummer 2 das Sozialgericht untergebracht; bis zum Jahre 1945 beherbergte es die Gauleitung der »Deutschen Arbeitsfront« (DAF), eine Art »Gewerkschaftsersatz« im Dritten Reich, nachdem die selbständigen Arbeitervertretungen am 2. Mai 1933 aufgelöst worden waren. Die DAF war mit Urlaubsreisen, Erholung und mit der sogenannten »Kraft durch Freude« für die Verlustierung des Proletariats zuständig und stand unter Führung des wohl prominentesten Nazis aus dem Gau Köln, Robert Ley. Entsprechend der korporativen Ideologie der Faschisten waren nicht nur Arbeitnehmer, sondern auch Arbeitgeber in der Deutschen Arbeitsfront vertreten.

Ecke Marzellenstraße / An den Dominikanern

3

DER Handel und...

Das Gebäude, ursprünglich eine Bank, wurde 1923 gebaut (Architekt C. Moritz). Aus dieser Zeit stammen die Werksteingliederungen an den Seiten und am Sockel und vor allem die pathetischen Relieffiguren am Portal: links »DIE« Arbeit, (erstaunlicherweise weiblich dargestellt) mit Hammer und Zahnrad; rechts »DER« Handel als Götterbote Hermes.

...DIE Arbeit. NS-Pathos schon vor der »Machtergreifung«.

Marzellenstraße / Mariä Himmelfahrt

4

Der rosafarbene Anstrich unterscheidet Mariä Himmelfahrt schon rein äußerlich von dem vorherrschenden Kölner Kirchentyp der Romanik mit seinem streng-nüchternen Stil. Die äußere Pracht dieses Baus setzt sich in der farbenreichen Ausstattung, im Marmor, Holz und Stuck des Inneren fort. Mariä Himmelfahrt ist der einzige repräsentative Barockbau Kölns; die wenigen anderen Kirchen aus dieser Zeit, wie die Marienkirchen in der Kupfer- und in der Schnurgasse, die Kirche der Ursulinen in der Machabäerstraße und die Elendskirche erscheinen dagegen fast wie einfache Zweckbauten. In Köln gibt es nur wenige Baudenkmäler dieser Epoche, weil die alte Reichsstadt im 17. Jahrhundert finanziell daniederlag. Die frühkapitalistischen Bürger oder Mäzene lebten längst in den neuen Handelsmetropolen, es gab auch keinen Fürsten mit Hofstaat und entsprechend luxuriösen Ambitionen, so daß weder Bauherren noch Geld für den neuen Stil vorhanden waren. Diese Tatsache hat – nebenbei bemerkt – auch die alten, romanischen Bauten Kölns erhalten, die andernorts häufig dem barocken Zeitgeist und seinem neuen Stil weichen mußten.

1544, wenige Jahre nach ihrer Gründung, ließen sich die Jesuiten in Köln nieder und übernahmen bald darauf eine Schule, die sie zu einem ideologischen Hort der Gegenreformation ausbauten. Die »Bursa tricoronata«, wie sie nach einem Gebäudewappen benannt wurde, existiert heute noch als Dreikönigsgymnasium. 1618 begannen sie in derselben Straße mit dem Bau einer neuen Kirche, die Geschmack und Geist ihres Programms repräsentieren sollte. Sie wurde der Leitfigur des antiprotestantischen und neoreligiösen Aufbruchs geweiht, der »Mutter Gottes« Maria. Die Jesuiten griffen in der Architektur bewußt auf romanische und gotische Stilelemente zurück und verschmolzen diese mit den zeitgenössischen Barockformen, um ihr Programm zu illustrieren: Einheit und Kontinuität der katholischen Kirche. Die Pracht der Ausstattung, die üppigen Farben Blau und Gold, der Schmuck, die Gemälde und Figuren, die ganze barocke Einrichtung sollten die Botschaft vermitteln: Gegen den protestantischen Rationalismus ist es eine Lust, katholisch zu sein!

Das illegal gebaute Obergeschoß der ABC-Bank nimmt der Barockkirche das Licht von Süden.

Eine markante Rolle bei der Inszenierung der Farbenpracht des Innenraums spielt das Licht, dessen Wirkung allerdings durch den finsteren Neubau der ABC-Bank direkt neben der Kirche empfindlich eingeschränkt wird. Die Baugenehmigung für die Bank galt eigentlich nur bis zur Höhe der Dachrinne von Mariä Himmelfahrt, doch wurden zwei Etagen darüber hinaus illegal weitergeführt und als »Technikgeschosse« deklariert. Wie so oft bei potenten Schwarzbauern in Köln hat die Bauaufsicht dagegen nichts unternommen.

Schon vor dem Einmarsch der Franzosen in Köln wurde Mariä Himmelfahrt als Kirche aufgegeben, und zwar mit der Auflösung des Jesuitenordens durch Papst Clemens XIV. Kurzfristig diente sie als Lazarett für »vene-

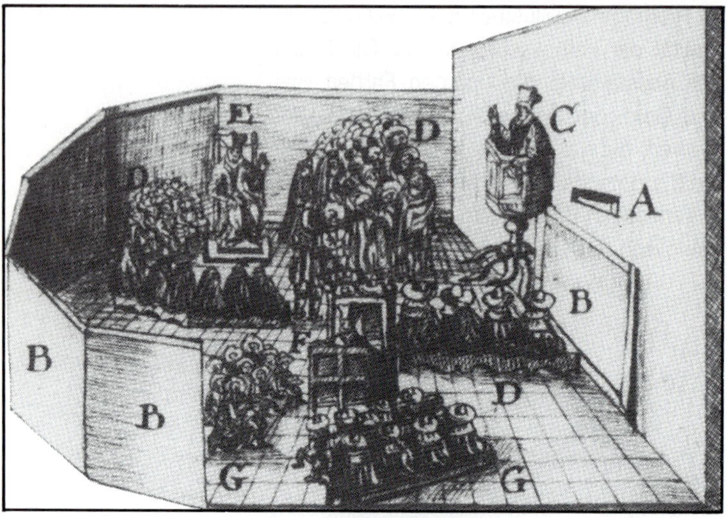

Frontalunterricht der »Societas Jesu« im Dreikönigsgymnasium.

risch Kranke«. Später wurde auf ihrem Altar eine »Göttin der Vernunft« plaziert. Doch dieser atheistische Kult hielt sich nicht lange. 1798 konnten einige Privatleute das Gebäude kaufen und noch während der französischen Herrschaft 1801 in eine Pfarrkirche umwandeln. Im Dritten Reich predigte von der Kanzel Mariä Himmelfahrt der Jesuit Josef Spieker, der sich schon vor 1933 kritisch mit dem Nationalsozialismus auseinandergesetzt hatte. Er geriet bald mit dem faschistischen Staat in Konflikt, wurde mehrfach verhaftet und verurteilt und kam als erster katholischer Priester in das KZ Börgermoor im Emsland. Später konnte er nach Chile auswandern, wo ihn die nationalgesinnten Chile-Deutschen als Seelsorger allerdings ablehnten.

Heute ist Mariä Himmelfahrt auch ein Zentrum der kölschen Italiener, jedenfalls der praktizierenden Katholiken. Samstags und sonntags werden hier Messen in italienischer Sprache gefeiert von der Missione Cattolica Italiana.

Unter Fettenhennen

5

Ihren merkwürdigen Namen hat diese Straße nach einem Haus »Vetter Hennen« und war später die Vorlage für ein Firmenzeichen des frühen 16. Jahrhunderts. Der Buchdrucker und Verleger Fritz Birckmann (1513)

Eine »Göttin der Vernunft« gelangte für kurze Zeit auf den Altar der Jesuitenkirche.

benutzte als Signet eine dicke Henne, die ihre Küken beschützt. Nach dieser »fetten Henne« wurde die ganze Straße benannt, die bald zur Hauptadresse der Kölner Drucker avancierte. Sicherlich trugen die Nähe zum Dom und damit zu den kirchlichen Auftraggebern ebenso dazu bei wie die in der Nähe gelegenen Universitätsgebäude, an die nur noch ein Straßenname »An der Rechtschule« erinnert. Im Laufe des 16. Jahrhunderts zählte man über hundert Verleger und Drucker in Köln. Ähnlich wie die Goldschmiede gehörten sie bald zur städtischen Bürger- und Oberschicht, da sie über reichliches Vermögen für ihre hohen Vorfinanzierungen verfügen mußten. Gedruckt wurden überwiegend lateinische und hier vor allem theologische Schriften, wobei Domkapitel, Rat und Universität genau darauf achteten, daß sich keine humanistischen oder reformatorischen Tendenzen in die Stadt einschlichen. Drucker, die es trotzdem wagten, etwa die Schriften Luthers zu verlegen, wurden unterdrückt und verfolgt,

Das Hohe Domkapitel lebt verborgen in der »verbotenen Stadt«.

kamen in den Turm oder wurden ins Exil vertrieben, wie Vater und Sohn Gottfried Hirtzhorn, die nach Antwerpen auswanderten. Schon am 12. November 1520 wurden vor der größten Druckerei auf dem Domhof die Werke Luthers öffentlich verbrannt, und drei Jahre später führte der Rat für alle »Druckschriften über Papst, Kaiser, Fürsten oder Herren« die Vorzensur ein (siehe Einleitung, S. 40).

Beim Café Reichard an der Ecke zur Burgmauer (schöne Sicht auf die Westfassade des Hauses bei stolzen Preisen) stimmt vor allem die Fassade. Dahinter stecken die Hörfunkstudios des WDR in einem modernen Zweckbau. Die alte Fassade des repräsentativen Gründerzeitbaus wurde in den 70er Jahren in gleichmäßige Stücke zersägt, numeriert und abgetragen, um später wieder an den Neubau angeklebt zu werden. Zu verdanken haben wir dieses Meisterstück zur Rettung der historischen »Bausubstanz« einer WDR-Morgensendung, in der gegen die Kölner Stadtverwaltung und für irgendwelche Hausbesetzer Partei ergriffen wurde, worauf der Stadtrat, als zufällig am selben Tag ein entsprechender Abrißantrag des Senders auf der Tagesordnung stand, in einer Retourkutsche den WDR zum Erhalt der Fassade verdonnerte.

Burgmauer

6

Früher lebten an der »Burgmauer« oberhalb der römischen Stadtmauer die einfachen Leute, heute liegt hier Kölns »verbotene Stadt«. Hier wohnen die Domherren. Nur von der Straße aus sind hinter Eisengittern ihre Häuschen, Grünanlagen und Garagen zu sehen. Von der Außenwelt hermetisch abgeschlossen und für Normalkölner/innen unerreichbar, wurde eine stille Oase mitten in der Stadt geschaffen. Auf den Klingelschildern der Sprechanlage am Portal findet man die Namen von Weihbischof, Domprobst und diversen Mitgliedern des Metropolitankapitels, wie der fromme Aufsichtsrat heutzutage heißt. Das Kapellchen am Ende der Burgmauer zur Ecke der Mariengartengasse ist der letzte Ruheplatz der Herren der »verbotenen Stadt«, hier werden die Toten aufgebahrt, bevor man sie hinter dem Domchor beerdigt. Die Kurve vor der Kapelle markiert die »Spitze« der Stadt, den topographischen Höhepunkt. Mit 56,5 Metern über dem Meeresspiegel war hier zweitausend Jahre lang der höchste Punkt Kölns, bis nach dem 2. Weltkrieg die Trümmerberge an der Inneren Kanalstraße noch höher wuchsen. Der Blick die Treppe hinab zur Nord-Süd-Fahrt bis in die ausgegrabenen Fundamente des römi-

Der höchste Punkt der Stadt: 56,5 m ü.d.M.

schen Mauertums kann die Höhenunterschiede noch gut verdeutlichen.

Mariengartengasse

7

Der Weg führt weiter durch die Mariengartengasse, heute eine triste, schmale Straße zwischen den hohen Bauten des WDR: In dieser Zone westlich des Doms hatten sich im 13. und 14. Jahrhundert religiöse, relativ autonom lebende Frauengruppen niedergelassen, die »Beginen« (siehe Einleitung, S. 37). Ihrem Ursprung nach ist diese Bewegung von Frauen eng mit der Ketzerei verknüpft. Im Unterschied zu den Ketzern wurden die Beginen zeitweise jedoch nicht von der Kirche verfolgt. Sie schlossen sich zu Gemeinschaften – »Konventen« – zusammen, die kollektiv produzierten und zusammen lebten, aber anders als die Nonnen in den Klöstern kein Gelübde ablegten und den Konvent auch jederzeit wieder verlassen konnten. Diese laienreligiöse Bewegung war eine Form zugelassener Selbständigkeit von Frauen, die unverheiratet waren und es auch bleiben wollten. Köln wurde, ausgehend von den Niederlanden und Brabant, eine Hochburg der Beginen. Mindestens 170 Gemeinschaften sind über drei Jahrhunderte in der Stadt bekannt. In der Mariengartengasse, der Elstergasse, An der Rechtschule, der Komödienstraße (früher Schmierstraße), aber auch in der Stolkgasse oder Marzellenstraße und Untersachsenhausen lagen ihre Standorte. Allein in diesen sieben Straßen kennt man knapp 60 Konvente. Bemerkenswert an den Beginen ist ihre Unabhängigkeit von der kirchlichen Hierarchie. Die Gemeinschaften wurden von gewählten Meisterinnen geleitet, waren halbwegs »demokratisch« organisiert und konnten sich zum Teil ihre zuständigen Kleriker selber auswählen.

Konflikte entstanden in den Städten und auch in Köln im 15. und 16. Jahrhundert mit den Handwerkern und Zünften, die in den Produktionsgemeinschaften der Frauen zu Recht eine Konkurrenz sahen und diese poli-

Rund um den Dom lagen die Konvente der Beginen. Im späten Mittelalter lebten zeitweise mehr als tausend in Köln.
Die schwarzen Punkte auf dem Mercator-Plan markieren ihre Konvente.

tisch unterdrückten und zurückdrängten, wo immer sie konnten. So wurde ein Teil der Arbeit der Beginen, vor allem die Krankenpflege, in die Frauenklöster überführt; ihre eigenen Konvente wurden nach und nach in Orden umgewandelt und damit unter kirchliche Kuratel gestellt. Andere Beginen, die sich nicht anpaßten, wurden verfolgt und umgebracht, so daß es im 17. Jahrhundert keine Beginenkonvente mehr in Köln gibt.

Eines der ältesten Frauenklöster der »Augustinerinnen-Celitinnen von St. Elisabeth« führt seinen Ursprung auf eine Beginengemeinschaft aus dem Jahre 1312 zurück. (An diese Historie erinnert eine

Beginen-Konvent der hl. Dreifaltigkeit in Köln, gegründet 1365 von Ritter Johann von Denandt.

unscheinbare Tafel in der Höhe des 1. Stockwerks am Haus Antonsgasse Nr. 7 in der Nähe der Schildergasse, wo das Kloster bis zum 2. Weltkrieg stand.) Von dem autonomen Geist der alten Frauengruppe will die Klostergeschichtsschreibung indes weniger wissen, als von der Krankenpflege ihrer Vorläuferinnen.

Minoritenstraße / Kolpingplatz

8

Die Minoritenkirche ist die einzige erhaltene Bettelordenkirche Kölns. An ihrem Standort siedelten sich Mitte des 13. Jahrhunderts die Franziskaner an, die auch als »Minderbrüder«, lateinisch »Minoriten«, bezeichnet werden. Ähnlich wie die Dominikaner war der Franziskanerorden im Mittelalter zugelassen worden, um die populären Häresien der Ketzer zurückzudrängen. Die neuen Bettelorden lehnten, ähnlich wie die Ketzer, Reichtum und Prunk der Kirche ab; ihre Anhänger liefen barfuß herum, nur mit einer braunen Kutte aus einfacher Wolle bekleidet und mit einem Strick umgürtet und lebten vom Betteln und von Almosen. Vor allem im städtischen Proletariat genossen die Franziskaner bald große Popularität, weil sie als soziale und praktische Alternative zur verkommenen Machtkirche erschienen. Ihr Radikalismus ließ jedoch

Die Franziskaner verzichteten als armer Bettelorden auf den Schmuck eines großen Turms an ihrer Kirche.

schon in der dritten Generation nach, und nur ein kleiner fundamentalistischer Flügel der sogenannten »Spiritualen« blieb den Gründungsidealen treu, wofür er von den eigenen Ordensbrüdern, den realpolitisch orientierten sogenannten »Konventualen«, wie Ketzer verfolgt wurde.

Wenige Jahre nach der Ordensgründung 1229 ließen sich die Minoriten in Köln nieder. Symbol ihres Armutsideals ist der fehlende Turm an ihrer Kirche. Sie sollte einfach blei-

Duns Scotus hatte die attraktivsten Marienbilder in seiner Zelle und schaute sie täglich lange an!

ben, was auch am schmucklosen Inneren, dem grauen Stein und den weiß getünchten Wänden deutlich wird. Einer der berühmtesten Franziskaner-Theologen, Duns Scotus, Konkurrent der Kölner Scholastiker Albertus und Thomas, ist hier in einem Steinsarkophag des Bildhauers Joseph Höntgesberg beigesetzt. Nicht weit von ihm ruht ein jüngerer Kollege, ein sozial engagierter Kleriker, Adolph Kolping. Dieser sogenannte »Gesellenvater vom Rhein« ist auf dem Vorplatz in einer monumentalen Plastik beim Händedruck mit einem Handwerksburschen dargestellt und wird in der Domstadt gern als »der« Gegenspieler zu Karl Marx hochstilisiert, so auch durch Papst Wojtyla im November 1980 beim Besuch am Kolpinggrab: »Als Adolph Kolping in Köln seine ersten Gesellenvereine gründete, wirkte auch Karl Marx in Köln. Er rief zu Umsturz und Klassenkampf auf, Adolph Kolping wollte die Gesellschaft durch christliches Verhalten wandeln.« Inzwischen hat Wojtyla im Jahre 1991 Adolf Kolping seliggesprochen, und damit erhielt der tote Gesellenvater auch eine neue Ruhestät-

Der Papst am Grab von Adolph Kolping in der Minoritenkirche – Karl Marx hat ausgespielt.

te: Er liegt jetzt in einem Hochgrab im südlichen Seitenschiff der Minoritenkirche.

Ein großes Fürbittenbuch an seinem Grab dokumentiert immer noch ganz aktuell, welche Hilfen der christliche Kölner bei Krankheit, Armut, Arbeitslosigkeit, zur Wohnungssuche oder Ausbildung von ihm erwarten kann.

Mit der Säkularisation wurden die Franziskaner vertrieben, und in die Klostergebäude zog die kommunale Armen- und Hospitalverwaltung ein. Hier wurde am Neujahrstag des Jahres 1826 die städtische »Sparkasse« eröffnet, die ursprünglich die Sparpfennige der Unterschichten und Armen Kölns sammeln und so Vorsorge fürs Alter treffen sollte. Im Gegensatz zur späteren Bankpraxis wurden damals noch für die kleineren Guthaben höhere Zinsen gezahlt als für die größeren. Außerdem war die Einlagenhöhe nach oben begrenzt. Die Sparkasse war damit ursprünglich eher eine Selbsthilfeeinrichtung als ein Kreditinstitut.

Neben der Kirche findet man eine wuchtige Figur aus weißem Muschelkalk, die auf der Brust eine Art Wappenschild trägt mit dem Bild eines Pelikans. Der Vogel ist das Symbol der chinesischen Mandarine, die höchsten Beamten am kaiserlichen Hof. Die Figur stellt den Kölner Jesuiten Johann Adam Schall von Bell dar, der es in Peking aufgrund seiner astronomischen Kenntnisse bis zum Hofastronom brachte und dort 1666 starb. Sein Grab wird in der Kölner Partnerstadt Peking heute noch gezeigt.

Kolumbahof / Ludwigstraße / Brückenstraße

9

Gegenüber dem Seitenportal der Minoritenkirche führt der Kolumbahof an die ehemalige Kirche St. Kolumba heran. Im Mittelalter war dies eine der ersten Adressen Kölns, eine der reichsten Pfarrkirchen, in deren Bezirk die Spitzen der Stadt lebten. Fast vierzig Bürgermeister ließen sich bei St. Kolumba beerdigen, ein Teil der Gräberanlage hinter der Kirche ist archäologisch erschlossen, aber nicht öffentlich zugänglich. Die Kirche wurde im 2. Weltkrieg bis auf ein paar Mauerstümpfe und einen einzigen Pfeiler zerstört. Geplant ist hier, über den Trümmern und Gräbern einen Neubau zu errichten und darin das Diözesanmuseum unterzubringen.

Die Kolumbakirche wurde nach den Kriegszerstörungen nicht wieder aufgebaut.

Kolumba wird von der Bärin beschützt – eine Plastik über dem Eingang zur Kapelle.

Eine unmittelbar nach dem Krieg wiederaufgebaute Kapelle nannte man »Madonna in den Trümmern«, weil eine alte Madonnenfigur im Bombenkrieg unversehrt stehengeblieben war. Der achteckige Kapellenbau wurde nach den Entwürfen Gottfried Böhms auf den Fundamenten des früheren Turms errichtet. Die Trümmerreste an der Brückenstraße blieben als Zeichen und Erinnerung an Krieg und Zerstörung stehen. Im Inneren findet man eine Reihe von schönen Kunstwerken der Kölner Moderne wie die Glasfenster von Thorn Prikker und Georg Meistermann oder den Hl. Antonius von Ewald Mataré. Und hinter dem Trümmergrundstück steht übrigens auch eine der wenigen öffentlich zugänglichen Plastiken des Kölner Bildhauers Ulrich Rückriem »Bleu de Vive, Normandie«.

Über die Kirchenmatronin Kolumba gibt es eine Legende, an die die Plastik einer Bärin auf dem rechten Pfeiler neben der Eingangstür erinnert. Danach sollte Kolumba bei der römischen Christenverfolgung unter Kaiser Aurelian öffentlich vergewaltigt werden. Als sich zu diesem Zwecke ein gewisser Barusas der Gefangenen nähert, kommt plötzlich eine Bärin aus ihrer Gefängnishöhle, wirft den Kerl zu Boden und beschützt Kolumba. Kolumba bekehrt den Täter, während die Bärin weitere Angriffe der Soldaten auf sie verhindert. In seiner Wut läßt der Kaiser das ganze Verlies samt Kolumba und Bärin in Brand stecken. Aber da erscheint am Himmel wunderbarerweise eine Regenwolke – aus Afrika! – und löscht mit einem Guß das Feuer. Am Ende wird Kolumba allerdings doch enthauptet, denn auf irgendeine Art und Weise mußte sie ja zur »Ehre der Altäre« gelangen, was einer Frau in der christlichen Hagiographie immer noch am besten durch das Martyrium gelingt.

Wie bei so vielen christlichen Heiligenlegenden nimmt auch die Kolumbageschichte ältere, »heidnische« Elemente auf. In der Figur und Legende sind Teile der Aphroditeverehrung ebenso enthalten, wie der Name »Kolumba« (Taube) auf ein uraltes Lustsymbol hinweist, das hier, umgedreht ins Martyrium, als Opfer sexueller Gewalt durchscheint.

Brückenstraße / Ludwigstraße / Perlenpfuhl

Ende der 80er Jahre entstanden hinter und seitlich der Kirche eine Reihe neuer Geschäftsbauten. Für das »Westdeutsche Werbefernsehen« ein Verwaltungsgebäude, das Geschäftshaus »Modeunion« und ein neues Parkhaus namens »Brückenstraße«. Und obschon es ganz verschiedene Objekte mit unterschiedlichen Finanzierungen und Bauherren waren, tauchten dort merkwürdigerweise immer dieselben Namen auf den Baustellenschildern auf. Als Architekten firmierten stets »HPP Hentrich-Petschnigg & Partner KG«, während die Abwicklung immer in den Händen der »Modernen Stadt« lag. Dieses Unternehmen ist eine zentrale Schaltstelle des Kölner Baugeschehens und gehört der Deutschen Bank, der Colonia-Versicherung und dem Bankhaus Oppenheim. Die Quer- und Geschäftsverbindungen zur öffentlichen Hand werden wiederum über die Tochter »Modernes Köln« abgewickelt, an welcher zu gleichen Teilen die Stadtsparkasse, die SPD-dominierte Wohnungsbaugesellschaft »Grund und Boden« und neuerdings auch die Stadtwerke beteiligt sind.

(10)

Am sanft geschwungenen Haus der »Modeunion« findet man auf den Pfeilern oberhalb der Schaufenster sechs steinerne Figurengruppen, die die Geschichte von »Des

Der nackte Kaiser: die Künstler feixen und das Publikum ist starr vor Ehrfurcht.

Kaisers neue Kleider« darstellen. Da ist der splitternackte Kaiser zu bestaunen, die tuschelnden Kaufleute und die listigen Künstler, und vielleicht ist das ja nicht nur als Hinweis auf die Mode in dem Gebäude gemeint, sondern auch als Allegorie auf die Tricks, mit denen von listigen Leuten dem heutigen Souverän das Geld aus der Tasche gezogen wird. Wenige Schritte weiter in die Fußgängerzone hat übrigens die »Heinrich-Böll-Stiftung« in der Brückenstr. 5-11 ihren Sitz.

Hohe Straße

11

Sicherlich gehört die Hohe Straße zu den ältesten Geschäftsstraßen hierzulande. Ihr Ursprung weist bis in die Zeit der Römer zurück, die sie als zentralen Verbindungsweg zwischen dem südlichen und nördlichen Tor quer durch die Garnisonsstadt anlegten. Wo einst römische Kohorten marschierten, drängen sich heute Kauf- und vor allem Schaulustige. Über hunderttausend Menschen tummeln sich an manchen Tagen in diesem knappen Kilometer Einkaufsparadies und Fußgängerzone. Die Kölner nennen sie auch die »Goldmeile«, und das war sie schon immer. Katasterkarten aus dem späten Mittelalter, die das Steueraufkommen der einzelnen Häuser und Grundstücke in der Stadt erfaßten, weisen die Hohe Straße bereits vor mehr als 700 Jahren als Adresse Nr. 1 aus, als Wohn- und Geschäftssitz der »besten« Familien.

Der Tip zur kurzen Rast: Café im »Museum für angewandte Kunst«, An der Rechtschule, Di bis So von 12 – 17 Uhr, Eintritt frei – romantische Lage im romanischen Kreuzgang mit Blick auf einen Engel von Ewald Mataré – billiger als jedes Café in der Umgebung – Tasse Kaffee 2,70 DM und warmes Essen unter 10 Mark.

In den letzten Jahren hat sie ein wenig von ihrem ehrwürdigen Glanz verloren und umso mehr Glimmer angelegt. Ursache dafür sind die exorbitanten Preisforderungen der Hausbesitzer. »Achtzehntausend Mark monatliche Ladenmiete sind dort im Durchschnitt für ganze vierzig qm Verkaufsfläche fällig«, verriet der Parfümerie-König Franz Bataille und kehrte der Goldmeile den Rücken. Die großen Läden zahlen sogar bis zu siebzigtausend Mark Monatsmiete. Die Folge: An die Stelle des luxuriösen Einzelhandels traten Filialen von Ladenketten und Massenkonsumgeschäften, die die schnelle Mark machen müssen, um die Miete aufzubringen.

Den Eingang in die Hohe Straße am Wallraf-Platz markiert das Stollwerck-Haus, das Mitte der 80er Jahre in den postmodernen Dekor der Gründerzeit zurückgestylt wurde. Besitzer ist der Stollwerck-Großaktionär und Museumsbesitzer Hans Imhoff, der in Köln in der ersten Hälfte der 70er Jahre zu zweifelhaftem Ruhm gelangte, als er mit Unterstützung des Immobiliengroßhändlers Renatus Rüger das alte Stollwerck-Fabrikgrundstück in der Südstadt auf den zehnfachen Wert hochspekulieren konnte. Das Stollwerck-Haus an der Hohe Straße wurde für 11 Millio-

Die neue Stollwerck-Passage ...

nen Mark umgebaut: italienischer Marmor, gläserne Aufzüge, viel Neonpomp nach außen. Wie sehr diese Architektur auf Stimmung aus ist und kaum die Funktion der Büros im Innern berücksichtigt, erkennt man erst, wenn man die völlig krumm geschnittenen Büroräume in der dritten oder vierten Etage betritt. Fensterbänke in Brusthöhe, Pfeiler mitten im Raum, lange Büroschläuche: Hauptsache, die Fassade stimmt.

An den vier Eingangsecken der seitlichen Passage, in der nur »Weltklassefirmen« (Imhoff) angesiedelt sind, machen kleine Schilder aufmerksam: »Musizieren nicht gestattet.« Mit der Veränderung der Hohe Straße zogen nämlich auch Straßenmusiker sowie Pflastermaler, ambulante Schmuckverkäufer und andere alternative Kaufleute in die Goldmeile ein. Geschäftsleute und Stadtverwaltung wollen diese jedoch wieder durch »ordnende und säubernde Eingriffe« hinausdrängen. Dazu zählt einerseits der neue Plattenbelag und andererseits eine Straßensatzung,

...Musizieren und Betteln nicht gestattet!

die den freien Künstlern und Händlern das Geschäft verbietet bzw. erschwert. Hier hat es denn auch schon jahrelange Auseinandersetzungen mit den berühmten »Kölner Straßenmusikern«, vor allem mit dem Geigenvirtuosen Klaus von Wrochem (Klaus der Geiger) gegeben, die häufig vor Gericht endeten.

Am Hof / Brauhaus Früh

In der grauen Werksteinfassade über dem Eingang zum Brauhaus Früh gibt es ein großes, doch wenig auffälliges Relief, das die Geschichte der Ketzer und Mönche fortführt, die man am wenigsten an einem Wirtshaus vermuten würde. Dargestellt ist das Brustbild eines streng blickenden Mannes mit einem Messer in der Brust und einem Schwert im Schädel. Das Bildnis stellt den heiligen Petrus Martyr dar, auch Petrus von Mailand oder Verona genannt, unmittelbar nach seiner Ermordung. Er lebte im 13. Jahrhundert und entstammte einer italienischen Katharer- (also Ketzer-)Familie. Aber Petrus kehrte in den Schoß der Kirche zurück, wurde Dominikaner und war als Renegat geradezu prädestiniert, seine früheren Glaubensgenossen zu verfolgen: Er wurde päpstlicher Inquisitor. Im Jahre 1252 ereilte ihn indes selber das blutig-grausige Schicksal auf der Landstraße zwischen Como und Mailand. Die Täter, angeblich von Katharern bezahlt und gedungen, stießen ihm ein Messer in die Brust und spalteten seinen Schädel. (Einer von ihnen, Pietro aus Balsamo, kam nach Forli, trat dort reuig in den Dominikanerorden ein und wurde – oh Wun-

(12)

Petrus Martyr, päpstlicher Inquisitor und Schutzpatron der Kölner Bierbrauer über dem Brauhaus Früh.

der – später selbst ein Heiliger.) Papst Innozenz IV. erkannte schnell die propagandistischen Möglichkeiten des Falles und sprach schon wenige Monate nach der Tat den ermorderten Inquisitor als »Petrus Märtyrer« heilig. Seitdem wurde diese Figur als ideologische Waffe im Kampf gegen die Ketzer benutzt und Geschichte wie Abbild rasch verbreitet. In Köln machte ihn eine der mächtigsten Zünfte, die der Brauer, zu ihrem Schutzpatron, und bis heute gibt es die »Petrus-von-Mailand-Bruderschaft«, die jährlich zum Patronatsfest am 29. April in der Dominikanerkirche St. Andreas ein Hochamt feiert. Hier findet sich auch auf dem sogenannten »Rosenkranzbild« der Inquisitor Petrus mit einer klaffenden roten Kopfwunde dargestellt.

Dieses Bild in der südlichen Seitenkapelle von St. Andreas ist übrigens noch aus einem weiteren Grund bemerkenswert: Das Gemälde zeigt nämlich auch den Dominikanerpater Jakob Sprenger, jenen Mann, der den »Hexenhammer« verfaßt hat (siehe Nr. 2). Das

Bild, »Maria mit dem Mantel« genannt, erinnert allerdings nicht an die Frauenverfolgung, sondern an die Marienverehrung des Jakob Sprenger. Er war ein heftiger Bewunderer der Jungfrau Maria und gründete im Jahre 1475 eine »Erzbruderschaft des Rosenkranzes«, die ausschließlich der Marienverehrung diente. So spiegelt sich in einer Person und in diesem Bild die ganze Widersprüchlichkeit seines gespaltenen Frauenbildes: hier die vernichtenswerte Hexe, dort die anbetungswürdige Mutter Gottes.

Brügelmannhaus / Bechergasse / Mühlengasse

13

Als »Glücksfall« und als »Anlaß, stolz zu sein«, pries Kölns vorletzter Oberstadtdirektor Kurt Rossa bei der Einweihung den Brügelmannkomplex. Er sprach in der »Wir«-Form, aber es lohnt sich, genauer hinzuschauen, wer »Wir« sind, die stolz und glücklich die Gebäude bestaunen. Vormals das Stammhaus der Kölner Tuchgroßhändler- und Fabrikantenfamilie Brügelmann, die längst ins Rechtsrheinische nahe der Zoobrücke umgesiedelt war, wurde der alte Komplex im Jahre 1978 den Brügelmanns von der Stadt für 19 Millionen Mark abgekauft. Zwar hatten die städtischen Schätzer das Objekt ein paar Jahre früher nur auf knappe 11 Millionen taxiert, aber bei der Preisgestaltung leistete der damalige Bürgermeister und FDP-Ratsherr Jan Brügelmann, zufällig ein Mitglied der verkaufenden Familie, kräftigen Beistand. Im Jahre 1983 wurde dann der Bau unverändert an die Firma Strabag weiterveräußert, diesmal jedoch nur noch für 15,3 Millionen. Die Baufirma sanierte und bebaute in knapp drei Jahren die frühere Fabrik und schuf 123 neue Luxuswohnungen, die für Preise zwischen 142.000 Mark (1-Zimmer-Appartement) und 1 Million Mark (3 – 4-Zimmer-Wohnung) an den begüterten Mann und seine Gattin gebracht wurden. Die Strabag machte dabei einen Schnitt von wenigstens 3 Millionen Mark, wie die Stadtverwaltung in einem internen Gutachten später vorrechne-

te. 4 Millionen für Brügelmann, 3 Millionen für Strabag – man kann leicht nachrechnen, daß auch billigeres Bauen in der Innenstadt möglich gewesen wäre.

Der Kindheitstraum des Alfred Neven DuMont: »In der Badewanne die Domtürme sehen.«

Zwei weitere Punkte zur Abrundung der Geschichte: Das ganze wurde zu einer Zeit ausgesonnen, als Rat und Verwaltung beim Thema Umbau der Stollwerckfabrik noch mit Vehemenz behaupteten, man könne alte Fabriken nicht in neue Wohnungen umwandeln. Hier ging es: lichtdurchflutete Innenhöfe in alten Fabrikteilen, breite Treppenhäuser, viel Grün und Zugang bzw. Durchgang von allen Himmelsrichtungen. Tatsächlich: schöneres Wohnen.

Und weiter: Die Ecke des Komplexes Mühlengasse/Bechergasse war in den 50er Jahren durch den Architekten Wilhelm Riphan qualitätsvoll neu gebaut worden. Zum Stil des Jahrzehnts gehört ein überkragendes Flachdach, das mit dem Gesamtbau unter Denkmalschutz stand. Strabag machte sich nichts daraus und setzte ein Penthouse obenauf. Kölns erster Architekturkritiker Werner Strodthoff vom »Kölner Stadt-Anzeiger« verlor kein Wort der Kritik in seinem Blatt. Wie auch? Hatte sich hier doch in einer Stadtwohnung sein Chef Alfred Neven DuMont

Der Tip zur Rast:
Peters Brauhaus,
Mühlengasse 1,
Tel: 257 39 50,
Öffnungszeiten: täglich 11-24 h. Angenehme Atmosphäre, freundlich-freche Bedienung, kölsche Speisen.

den Kindheitstraum erfüllt, aus der Badewanne die Domtürme zu sehen. Alaaf!

Martinsviertel: Lintgasse / Buttermarkt / Salzgasse / Auf dem Rothenberg

14

Dieser Teil der Altstadt mit den schmalen hochgiebligen Häusern, dem buckeligen Straßenpflaster, den engen Gassen und kleinen Grundstücksschnitten gilt als »typisch« für das alte Köln. Der Blick von der anderen Rheinseite oder der Deutzer Brücke auf das Rheinpanorama ist millionenfach reproduziert worden. Hier wähnt man eine Atmosphäre, wie sie in der mittelalterlichen Stadt geherrscht haben könnte.

Nun sind alle Teile Kölns im Laufe ihrer Geschichte dutzendfach verändert und umgebaut und den Bedürfnissen ihrer Zeit und Besitzer angepaßt worden. Dieser Teil der Altstadt nahe des Rheins lag in den letzten 150 Jahren lange abseits dominierender Stadtentwicklungsinteressen und Finanzströme. Hier gab es vom 19. bis weit ins 20. Jahrhundert hinein keine großen Spekulanten, und keine Verkehrsachsen mußten Sachzwängen oder Darstellungsgelüsten wegen gebrochen werden, so daß die alten Grundstücks- und Straßenschnitte erhalten blieben und der Bestand vor allem des 19. Jahrhunderts langsam vor sich hingammelte. Das änderte sich erst in den 30er Jahren, zur Zeit des Nationalsozialismus. Die Nazis waren die ersten, die Stadtentwicklung, Sanierung und Arbeitsbeschaffung kombinierten und dabei gleichzeitig ihre »ästhetischen« Vorstellungen umsetzten. Die Rheinfront sollte in alter Harmonie wiederhergestellt und der schlechte

»Land unter« – inzwischen eine feste Attraktion in der Kölner Altstadt.

Lintgasse 10 – 12

Ruf des Rheingassenviertels zugunsten einer sauberen Wohngegend verändert werden. Das dunkle Viertel wurde »durchlichtet«, wie der katholisch-bürgerliche »Neue Tag« im Juni 1935 schrieb. Zahlreiche Häuser wurden abgerissen und im »alten Stil«, oder was man dafür hielt, neu erbaut. An einigen Gassen und Häuserfronten ist das noch heute aufzuspüren, wenn man genauer hinschaut.

Typisch für die Restaurierung sind die symmetrischen Hausachsen, die gleichmäßigen hellen Putzfassaden und die mit dunklem Werkstein abgesetzten Fenster- und Türeinrahmungen. »Natürlich und ordentlich« war die Devise. Die südliche Hälfte der Lintgasse, z.B. Nr. 6-26, stammt aus den Jahren 1935 bis 1939 (und steht gleichwohl unter Denk-

Im »deutschen Stil« – das Haus der Schiffahrtsgesellschaft am Rhein.

St. Siegfried – ein nackter Heiliger der Nazis.

malschutz). Hier ist an den Häusern Nr. 10-12 auch die Zahl »1939« verewigt, der einzige Hinweis auf die ansonsten eher verschwiegene Baugeschichte. Ähnlich die westliche Seite des Buttermarktes. Dazwischen sind nur einige ältere Häuser stehengeblieben, am Buttermarkt z.B. Nr. 1-3 und 16 und in der Lintgasse Nr. 4 und 5. Historisch übernommen, aber aus ihrem Zusammenhang gelöst, wurden nur Einzelteile wie Reliefs, Torbögen oder Hausmarken, die man in die neuen Fassaden einputzte. Auffällig ist auch der harmonische Stil am Rheinufer, an der Frankenwerft etwa bei dem Verwaltungsgebäude der »Köln-Düsseldorfer-Schiffahrtsgesellschaft«.

Und trotzdem ist das keine faschistische Ästhetik. Manchmal ist sogar eine ganz unpathetische, funktionale und an die Bauhausstrenge erinnernde Architektur dabei herausgekommen, wie Beispiele in der Lintgasse belegen. Es ist notwendig, genau hinzusehen und Stile und Details der verschiedenen Bauepochen exakt zu vergleichen.

Ein markanter Hinweis auf die Urheber der Altstadtsanierung findet sich noch in der Figur des »Siegfried« an der Ecke Salzgasse/Buttermarkt. Bisweilen wird er verschämt als »Heiliger Georg« ausgegeben, der den Drachen besiegt. Aber wer hat schon einmal einen völlig nackten Heiligen gesehen, mit Penis, Hoden und allem drum und dran? Nein, es ist ein nationaler Body-Building-Körper, in dem der zeitgenössische Künstler »den deutschen Helden im Kampf mit dem Drachen, den Sieg der Ordnung und des guten Elementes über Anarchie und Verbrechen« sah. Voilà!

Auf dem Rothenberg / Ecke Lintgasse

15

Über dem Fenster im ersten Stock schaut eine steinerne Fratze auf die Gasse hinunter, wie sie noch öfter in der Altstadt zu finden ist (Steinweg 3, Salzgasse, Auf dem Rothenberg 11-13, Marsplatz 3-5 usw.): ein sogenannter »Grinkopf« mit zottigen Haaren, breiten Bakken, leeren Augen, wulstigen Lippen und immer ohne Unterkiefer. Diese Köpfe werden auch »Anno-Köpfe« genannt und weisen auf eine alte Legende über den Stadtherren des 11. Jahrhunderts, Erzbischof Anno, hin. Dieser soll zwar ein strenger, aber doch gerechter Herrscher gewesen sein. Als eines Tages ein Kaufmann und sechs Schöffen, die miteinander befreundet waren, eine alte Witwe betrogen und verspotteten und diese sich beim Erzbischof darüber beschwerte, ließ Anno die Beschuldigten rufen und streng befragen. Als sie den Betrug zugeben mußten, befahl er, ihnen die Augen auszustechen. Zur Abschreckung für die Kölner ließ er dann an ihren Häusern die grauslichen Masken mit den ausgestochenen Augäpfeln anbringen.

Salzgasse 13: Annokopf am Haus »Im Walfisch« von 1626.

So weit die obrigkeitstreue Fassung der Legende. In Wirklichkeit verlief die Geschichte ein wenig anders – aber wie so oft wurden auch hier Täter und Opfer vertauscht. Tatsächlich war Anno ein bedeutender Kunstliebhaber und Kirchenbauer, aber auch ein brutaler Machtpolitiker. Den ersten Kölner Bürgeraufstand ließ er blutig niederschlagen und den Anführern die Augen ausstechen (siehe Wanderung 3, S. 162, und Einleitung, S. 23). Diese blutige Rache an aufständischen Kölnern drehten die Legendenbildner und Hofschreiber zu einer gerechten und fast

Nach der Legende erinnern die Masken an die gerechte Strafe – aber blutig!

verständlichen Strafe um, zur Sühne für das Verbrechen an einer armen und schwachen Frau.

Zum Schluß dann die materialistische Erklärung für die Köpfe: Tatsächlich handelt es sich wohl um Dekor an den Kaufmannshäusern. Die mittelalterlichen Gassen waren so eng, daß die Wirte und Geschäftsleute transportable Hebebalken an die Häuserwände anlehnten, über die mit Hilfe von Flaschenzügen Waren in ihre Kellerlager herabgelassen wurden. Um den Balken einen festen Halt zu geben, mußten Löcher geschlagen werden, die man dann zum Teil mit den Fratzen dekorierte. Der Unterkiefer fehlt ihnen allen, denn hier lag früher einmal der Balken.

Stichworte

Die Wege, die »Der Andere Stadtführer« vorschlägt, sind die Wege, die wir als Einheimische oder Fremde auch sonst in der Stadt zurücklegen. Sicherlich, diesmal gibt es Seiten- und Abwege oder Abstecher in die Hinterhöfe und auf die Abstellplätze der Stadtgeschichte, aber wir bleiben in der Stadt, wie wir sie kennen. Die Strecken der Wanderung richten sich niemals nach kunstgeschichtlichen Schnitten a la »Bauten der 50er Jahre« oder politischen Epochen wie »Die Franzosen in Köln«. Wir erleben die Stadt ja auch sonst als ein Amalgam von Ereignissen, Themen und Gegenständen, die in vielen Schichten über-, neben- oder untereinander lagern.

Aber natürlich gibt es auch den Wunsch nach thematischen Überblicken und systematischer Vollständigkeit, der darauf zielt, die Stadt und ihre Geschichte unter speziellen Aspekten zu erfahren. Im folgenden sind deshalb unter sechs Stichworten, die am meisten nachgefragt werden, aus beiden Bänden des »Anderen Stadtführers« alle entsprechenden Punkte herausgelöst und neu zusammengestellt worden. Zu den drei Themen: »Frauen«, »Juden« und »Köln im Nationalsozialismus« werden zudem neue Wanderungen angeboten, die in der Reihenfolge der aufgeführten Punkte auch zu gehen sind. Näheres zu den jeweiligen Stichworten und Punkten ist dann auf der in Klammern angegebenen Seite zu finden. **I bezieht sich auf den ersten Band, II entsprechend auf den zweiten**. Es folgt die jeweilige Seitenzahl. Taucht kein Verweis auf, wird der entsprechende Ort auch in keinem der beiden Bände erwähnt, war aber wichtig genug, hier aufgeführt zu werden. Ich denke, daß gerade Lehrer, die bei meinen Stadtführungen häufig nach Überblicken dieser Art fragen, hiermit arbeiten können.

Kirchen

Köln galt wegen seiner mehr als einhundert Kirchen, Klöster und Kapellen einstmals als das »Rom des Nordens«. Durch die Säkularisation gerieten viele kirchliche Bauten in den Kreislauf der Spekulation und sind heute nicht mehr erhalten, aber es gibt immer noch eine erhebliche Zahl sorgfältig restaurierter Kirchen in Köln. Berühmt sind neben dem Dom vor allem die großen romanischen Bauten, darüber hinaus sind viele andere kunstgeschichtlich oder historisch wichtige Gotteshäuser zu finden, die oft weniger bekannt sind.

- Neu St. Alban (II, 127)
- Antoniterkirche (I,83)
- Aposteln (I, 122)
- Dom (I, 143 ff)

- Elendskirche (II, 204)
- Gereon (II, 112)
- Alt St. Heribert (II, 227)
- Kartäuserkirche (II, 176)
- Kolumba oder Madonna in den Trümmern (I, 196)
- Kunibert (II, 48)
- Maria im Kapitol (I, 89)
- Maria in der Kupfergasse (I, 118)
- Mariä Himmelfahrt (I, 184)
- Maria Lyskirchen (II, 22)
- Groß St. Martin (II, 38)
- Minoritenkirche (I, 192)
- Pantaleon (II, 149)
- Severin (II, 168)
- Ursula (II, 80)
- Ursulinenkirche in der Machabäerstraße (II, 75)

Heidentümer

Das junge Christentum hat in grauer Frühgeschichte, wo immer es erfolgreich auftrat, die vorhandenen Religionen und Kulte bekämpft und doch zugleich vieles von ihnen übernommen. Was wir gewöhnlich als »heidnisch« bezeichnen, sind meist andere vorchristliche Religionsformen – in unseren Breiten eben römische, keltische, germanische oder fränkische, u.U. auch naturregliöse und mystische Kulte, für die wir überhaupt keinen Namen haben. Heute will die Kirchengeschichte nichts mehr davon wissen, obwohl es äußerst interessant ist, solche vorchristlichen Spuren und Kulte aufzustöbern, die bis heute in den Kirchen materiell und symbolisch vorhanden sind. Im folgenden einige Punkte.

- Kampf des Gallus gegen die Kölner Heiden (I, 72)
- Reinigungsritual und Wassersymbolik in der jüdischen Mikwe (I, 73)
- Maria als Fortsetzung römischer Göttinnen bei »Maria im Kapitol« (I, 89)
- Herman Josef als Paris mit dem Apfel (I, 93)
- Fruchtbarkeitsglaube bei »Maria in der Kupfergasse« (I, 118)
- Aphroditetradition in der Figur der Heiligen Kolumba (I, 197)
- Kultische Waschungen am Tag vor der Sonnenwende am Rhein (II, 31)
- Die Sachsenmissionare Ewaldi (I, 18 u. II, 48)
- Fruchtbarkeitszauber im Kunibertspütz (II, 50)
- Eine Bärengöttin und die Heilige Ursula (II, 86)
- Kontaminationsfeld der Heiligenknochen (1, 30 u. II, 83; 172)
- Severin als Wettergott (II, 173)

Legenden

In Köln sind zahlreiche Legenden und Geschichten bekannt, die hier gespielt haben oder von Kölnerinnen und Kölnern erlebt wurden. Kein Platz, kein Bau, keine Kirche und kein Turm, der ohne Legende wäre. Einige sind in diesem Buch kurz und knapp nacherzählt. Wer es gerne ausführlicher haben möchte, sei auf die beiden Bücher »Sagen und Legenden von Köln« von Tilman Röhrig und »Der Löwe von Köln« von Martin Stankowski verwiesen.

- Der Kampf des Bürgermeisters mit dem Löwen (I, 64)
- Platzjabbek und Kaiser Karl (I, 67)
- Jan und Griet (I, 69)
- Der Apfel des Herman Josef (I, 93)
- Der Ring der Richmodis (I, 129)
- Kolumba und die Bärin (I, 199)
- »Sankt« Siegfried als Nationalheiliger (I, 208)
- Die Strafe des Erzbischofs Anno (I, 161; 209)
- Nikolaus hilft einem jüdischen Kaufmann (II, 22)
- Katharina bekehrt heidnische Philosophen (II, 24)
- Ein Brötchen in der Weckschnapp (II, 50)
- Ursula und ihre elftausend Freundinnen (II, 80)
- Der kölsche Boor und der preußische Kaiser (II, 87)
- Gereon der Kriegsdienstverweigerer (II, 113)
- Die Schlacht an der Ulrepforte (II, 156)
- Der halbe Bischof Severin (II, 170)
- Die Dolchstoßlegende (II, 183)

Frauen

Mit der neuen Frauenbewegung ist seit den 70er Jahren auch eine Neuinterpretation historischer Prozesse unter dem Stichwort »Frauengeschichte« verbunden. Das meint weniger die Ergänzung der Liste historischer Männerfiguren durch herausragende Frauen, sondern eine Neuinterpretation aller überlieferten Ereignisse, Gegenstände oder Orte aus der Sichtweise von Frauen, durch die weibliche Brille sozusagen.

Die Wanderungen dieses Köln-Führers sind von einem Mann geschrieben, der natürlich keine weibliche Sichtweise haben kann. Dennoch habe ich versucht, möglichst viele Orte, Personen oder Themen aufzunehmen, die für Frauen und ihre Geschichte in Köln wichtig sind. Die Informationen und Anregungen hierzu stammen überwiegend von Irene Franken, einer Freundin und Historikerin, die im Rahmen des Kölner Frauengeschichtsvereins (Marienplatz 4, 50676 Köln, Tel.: 0221/248265) spezielle Frauenführungen in Köln veranstaltet.

Die über 30 Punkte zur Frauengeschichte sind im folgenden zu einer neuen und separaten Wanderung zusammengestellt, die in der vorgeschlagenen Reihenfolge gelaufen werden kann. Sie beginnt beim ehemaligen Frauenzentrum und führt über die Altstadt ins Stadtzentrum, von dort über das Eigelsteinviertel und die Ringe zurück in die Südstadt. Die Wanderung dauert etwa 3-4 Stunden, ist aber gut zu teilen, die Mitte wäre etwa beim Dom.

1. Eifelstraße: Erstes Kölner Frauenzentrum (II, 160)
2. St. Pantaleon: Kaiserin Theophanu – neuer Wind aus Konstantinopel (I, 138 u. II, 151)
3. Krummer Büchel: Anna Maria van Schürmann – das Genie von Köln (I, 85)
4. Sternengasse: Maria Medici – eine unglückliche Königin im Exil (I, 86)
5. St. Maria im Kapitol: Plectrudis, Ida und ein Damenstift (I, 89)
6. Irene-Ludwig-Tunnel: süßes Geld im Ufertunnel (II, 28)
7. Kölner Pegel: Waschungen vor dem Tag der Sonnenwende (II, 31)
8. Fischmarkt: Marktweiber und Fischfrauen (II, 37)
9. Seidmacherinnengäßchen: Frauenzünfte im Mittelalter (I, 45f; 99)
10. Rathaus: Mikwe – das jüdische Reinigungsbad (I, 73)
11. Prätorium: Agrippina die Stadtgründerin (I, 11)
12. An Farina: erste Kölner Frauenplastik (I, 75)
13. Brückenstraße: Kolumbakirche – eine junge Frau und die Bärin (I, 197)
14. Mariengartengasse: Beginen im Mittelalter (I, 34; 175)
15. An den Dominikanern: Hexenverfolgung in Köln (I, 190)

Mögliche Pause

17. Dom: Südturm – Meister Gerhard und seine listige Frau (I, 148)
18. Domhof: Gefängnis und Hexenurteile (I, 150)
19. Am Alten Ufer: Franziska Anneke – Revolutionärin von 1848 (II, 45)
20. St. Kunibert: Fruchtbarkeitsglaube am Kunibertspütz (II, 48)
21. Machabäerstraße: erste höhere Mädchenschule der Ursulinen (II, 74)
22. Stavenhof: Prostitution in der Adenauerzeit (II, 58)
23. St. Ursula: eine frühe Feministin in Köln (II, 80)
24. Altengrabengäßchen: Hurengasse im Mittelalter (I, 104)
25. St. Gereon: die »Immakulata« gegen die demokratische »Bedrohung« (II, 114)
26. Nördliche Ringe: Frauennachttaxi und Viertel der »Grauen Männer« (II, 92)
27. Auf dem Berlich: Das Haus der schönen Frauen (I, 119)
28. Maria in der Kupfergasse: Ein schwarze Göttin als Madonna (I, 118)

29. Kleine Brinkgasse: Bordelle im Zentrum (I, 121)
30. St. Maria Lyskirchen: Katharina – eine Frau überzeugt die Philosophen (II, 24)
31. Trajanstraße: Irmgard Keun – die wilde Schriftstellerin (II, 189)
32. Oberländer Wall: Professor Amalie Lauer – die erste Nationalökonomin Deutschlands (II, 186)

Juden

Köln gilt als Ort der ältesten jüdischen Siedlung Deutschlands. Seit dem 3. Jahrhundert sind jüdische Bürger nachgewiesen, und bis ins 11. Jahrhundert haben christliche, jüdische und andere Kölner »normal« nebeneinander und miteinander gelebt. 1424 aber wurden nach mehreren vorausgegangenen Pogromen alle Juden aus der Stadt gewiesen und ihr Vermögen konfisziert. Bis zum Einmarsch der französischen Revolutionstruppen im Jahre 1794 durften keine Juden in Köln wohnen. Die nächste Welle der Verfolgung, diesmal mit dem Versuch der völligen Vernichtung verbunden, fällt in die Zeit des Nationalsozialismus.

Aus der langen und wechselvollen Geschichte der Juden in Köln gibt es eine ganze Reihe von Erinnerungspunkten, die jedoch selten »Denkmäler« sind und erst aus dem Zusammenhang und der Umgebung erschlossen bzw. erklärt werden müssen; die Ausrottung oder Vertreibung durch die christlichen Mitbürger war allzu gründlich. Im folgenden sind in neuer Reihenfolge wichtige Punkte zusammengestellt, ergänzt um die Orte, die in den Wanderungen selbst nicht vorkommen, der Vollständigkeit halber aber auch hierher gehören.

Wanderung A beginnt am Dom und führt über die Ringe und das Griechenmarktviertel zurück zum Rhein: Dauer ca. 1,5 Stunden.

Wanderung B (rechtsrheinisch) führt von Deutz nach Mülheim und ist in 1,5 Stunden zu Fuß zu bewältigen.

Wanderung C ist Sonntagnachmittags per Fahrrad in 2-3 Stunden abzufahren.

Die jüdischen Friedhöfe sind – mit Ausnahme des Bocklemünder – alle geschlossen. Besuch und Zugang sind möglich nach Absprache mit der Synagogengemeinde, Roonstraße 50, 50674 Köln, Tel.: 0221/23 56 26.

Wanderung A (linksrheinisch)

1. Jüdisches Zentrum um Rathaus, Mikwe und Synagoge (I, 73)
2. Dom: Judenprivileg, antisemitische Schnitzereien und der »bekehrte Jude« Victor Carden (I, 168)
3. Machabäerstraße: Streit um eine jüdische Konvertitin (II, 75)
4. Unter Sachsenhausen: Straße jüdischer Bankiers im 19. Jahrhundert (I, 46)

5. Zeughausstraße, Stadtmuseum: Vitrine und Sammlung »Jüdisches Leben in Köln« (Köln-Service)
6. Glockengasse: die große Synagoge und die Reichspogromnacht (I, 116)
7. St.-Apern-Straße: Synagoge und Schule der Adass Jeschurun (I, 116)
8. Hohenzollernring 81: antisemitische Buchhandlung (II, 123)
9. Utrechter Straße 6: Reichsvereinigung und jüdische Ärzte im Nationalsozialismus (II, 132)
10. Neustadt und Belgisches Viertel: Wohnschwerpunkt der großbürgerlichen jüdischen Familien
11. Lützowstraße: Jüdische Volksschule und Kinderheim (II, 137)
12. Roonstraße: Jüdische Synagoge (II, 138)
13. Marsilstein und Griechenmarkt: Geschäfts- und Wohnviertel der armen ostjüdischen Händler und Handwerker
14. Richmodstraße 6: Büro einer zionistischen Vereinigung Anfang des Jahrhunderts
15. Josef-Haubrich-Hof, Stadtbibliothek: Bibliothek Germania Judaica (Köln-Service)
16. Schildergasse: Kaufhaus Tietz zwangsarisiert – heute Kaufhof (I, 82)
17. St. Maria Lyskirchen: Legende vom Heiligen Nikolaus und dem jüdischen Kaufmann (II, 22)

Wanderung B (rechtsrheinisch)

1. Deutz, Judenkirchhofsweg: Jüdischer Friedhof aus der Zeit der Emigration und Siedlung in Deutz mit Gräbern vom 16. bis 20. Jahrhundert (II, 224)
2. Reischplatz – Polizeiwache: ehemalige jüdische Synagoge in Deutz (II, 219)
3. Deutzer Freiheit: Kneipen, jüdische Musiker und Jacques Offenbach (II, 217)
4. Bahnhof Deutz-Tief: Abfahrtsgleis der Transportzüge in die Vernichtungslager (II, 240)
5. Messegelände: Sammelpunkt der Kölner Juden zur Deportation, Lagerung jüdischer Möbel und Wohnungseinrichtungen für ausgebombte Kölner (II, 235)
6. Mülheimer Freiheit 78, Hinterhaus: ehemalige jüdische Synagoge in Mülheim; 1938 zerstört (Gedenktafel)
7. Mülheim, Am Sprinhorn/Ecke Cottbuserstraße jenseits der Bahn: ehemaliger jüdischer Friedhof

Wanderung C (Stadtteile)

1. Ehrenfeld, Körnerstraße 93: ehemalige Synagoge, im »Dritten Reich« zerstört (heute ein Bunker)

2. Ehrenfeld, Nußbaumerstraße/Ecke Ottostraße: ehemaliges jüdisches Krankenhaus »Israelitisches Asyl«, ab 1946 der erste Betsaal nach der Zeit des Faschismus (später belgisches Militärlazarett)
3. Ehrenfeld, Weinsbergstraße/Nordwestecke des Melatenfriedhofs: Friedhof der ehemaligen jüdischen Gemeinde Ehrenfeld
4. Bocklemünd, Venloer Straße: Jüdischer Friedhof (19. umd 20. Jahrhundert) mit einem Kriegerdenkmal für die jüdischen Gefallenen des Ersten Weltkrieges, das noch am 8.7.1934 eingeweiht wurde.
5. Müngersdorf, Walter-Binder-Weg: Gedenkstein auf dem Gelände der Kasematten des Forts V, in denen die Kölner Juden vor der Deportation kaserniert waren
6. Braunsfeld, Aachener Straße 443: Abraham Frank Haus, ehemaliges jüdisches Waisenhaus (Gedenktafel)
7. Lindenthal: ehemaliger jüdischer Friedhof an der Decksteiner Straße, hinter dem evangelischen Friedhof
8. Lindenthal, Herbert-Lewin-Straße (vorher nach dem Arzt und NS-Protagonisten: Haedenkampstraße): benannt nach dem Chefarzt am »Israelitischen Aysl« in Köln, Arzt im Ghetto Lodz und in Auschwitz, erster Vorsitzender der Kölner Synagogengemeinde 1946
9. Bayenthal, Gelände des Bahnhofs Bonntor: im Mittelalter der »Judenbüchel«, Friedhof der Kölner Juden bis zu ihrer Vertreibung 1424; später Hinrichtungsstätte der Stadt Köln. Einzelne erhaltene Grabsteine und Reste auf dem neuen Friedhof in Bocklemünd.

Köln zwischen 1933 und 1945

Was haben die Nazis in Köln eigentlich getrieben? Wer war beteiligt? Wie ging es der Jugend? Was geschah mit den Juden? Wo saß die Gestapo? Wer hat opponiert oder Widerstand geleistet und wo? Solche und ähnliche Fragen werden häufig gestellt. Es gibt zwar viel zu erzählen über die faschistische Epoche in Köln, aber wenig zu sehen. Trotzdem kommen in den Wanderungen zahlreiche Fakten aus dieser Zeit vor, wann immer sich dafür ein Ort finden ließ. Im folgenden sind alle diese – und noch ein paar zusätzliche – Informationen herausgezogen und zu vier neuen Themengruppen zusammengestellt:

Zeugnisse vor 1933
- die aber schon auf die Nazizeit hinweisen, und die wir heute als Vorboten interpretieren;

Alltag und Verfolgung bis 1939
- also in der sogenannten Friedenszeit;

Dokumente zu Städtebau und Architektur
- die in Überresten oder in ihren Folgen zu erkennen sind;

Zerstörung und Widerstand im Krieg

- zwischen 1939 und 1945.

Diesmal sind die Punkte nicht geographisch, sondern thematisch geordnet, um eine sinnvolle Einarbeitung und Vorbereitung zu ermöglichen. Einen ausführlichen »Antifaschistischen Stadtführer« mit dem Titel »Köln unter dem Hakenkreuz« verbreitet die VVN als Stadtplan mit Texterläuterungen (bei: VVN, Senefelder Straße 38, 50825 Köln, Tel.: 0221/5 50 10 41 gegen DM 5,- in Briefmarken).

Alle rund 50 Kölner Erinnerungsorte an NS-Opfer außerdem in der Dokumentation »Gedenkstätten« der Bundeszentrale für politische Bildung, Bonn (Redaktion: Martin Stankowski).

Zeugnisse bis 1933

1. Ubierring 51: Erste Adresse der Parteileitung (II, 192)
2. Filzengraben: Zweite Adresse der Parteileitung (I, 97)
3. Hohenzollernring: antisemitische Buchhandlung (II, 123)
4. Hindenburgpark: Dolchstoßlegende und Kriegerdenkmal (II, 183)
5. Bundesbahnhauptverwaltung: Soldatenpathos und Heldentod (II, 43)
6. Rathenauplatz: Streit im Rat um Namensgebung (II, 144)
7. Zeughausstraße/Helenenstraße: SA-Kneipen (I, 117)
8. Unter Sachsenhausen/Bankhaus Stein: Finanziers der Nazis (I, 108)
9. Lindenthal, Stadtwaldgürtel 35: Villa Schröder, Geheimtreffen Hitlers mit von Papen

Alltag und Verfolgung bis 1939

1. El-De-Haus: Gestapo-Zentrale (I, 112)
2. Regierungspräsidium: Berufsverbote im »Dritten Reich« (I, 110)
3. Herman Göring besucht Kardinal Schulte (I, 106)
4. Kampf zwischen Kommunisten und SA am Eigelstein, Hinrichtung im Klingelpütz, »NS-Märtyrer« Winterberg und Spangenberg (II, 59, 100)
5. St. Mariä Himmelfahrt: Pater Spieker predigt gegen die Nazis (I, 184)
6. An den Dominikanern: Haus der Deutschen Arbeitsfront (I, 178)
7. Druckhaus Deutz: von den Nazis beschlagnahmt (II, 222)
8. Hohe Pforte 12: antifaschistische Druckerei (I, 89)
9. St. Maria im Kapitol: Treffen katholischer Jugendlicher in der Krypta (I, 93)
10. Kaufhof: Zwangsarisierung des Kaufhaus Tietz (I, 82)
11. Krebsgasse: Polizeipräsidium und Gestapo-Stelle (I, 115)
12. Neumarkt: Gesundheitsamt – Aussonderung und Ausmerzung (I, 126)
13. Rudolfplatz: Im »Dritten Reich« nach dem »NS-Märtyrer« Albert Leo Schlageter benannt (II, 131)
14. Mozartstraße: Parteizentrale »Braunes Haus« (II, 141)

15. Volkshaus Severinstraße 199: Am 2. Mai 1933 beschlagnahmt (II, 208)
16. Kartäuserkirche: der »Rote Pfarrer« Georg Fritze (II, 174)
17. Alte Universität, Claudiusstraße: Gauleitung der NSDAP (II, 188)
18. Elsaßstraße: Schlacht mit der SA (II, 179)
19. Porz, Ecke Frankfurter Straße/Maarhäuser Weg: In den noch bestehenden Gebäuden der ehemaligen Munitionsfabrik an der Straßenkreuzung gegenüber der Fernfahrerkneipe »Am Hochkreuz« unterhielt die SA zu Beginn des Nationalsozialismus ein lokales Konzentrationslager (Keine Erinnerungstafel).
20. Bocklemünd, Venloer Straße (Westfriedhof): Am Rande des Friedhofs errichtete die Gestapo ein eigenes Gräberfeld für ihre Opfer. Heute ein Gedenkstätte. Vor allem Zwangsarbeiter und Häftlinge aus dem El-De-Haus, dem Klingelpütz und dem Messelager sind hier verscharrt worden.

Städtebau und Architektur

1. An wenigen Gebäuden lassen sich noch Dekorationen im NS-Stil ausmachen:
   - Haus der Deutschen Arbeitsfront (I, 183)
   - Druckhaus Deutz (II, 222)
   - Polizeikaserne Bayenthal, Bonner Straße/Ecke Sinziger Straße (Adler auf dem alten Eingangsportal)
2. Stadtplanung der Ost-West-Achse und Hahnenstraße und der N-S-Fahrt (I, 58)
3. Planung eines Aufmarschgebietes und Gauforums Deutz und dazu Aufriß am rechten Rheinufer (II, 227)
4. Sanierung der Altstadt und Siegfried-Figur (I, 208)
5. Höhenhaus, Finnensiedlung. Gegen Ende des Krieges von Zwangsarbeiterinnen erbaute Holzhaussiedlung, der Grundriß der Siedlung ähnelt angeblich einem Finnenloch.
6. Friesenviertel, Gerling-Verwaltung : Ehrenhof, Planung und Relief von Arno Breker (II, 116)

Zerstörung und Widerstand im Krieg bis 1945

1. Hansahochhaus: Zwangsarbeiter bei der Bahn (II, 93)
2. Messelager: KZ-Außenlager und Deportationsort (II, 235)
3. Kalker Hauptstraße 13, 185, 216, 274 und 296: Zwangsarbeiterlager. In Köln gab es mindestens 250 Lager für Zwangsarbeiter und Zwangsarbeiterinnen, von denen hier nur einige genannt sind.
4. Autobahnkreuz Köln-Gremberg, Gremberger Wäldchen: Kriegsgefangenenlager. Hier befand sich zunächst ein Arbeitslager der Deutschen Arbeitsfront, später ein Lager für sowjetische Kriegsgefange-

ne, von denen 74 während der Gefangenschaft ermordet wurden. (Gedenkplastik des Bildhauers Klaus Balke)

5. Dom, Nordturm: Die Ziegelsteinplombe erinnert an den Bombentreffer von 1944 (I, 157)
6. St. Gereon, Christophstraße: Eine Taube an der Nord-West-Ecke des Dekagon markiert die Stelle eines Bombentreffers (II, 112)
7. St. Georg, Severinstraße: Friedhof im Innenhof der Kirche mit verschiedenen Kriegs»opfern«: Zwangsarbeitern, Kriegsgefangenen, Polizisten und Gestapo-Leuten
8. Westfriedhof Bocklemünd: Gräberfelder der Bombenopfer des Zweiten Weltkrieges
9. Brückenstraße, Kolumbakapelle: Trümmerreste der Kolumbakirche als Erinnerung an Krieg und Zerstörung (I, 199)
10. Walter-Binder-Weg, Müngersdorf: Das ehemalige preußische Fort V diente von 1941 bis 1944 zur Internierung der Kölner Juden.
11. Deutz-Bahnhof: Gleis Deutz-Tief, Abfahrtsort der Deportationszüge für Kölner Juden und »Zigeuner« (II, 240)
12. Ehrenfeld, Venloer Straße/Ecke Bartholomäus-Schink-Straße: Gedenktafel zur Erinnerung an die öffentliche Hinrichtung von sowjetischen Zwangsarbeitern und Kölner Edelweißpiraten am 25.10. und 10.11.1944
13. Sülz, Sülzgürtel 8: ab 1943 Zentrale der Kölner Gruppe des »Nationalkomitee Freies Deutschland« (NKFD), ca. 200 Mitglieder, vor allem Kommunisten, bürgerliche Antifaschisten und sogenannte Ostarbeiter
14. Großer Griechenmarkt: militärische Auseinandersetzungen zwischen Widerstandskämpfern und Gestapo (I, 137)
15. Niehl, Rheinufer: Durch den Düker, der von hier aus unter dem Rhein auf die andere Seite nach Stammheim führt, flohen am 4. März 1945 der letzte kommissarische Oberbürgermeister Robert Brandes und die letzten NS-Führer vor den einrückenden Amerikanern auf die andere Seite, wo sie sich noch für 3 Wochen halten konnten.

Register

KÖLN-SERVICE

zusammengestellt
von
IRMGARD SCHOLTEN

INHALT

AN- UND ABREISE

Köln ist mit dem Zug von allen bundesdeutschen und vielen europäischen Großstädten im Direktverkehr zu erreichen; ebenso mit dem Flugzeug (s.a. Flughafen) und natürlich auch aus allen Himmelsrichtungen mit dem Auto.
Mitfahrgelegenheiten vermitteln die folgenden, in der Innenstadt gelegenen Mitfahrzentralen:

Mitfahrbüro
Saarstraße 22, 50859 Köln
✆ 1 94 44

Mitfahrzentrale
Maximinenstraße 2, 50668 Köln
✆ 12 20 21-23

McShare Mitfahrzentrale
Trierer Str. 47, 50674 Köln
✆ 1 94 40

Für StudentInnen (s.a. Universität) lohnt es sich ebenso, an den schwarz-grünen Brettern die Angebote zu studieren oder eigene Aushänge zu machen; eine wichtige Adresse dazu:

AStA-Haus
Universitätsstraße 16
50937 Köln
✆ 470 29 92/93

Ausgangspunkte zum Trampen:
- in Richtung Süden der Verteilerkreis Militärring/Bonner Straße, Bahn/Bus Linie 132, Haltestelle Arnoldshöhe
- in Richtung Westen stadtauswärts die Aachener Straße, Bahn/Bus Linie 1, Haltestelle Stadion
- in Richtung Norden Raststätte am Zubringer zur Auffahrt Köln-Mülheim, mit der Straßenbahn 5 oder 4 Keupstraße, dann Bus 152/153 (Richtung Flittard) bis Von-Lohe-Straße, ca. 400 m laufen
- in Richtung Osten die rechtsrheinisch gelegenen Autobahnauffahrten entlang der Olpener Str., Bahn/Bus Linie 1, Haltestelle Brück, Mauspfad

ARCHIVE UND BIBLIOTHEKEN

Historisches Archiv der Stadt Köln
Severinstraße 222-228
50676 Köln
✆ 221 44 50
Mo-Fr 9.00-16.30,
Sa 9.00-13.00 Uhr

Dokumente und Schriften der Stadt Köln seit dem 12. Jhdt.

Feministisches Archiv und Dokumentationszentrum
Bayenturm, 50678 Köln
✆ 931 88 10
nach Absprache

Bestand: ca 9.000 Dokumentationen (Bücher, Aufsätze), 220 Pressedokumentationen, 428 nationale und internationale Frauenzeitschriften-Titel, rund 2.000 Flugblätter und Plakate Sammelschwerpunkte: die neue Frauenbewegung (ab 1971), die alte Frauenbewegung (ab 1848), aber durchaus auch alle Stationen der Menschengeschichte

„Goldener Vogel" von HA Schult. Kölnisches Stadtmuseum. Foto: Thomas Höpker.

Köln-Archiv
Glasstraße 80, 50823 Köln
✆ 51 53 23
Öffnungszeiten auf Anfrage
Flugblätter, Zeitungen, Zeitschriften und Plakate der sozialen und politischen Protestbewegungen Kölns seit den 50er Jahren

Rheinisches Bildarchiv
Kattenbug 18-24, 50667 Köln
✆ 221 23 54
Di-Fr 10.00-12.00,
Do 16.30-18.00 Uhr
Ca. 400.000 Bildvorlagen und Fotos zur Kunstgeschichte und Architektur mit den Schwerpunkten Köln und Rheinland

BIBLIOTHEKEN:

Zentralbibliothek
Josef-Haubrich-Hof 1
50676 Köln
✆ 221 38 94
Di und Do 11.30-20.00,
Mi und Fr 9.00-18.00,
Sa 10.00-15.00 Uhr
Die zentrale Bibliothek mit großem Lesesaal, Tageszeitungen, Microfiche-Lesegeräten, Kopierern, einer Kinderlese- und Kinderhörabteilung, einem Riesenbuchbestand und freundlichem Personal

Germania Judaica
Josef-Haubrich-Hof 1
50676 Köln
✆ 23 23 49
Öffnungszeiten wie Zentralbibliothek
Sammelschwerpunkt: Geschichte des deutschen Judentums

Bibliothek des Kölnischen Stadtmuseums
Zeughausstraße 1-3
50667 Köln
✆ 221 37 29
Einlaß nur nach telefonischer Voranmeldung
Präsenzbibliothek, Benutzung nach Voranmeldung, alle wichtigen Bücher zur Geschichte Kölns und zur Rheinischen Landesgeschichte, wenig Publikum

T.t. Embargo-Bibliothek
Melchiorstraße 3-5 (Alte Feuerwache), 50670 Köln
✆ 73 17 98
Öffnungszeiten telefonisch erfragen
Alternative Bibliothek. Hier sind etwa 5.500 Bücher frei ausgestellt und mit Ausnahme einiger Serien kostenlos nutzbar und entleihbar. Ein Archiv (Zeitungsausschnitte, Flugblätter) dient mit dazu, die Bibliothek zu einem Treffpunkt werden zu lassen. Sammelschwerpunkte: neue soziale Bewegung in der BRD, linke Bewegungen und Anarchismus in den letzten 150 Jahren, Belletristik, Osteuropa, Drogen

BAHNHOF

Der Kölner Hauptbahnhof, zentral am Rheinufer neben dem Kölner Dom gelegen, ist die Drehscheibe für den gesamten Zugverkehr der Stadt. Die **Fahrkartenausgabe** in der Eingangshalle ist Mo-Fr von 6.00-23.00 Uhr und Sa, So von 6.00-23.30 Uhr geöffnet, ebenso die **Kundendienststelle**

auf Gleis 1, die jedoch ausschließlich Auskünfte über Verspätungen erteilt.
Telefonisch ist die (ständig besetzte) **Reiseauskunft** unter ✆ **1 94 19** zu erreichen; die automatische Fahrplanauskunft hat die Rufnummern:

✆ 115 31 Abfahrten Richtung Düsseldorf/Ruhrgebiet von 0.00-13.00 Uhr
✆ 115 32 Abfahrt Richtung Amsterdam, Brüssel, Paris von 13.00-24.00 Uhr
✆ 115 33 Abfahrten Richtung Hamburg
✆ 115 34 Abfahrten Richtung Hannover
✆ 115 35 Abfahrten Richtung Frankfurt
✆ 115 36 Abfahrten Richtung München
✆ 115 37 Abfahrten Richtung Basel/Italien

Die Gebühren für Gepäckaufbewahrung in Schließfächern betragen DM 4.- für 24 Stunden. Lagerdauer, maximal 72 Stunden.
Wie in jedem Bahnhof, so ist auch im Kölner Hauptbahnhof noch vieles außerhalb der normalen Öffnungszeiten möglich; der Service im Hauptbahnhof umfaßt:

- die **Bahnhofsbuchhandlung** Ludwig: ✆ 13 20 01, umfangreiches Taschenbuchsortiment, Reiseliteratur zu Köln, deutsche und ausländische Presse, aktuelle Fachzeitschriften, täglich von 6.00-24.00 Uhr geöffnet
- die **Wechselstube** der DVKB: Umtausch, Reiseschecks, Eurocheques und Überweisungen, täglich von 7.00-21.00 Uhr geöffnet

Wer außerhalb der üblichen Geschäftszeiten in Köln ankommt, kann sich in den **Geschäften im Hauptbahnhof** – Lebensmittel, Bäckerei, Drogerie u.v.m. – mit dem Nötigsten eindecken. Die Öffnungszeiten sind unterschiedlich, generell von 7.00-22.15 Uhr, die Preise allerdings höher als in normalen Läden.
Wer in Schwierigkeiten ist, kann sich an die Bahnhofsmission wenden, die in akuten Notsituationen rund um die Uhr zur Verfügung steht. Für Kleinkinder ist ein Wickelraum vorhanden.

Hinter dem Hauptbahnhof, am Breslauer Platz, liegt der **Busbahnhof**. Hier verkehren die Busse im Regionalverkehr, unter anderem auch der Flughafenbus (s.a. Flughafen). Der **Infoschalter für Busse**, mit den Dienstleistungen Reiseauskunft und Fahrkartenverkauf, ist unter ✆ **12 44 12** zu erreichen und Mo-Fr 7.15-19.45 Uhr geöffnet.
Etwas unterhalb des Busbahnhofs befindet sich das Büro der Deutschen Touring GmbH. Hier gibt es Auskünfte und Karten für den **Europabus**, einer preiswerten Alternative zur Bahn: täglicher, europaweiter Linienverkehr mit Bussen – zum Beispiel Köln-Paris Hin/Rückfahrt 120.- DM. Das Büro ist Mo-Fr 9.00-18.00, Sa 9.00-12.30 Uhr geöffnet und telefonisch unter ✆ 12 48 03/04 erreichbar.

BEHINDERTE

Die Stadt Köln gibt einen »Ratgeber für Behinderte« heraus; er ist kostenlos bei den Bezirksstellen und dem Presse- und Informationsamt erhältlich und aufgrund der vielen Informationen unbedingt zu empfehlen. Dem Führer ist ein Innenstadtplan, Maßstab 1:10.000, mit Hinweisen zur behindertengerechten Gestaltung der Umwelt beigefügt. Wichtig ist auch der regelmäßige Mittwochstreff ab 18.30 Uhr im:

Club 68 e.V.
Wormser Str. 45, 50677 Köln
✆ 38 06 05

Zentrum für Selbstbestimmtes Leben e.V.
Jakobstraße 22, 50676 Köln
✆ 32 22 90
Mo-Do 9.00-16.00,
Fr 9.00-14.00 Uhr

Beratungsstelle für Behinderte, deren Mitarbeiter ebenfalls behindert sind. Beratung zu: Recht und Finanzen, Beruf, Ausbildung und Schule, Urlaubsmöglichkeiten, Mobilität, Schwerbehindertenbetreuung, Einführung in computergestützte Hilfsmittel.

Der **Behinderten-Fahrtendienst** verkehrt Mo-Do von 9.00-23.00, Sa, So und an Feiertagen von 9.00-24.00 Uhr; Auskünfte erteilt das Sozialamt unter ✆ 221 7415/19/23/25/ 28 und 221 7524 zu den normalen Öffnungszeiten.

CAMPING

Besucher/innen können unter vier Campingplätzen, davon drei in unmittelbarer Rheinnähe, auswählen:

Bootshaus Berger
Uferstraße 53a
50996 Köln (Rodenkirchen)
✆ 39 24 21
1. März-31. Okt. geöffnet
Bahn/Bus Linie 130, Endhaltestelle Uferstraße

Campingplatz Waldbad
Peter-Baum-Weg 9
51069 Köln (Dünnwald)
✆ 60 33 15
ganzjährig geöffnet
Bahn/Bus Linie 4, Haltestelle Leuchterstraße

Städtischer Familienzeltplatz
Weidenweg 46
51105 Köln (Poll)
✆ 83 19 66
1. Mai-30. Sept. geöffnet
Bahn/Bus Linie 7, Haltestelle Salmstraße

Städtischer Jugendzeltplatz
Alfred-Schütte-Allee 131
51105 Köln (Poll)
✆ 83 59 89
während der Sommerferien geöffnet
Bahn Linie 7 bis Salmstraße, dann Bus 159 bis Endstation

Die Gebühren pro Nacht betragen auf allen Plätzen im Schnitt:
ca DM 7.- Zelt oder Caravan
DM 4.- bis 7.- Auto
DM 5.- bis 6.- Erwachsene
DM 4.- bis 5.- Kinder

Wenn auf der Reise etwas kaputtgehen sollte oder Wichtiges vergessen worden ist, dann gibt es die Ausrüsterläden, von denen wir aufgrund ihres Angebots und ihrer fachlichen Beratung empfehlen:

Dar es Salaam
Venloer Str. 234, 50823 Köln
✆ 52 89 20

HEI-HA Sport
Breite Str. 40, 50667 Köln
✆ 21 67 42

Out-Fit
Lungengasse 31, 50676 Köln
✆ 240 10 04
Hohenstaufenring 48-54
50674 Köln
✆ 24 44 47

Trans Globe
Zülpicher Str. 38, 50674 Köln
✆ 23 93 98

EINKAUFEN

Das Haupteinkaufsgebiet von Köln liegt im Zentrum zwischen Rhein und Ringen. In den beiden klassischen Geschäftsstraßen, der Hohe Straße und der Schildergasse, befinden sich auch die großen Kaufhäuser. Die »edlere« Geschäftsszene hat sich nach Westen, in die Breite Straße und die Mittelstraße sowie in das Gebiet nördlich des Neumarkts, verschoben. Wem es denn gefällt, für den sind auch die fünf größten Ladenpassagen von Köln interessant, die jeweils eine

Vielzahl von kleinen und größeren Geschäften, Cafés und Restaurants bieten. Dazu gehören: Bazaar de Cologne, Mittelstraße; Kölner Ladenstadt (Volksmund Schweizer Ladenstadt), Glockengasse; Neumarktpassage, Neumarkt; Olivandenhof, Zeppelinstraße; Richmod's Passage, Neumarkt;
Wer sich auf den »Einkaufsrummel« dort nicht einlassen will, wird sich eher in den Einkaufsstraßen, den Plätzen und Märkten in Kölner Stadtvierteln wohlfühlen: der Severinsstraße in der Südstadt, der Neusser Straße in Nippes oder auf der Frankfurter Straße in Mülheim. In der Innenstadt noch einigermaßen erträglich ist die Ehrenstraße, von den Preisen her erschwinglich ist es am Eigelstein und in der Weidengasse.

Zu empfehlen ist ein Besuch der Kölner **Wochenmärkte**, die an unterschiedlichen Tagen von 7.00-13.00 Uhr stattfinden:
Der bunteste und auch vielseitigste Markt wird täglich außer sonntags von 7.00-13.00 Uhr auf dem Wilhelmplatz in Nippes veranstaltet.
dienstags und freitags:
Altstadt, Apostelnkloster und Sudermannplatz
Deutz, Unter der Rampe der Severinsbrücke (nur freitags)
Ehrenfeld, Neptunplatz
Lindenthal, Gleueler Str./Lindenthalgürtel
Mülheim, Schützenplatz/Berliner Str.
Sülz, Auerbachplatz und Hermeskeilerplatz
dienstags und samstags:
Porz, Friedrich-Ebert-Platz
mittwochs und samstags:
Bickendorf, Venloer Str./Vitalisstraße
Klettenberg, Siebengebirgsallee/Klettenberggürtel
Mülheim, Stegerwaldsiedlung/An St. Urban
Riehl, Riehler Gürtel/Garthestraße
Longerich, Gartenstadt Nord, Schlack-/Johannes-Rings-Straße
Heimersdorf, Haselnußhof
Buchforst, Waldecker Str.
Höhenhaus, Wupperplatz
Freitags von 8.00-18.30 Uhr ist Markttag am Alter Markt;
Bio- und Naturkostläden sind mittlerweile fast in jedem Stadtteil zu finden. Neben dem nützlichen Angebot für eine gesunde Ernährung sind sie oft auch Szenetreffpunkt mit Tips und Informationen.
Wer Bummeln und Einkaufen, Kurioses und Schnäppchen in dieser spezifischen Verbindung schätzt, sollte einen der Kölner **Flohmärkte** besuchen. Sie werden an Wochenenden veranstaltet – entweder samstags von 9.00-18.00 oder sonntags von 11.00-18.00 Uhr. Hier nur eine kurze Auswahl:
1. Sonntag alle 2 Monate: Südstadt, Stadion Süd
2. Sonntag in ungeraden Monaten: Kölner Ladenstadt, Breite Str.
Jeden Fr und Sa: Weidenpesch Rennbahn, Scheibenstraße

4. Sonntag im Monat: Nippes, Wilhelmplatz
Ein Attraktion ist der allsonntägliche **Vogelmarkt** in der Annostraße/Ecke Rosenstraße. Tauben und Kleintiere werden aus dem Kofferraum des Autos heraus angeboten. Hier tummelt sich Multi-Kulti.
Eine weitere Attraktion ist der **Blumenmarkt** auf dem Neumarkt, der von Mitte April bis Mitte Mai täglich von 9.00-18.00 Uhr stattfindet. Kaum zu empfehlen ist ein Besuch der Weihnachtsmärkte und des Mai- und Herbst-Trödelmarkts auf dem Neumarkt – zu viel Rummel und überhöhte Preise!
Köln kennt übrigens eine Fülle von guten, speziellen, absurden geheimnisvollen oder einfach gemütlichen **Geschäften** für Pferdefleisch, Honig und Kaffee, Sekt, Zigarren und selbstgebrannten Weinbrand, Postkarten, Glühbirnen, Eisenwaren, Filz oder Gummi, Übergrößen und Luftballons und sehr viele Second-Hand-Läden für Kleidung, Hausrat und Möbel. Man/frau muß sie selber suchen und wird einige auch sicher finden, z.B. in den Seitenstraßen der mittleren Ringe, in der Südstadt, in Sülz oder hinter dem Neumarkt und am Eigelstein.

ESSEN UND TRINKEN

Angesichts zahlreicher Wirtschaften, Bistros, Restaurants, Pizzerias, Cafés oder Kebabstuben ist es vielleicht vermessen, einzelne gleichsam objektiv und besonders hervorzuheben. Es kann sich immer nur um völlig subjektive Tips handeln.

FIRST CLASS

Le Moissonnier
Krefelder Str. 25
50670 Köln (Nordstadt)
✆ 72 94 79
täglich außer So/Mo 12.00-15.00, 19.00-24.00 Uhr
Charme und sehr gute Qualität zeichnen die französische Küche aus. Hervorragende französische Weine.

Weinhaus im Walfisch
Salzgasse 13
50667 Köln (Altstadt)
✆ 247 78 09
Mo-Fr 12.00-14.00 und 18.00-24.00, Sa 18.00-24.00 Uhr, So und Feiertage geschlossen
Ambiente eines gediegenen alten Bürgerhauses. Für Liebhaber fein zubereiteter und mit Stil servierter Speisen. Vorzügliche Weinkarte, häufig wechselnde, frische Fischgerichte. Reservierung empfiehlt sich.

BÜRGERLICH BIS GUTBÜRGERLICH

Restaurant im Messeturm
50679 Köln (Deutz)
✆ 88 10 08
12.00-22.00 Uhr
Der schönste Blick über die Altstadt und den Rhein und eine mittelmäßige Küche. Reservierung zu Messezeiten angeraten.

Restaurant PUR
Jahnstraße 26 (Nähe Zülpicher Platz), 50674 Köln
✆ 24 72 20
Di-So 18.00-23.00 Uhr
Natur à la carte. Ob Fisch, Fleisch oder Vegetarisches, alles ist vom Feinsten.

Park
Restaurante und Bar
Kartäuserwall 14, 50678 Köln
✆ 31 61 17
täglich 18.00-1.00 Uhr
hohe Qualität zu zivilen Preisen

Pietsch-Rodenbusch
Pferdemetzgerei & Restaurant
Alexianerstraße 12
50676 Köln (Innenstadt)
✆ 21 32 60
11.00-23.00 Uhr, Di Ruhetag
Karge kölsche Wirtschaft mit vorwiegend einheimischem Publikum, in der es noch Pferdefleisch zu essen gibt: zart abgehangen und nicht teuer. Sauerbraten mit Klößen, DM 9.50; Filetsteak mit Pommes Frites, DM 20.-

Tafelspitz
Einheitstr. 15
50733 Köln (Nippes)
✆ 77 95 52

VEGETARIER

Grünlilie
Weyertal 15, 50937 Köln (Sülz)
✆ 42 88 59
Mo-Sa 12.00-14.30, 19.00-22.00 Uhr, So Ruhetag

Melisse
Dellbrücker Mauspfad 305
51069 Köln (Dellbrück)
✆ 68 74 38
täglich 12.00-15.00, 18.00-23.00 Uhr, Mo Ruhetag
Bahn/Bus Linie 3 u. 15, Haltestelle Dellbrücker Mauspfad

Osho's Place
Venloer Str. 5-7
50672 Köln (Innenstadt)
✆ 574 07 45
täglich 8.00-24.00 Uhr

Sirius
Zeppelinstraße 9
(Olivandenhof)
50667 Köln (Innenstadt)
✆ 257 83 06
Mo-Fr 9.30-19.00,
Sa bis 15.30 Uhr,
So geschlossen
gute Mittagskarte

Sprößling
Mozartstraße 9
50674 Köln (Innenstadt)
✆ 23 21 24
täglich 12.00-15.00,
18.00-23.00 Uhr, Di Ruhetag
Sonntags gibt es hier von 10.00-14.00 Uhr einen vegetarischen Brunch (27.- DM).

Vollwertrestaurant Zum Henkelmann
Hoffnungsthaler Str. 23
51109 Köln (Rösrath)
✆ 02205/49 81
Di 18.30-23.00, Mi-So 12.00-15.00 und 18.30-23.00 Uhr,
Mo Ruhetag

Zorba the Buddha
Brüsseler Str. 54
50674 Köln (Innenstadt)
✆ 56 12 63
täglich 12.00-24.00,
Küche ab 18.00 Uhr

VEGETARISCHER IMBISS

Landlinie
Simon-Meister-Straße/Ecke Gocher Str.
50733 Köln (Nippes)
✆ 72 44 58
Mo-Fr 9.00-18.00,
Sa bis 13.00 Uhr,
So geschlossen
preiswerte Mittagsgerichte

Vita Verde
Mainzer Str. 19
50678 Köln (Südstadt)
✆ 32 38 57
Mo-Fr 8.00-18.30,
Sa bis 14.00 Uhr,
So geschlossen

Zikade
Kurfürstenstraße 2a
50678 Köln (Südstadt)
✆ 31 15 91
Mo-Sa 8.30-19.00 Uhr

ASIATISCH

Bali
Brüsseler Platz 2
50672 Köln (Innenstadt)
✆ 52 29 14
täglich 18.00-23.00 Uhr
sehr gute indonesische Küche, Reservierung erforderlich

Serithai
Schaafenstraße 63
50676 Köln (Innenstadt)
✆ 23 19 69
täglich 18.00-24.00 Uhr
gut und preiswert

King Wah
Bonner Str. 68
50677 Köln (Südstadt)
✆ 376 18 18
täglich 12.00-15.00,
18.00-24.00 Uhr
besonders zu empfehlen sind die Fischgerichte, schon ab 13.- DM

ITALIENISCH

Ristorante Rossini
Severinswall 35
50678 Köln (Südstadt)
✆ 31 72 33
12.00-15.00 und
18.00-24.00 Uhr
mittleres Preisgefüge, hervorragende Vorspeisenplatte

Ristorante Galestro
Im Ferkulum 32
50678 Köln (Südstadt)
✆ 32 86 33
täglich 18.30-0.30 Uhr
typische italienische Trattoria, prima Essen, gute Atmosphäre!

Il Bagutta
Heinsbergstraße 20 a
50674 Köln (Zülpicher Viertel)
✆ 21 26 94
täglich 18.30-23.00 Uhr
sehr gute französisch-italienische Küche und angenehme Atmosphäre

Da Gino
Lindenthalgürtel 58 a
Ecke Franzstraße, 50935 Köln
✆ 36 20 13
täglich außer Di 11.30-14.30, 18.00-24.00 Uhr
normale Preise, viele frische Salate, köstliche Nudelgerichte, gute Beratung bei Sonderwünschen

FRANZÖSISCH

Beim Franzosen
Antwerpener Str. 6
50672 Köln (Innenstadt)
✆ 51 79 24
täglich 19.00-24.00 Uhr, Di Ruhetag

TÜRKISCH

Piknik
Weidengasse 53, 50668 Köln (Eigelstein-Viertel)
✆ 12 27 13
11.00-24.00 Uhr, Di Ruhetag
Familienbetrieb in der lebendigen Weidengasse, der die Feinheiten der türkischen Küche mit dem Ambiente eines Mittelmeerlokals mischt.
Rote Linsensuppe, DM 5.50; Hirnsalat, DM 6.50; grüne Bohnen mit Hammelfleisch und Salat, DM 10.-; gegrilltes Kalbfleisch mit Joghurtsoße und gebratener Butter, DM 15.50; Steinbutt in der Pfanne, DM 32.-
Am Eigelsstein, hauptsächlich in der Weidengasse, findet man türkische Restaurants und Imbisse in allen Preisklassen.

GRIECHISCH

Dionysos
Meister-Gerhard-Str. 30
50674 Köln (Zülpicher Viertel)
✆ 23 14 45
täglich 17.30-1.00 Uhr
besonders zu empfehlen, Stifado mit musikalischer Begleitung

OSTEUROPÄISCHE KÜCHE

Hotelux
Rathenauplatz 21
50674 Köln (Innenstadt)
✆ 24 11 36
täglich 18.00-1.00 Uhr
traditionelle Rezepte aus den GUS-Ländern

Puszta Hütte
Fleischmengergasse 57
50676 Köln
✆ 240 71 71
täglich 10.00-19.00, Sa 10.00-15.00 Uhr
der schärfste Gulasch in der Stadt

SPÄTE KÜCHE

Em Golde Kappes
Neusser Str. 295
50773 Köln (Nippes)
✆ 73 49 32
täglich 10.00-24.00 Uhr,
So Ruhetag
schönstes Brauhaus in Nippes, sehr preiswerte Fleischgerichte

Moderne Zeiten
Auf dem Berlich 1
50667 Köln (Innenstadt)
✆ 257 51 72
täglich 7.00-3.00 Uhr

Olé
Pfälzer Str. 1
50677 Köln (Innenstadt)
✆ 24 43 58
täglich 17.00-3.00,
So ab 12.00 Uhr
gutes Essen, auch zu vorgerückter Stunde

Alcazar
Bismarckstraße 39
50672 Köln (Innenstadt)
✆ 51 57 33
Mo, Di, Do 12.00-2.00, Mi, Fr 12.00-3.00, So 18.00-2.00 Uhr
gute Küche ab 9.80 DM

SZENE

Engelbäät
Engelbertstraße 7, 50674 Köln (Zülpicher Viertel)
✆ 24 69 14
große Auswahl verschiedener Crêpes

Petersberger Hof
Petersbergerstraße 41
50939 Köln (Klettenberg)
✆ 44 36 00
täglich 11.30-14.30,
18.30-22.45 Uhr

Mainzer Hof
Maternusstraße 18
50678 Köln (Südstadt)
✆ 31 25 49
Mo-Fr 11.00-15.00, 18.00-1.00,
Sa-So 18.00-3.00 Uhr
ungezwungene Atmosphäre, täglich wechselnde Speisekarte, guter Mittagstisch

Spielplatz
Ubierring 58
50678 Köln (Südstadt)
✆ 31 47 50
das älteste Freßlokal der Szene und immer noch gut

Harvey's
Weißenburgstr. 58
50670 Köln (Nippes)
✆ 72 42 27
täglich 18.00–1.00 Uhr,
Sa Ruhetag
solide Auswahl an guten Weinen, kleine feine Küche

Bürgerzentrum Alte Feuerwache
Melchiorstraße 3
50670 Köln (Innenstadt)
✆ 739 10 73
lockere Atmosphäre, gute Küche, Sommerterrasse mit Blick auf einen schönen Innenhof

Lommerzheim
Siegesstraße 18/gegenüber der Jugendherberge
50679 Köln (Deutz)
✆ 81 43 92
täglich 16.30-0.30 Uhr,
Di Ruhetag
Legende in Deutz

ESSEN AB 4 UHR FRÜH

Galerie Gaststätte
Großmarkthalle in Bayenthal
50968 Köln
✆ 38 51 11
4.00-12.00 Uhr, So Ruhetag
Das früheste Frühstück Kölns ab 4 Uhr mit Brötchen, frischem Obstsaft und Steaks aller Art. Das Riesenmarktfrühstück für DM 12.–. Einmalige Atmosphäre.

Schlachthof Restaurant
Liebigstraße 120, 50823 Köln
✆ 17 36 80
Mo-Fr 5.00-15.00 Uhr
Direkt an der Quelle gibt es hier Deftiges am frühesten Morgen (oder in der späten Nacht) zu Qualitäten, die die hier arbeitenden Metzger für sich selbst verlangen dürfen.

KANTINEN

Wer billig und doch gut essen möchte, vielleicht in einer Pause zwischen den Touren, sei auf die folgenden Kantinen in der Innenstadt verwiesen, die auch für Gäste offen sind:

Kantine beim Regierungspräsidenten Köln (Innenstadt)
Zeughausstraße, 50667 Köln
Mittagstisch von 11.30-14.00 Uhr, Stammgericht 5.- DM, Auswahlgerichte zwischen 5.- und 8.50 DM.

Kantine des Finanzamtes Köln (Innenstadt)
Am Weidenbach, 50676 Köln
Mittagstisch von 12.00-13.30 Uhr, vier Menüs zur Auswahl zwischen 4.30 und 8.50 DM.

Kantine im Polizeipräsidium
Waidmarkt, III. Etage
50676 Köln (Innenstadt)
Mittagstisch von 11.40-14.30 Uhr, Gerichte von 5.- bis 8.50 DM. Kein Aufschlag für Betriebsfremde. Zutritt für jedermann/frau.

AUF DEM RHEIN

Bootshaus Alte Liebe
Rheinufer Rodenkirchen, kurz hinter der Brücke: rot-weiß-quergestreift
✆ 39 23 61
12.30 bis max. 24.00 Uhr (je nach Wetter), Mo Ruhetag

Marienburger Bootshaus
Rheinufer Marienburg in Höhe des Militärrings
Straßenbahn 15, 16
Haltestelle Marienburg
12.30-23.00 Uhr, Mo Ruhetag
Bei gutem Wetter kann es außerordentlich entspannend sein, sich auf dem Rhein zu wiegen und vorbeifahrende Schiffe und Boote zu beobachten. Während die Alte Liebe sich eher als Kaffee-Ausflugslokal und weniger wegen ihrer Mittagskarte empfiehlt, hat sich das Marienburger Bootshaus stärker auf die Küche kapriziert: Rinderkraftbrühe, DM 5.-; gefülle Aubergine in Hackfleischsoße, DM 9.-; Lachs, DM 13.- und ähnliches mehr.

Zentral im Universitätsbereich gelegen und nur für Kölner Studenten bestimmt ist die:

Universitäts-Mensa
Zülpicher Str., 50937 Köln
Mittags von 12.00-14.00 Uhr.
Preise von 2.10 bis 3.50 DM.

Auch die Kölner **Brauhäuser** sind einen Besuch wert. Sie haben im Schnitt von 11.00-24.00 Uhr geöffnet und bieten kölsche und andere Gerichte zwischen 7.- und 25.- DM an. Besonders zu empfehlen sind die preiswerten Gerichte der Tageskarte und am Abend die Speisen der Kleinen Karte oft unter 10.- DM.
In diesem Zusammenhang erwähnenswert ist auch die Broschüre »Es schmeckt in Köln«, beim Verkehrsamt erhältlich, die kölsche Gerichte für auswärtige Besucher/innen »übersetzt«.

GARTENLOKALE

In den Sommermonaten empfiehlt sich ein Besuch der Gartenlokale – allerdings ist hier immer mit starkem Andrang zu rechnen:

Stadtgarten-Restaurant
Venloer Str. 40
50672 Köln (Innenstadt)
✆ 51 60 37/38
täglich 12.00-1.00 Uhr, Fr-Sa bis 2.30 Uhr, So Frühstück ab 10.30 Uhr
insgesamt 690 Plätze, davon 600 draußen im Biergarten

Volksgarten-Restaurant
Volksgartenstraße
50677 Köln (Südstadt)
✆ 38 26 26
täglich 11.00-1.00 Uhr
insgesamt 500 Plätze

Rennbahn
Scheibenstraße 40
50737 Köln (Weidenpesch)
✆ 740 8300
12.00-23.00 Uhr
insgesamt 3.000 Plätze, davon 1.400 im Freien
Bahn/Bus Linien 6, 9, 10, 12 und 19, Haltestelle Scheibenstraße

Zu erwähnen sind auch die Gartenlokale im innenstadtnahen Stadtwald – vom Charakter her eher als Ausflugslokale zu bezeichnen. Sie haben im Schnitt von 11.00-1.00 Uhr geöffnet und sind mit Bahn/Bus Linie 136, Haltestelle Kitschburger Str., zu erreichen.

FILM UND VIDEO

Neben den vielen Kinos an den mittleren Ringen gibt es die folgenden **Programmkinos**:

Broadway
Ehrenstraße 11, 50672 Köln
✆ 92 57 57-20

Cinedom
Im Mediapark 1, 50670 Köln
✆ 95 19 51 93

Cinemathek
Wallraf-Richartz-Museum/
Museum Ludwig

Bischofsgartenstraße 1
50667 Köln
✆ 221 23 71

Filmpalette
Lübecker Str. 15, 50666 Köln
✆ 12 21 12

Lupe 2
Mauritiussteinweg 102
50676 Köln
✆ 21 59 33

Metropolis
Ebertplatz 11, 50668 Köln
✆ 739 12 45

Odeon-Theater
Serverinstraße 81, 50678 Köln
✆ 31 31 10

Off Broadway
Zülpicher Str. 24, 50674 Köln
✆ 23 24 18

Weisshaus
Luxemburger Str. 255
50937 Köln
✆ 41 84 88

Besondere Beachtung als Abspielstätte mit laufendem Programm im Film- und Videobereich verdient das:

Film- und Videokino im Stadtgarten
Venloerstraße 40, 50672 Köln
✆ 51 60 39

Im Universitätsbereich finden regelmäßige Aufführungen in der Studiobühne (s.a. Theater) und in der Aula im Hauptgebäude statt – meist zu geringen Eintrittspreisen nach Vorankündigung über Aushänge und Plakate.

Eine wichtige Adresse für Filminteressierte:

Kölner Filmhaus e.V.
Luxemburger Str. 72
50674 Köln
✆ 41 73 44
ab Frühjahr 1996 im Mediapark regionaler Zusammenschluß von über 150 Film- und Videomachern/innen

Aufführungen und Termine der Kölner Kinos sind den Stadtillustrierten, der Tagespresse sowie den Anschlägen an den Litfaßsäulen zu entnehmen; über das komplette Wochenprogramm informiert im Anzeigenüberblick die Donnerstagsausgabe der Tagespresse.

FLUGHAFEN

Der Flughafen Köln-Bonn liegt ca. 15 km südöstlich von Köln in der Wahner Heide und ist mit dem **Flughafenbus** der KVB, Bahn/Bus Linie 170, schnell und preisgünstig zu erreichen. Er verkehrt täglich von 6.00-23.00 Uhr jede halbe Stunde, von 7.00-20.00 Uhr sogar alle 20 Minuten. Die Fahrzeit beträgt 20 Minuten, der Fahrpreis 7.20 DM. Die (einzigen) Haltestellen befinden sich am Busbahnhof und am Bahnhof Deutz. Das Serviceangebot des Flughafens ist dem des Hauptbahnhofs vergleichbar, nur nicht so umfangreich. Informationen können unter ✆ **02203/40 40 01** erfragt werden.
Neben Linien- und Charterflügen starten hier auch die **Rundflüge**

über Köln, die von zwei Gesellschaften angeboten werden:

A.S.T.
✆ 02203/40 24 53
Die Kosten für einen viertelstündigen Rundflug betragen 200.- DM für maximal drei Personen; die Rundflüge finden ganzjährig nach telefonischer Absprache und Wetterabhängigkeit statt. Wer zum Selbstkostenpreis von 50.- DM pro Person einen Rundflug machen will, kann sich nach einer Mitfluggelegenheit erkundigen bei:

WDL-Flugdienst Mülheim
✆ 0208/ 37 80 80

FRAUEN

Die Frauenszene bietet der Touristin nicht sehr viele Anlaufpunkte. Für aktuelle Termine – z.B. um zu erfahren, wo frau gerade hingeht – und zum Bücherkauf gibt es eine wichtige Adresse:

Rhiannon Frauenbuchladen
Moltkestraße 66, 50674 Köln
✆ 52 31 20
Hier gibt es neben Büchern, Flugblättern, Zeitschriften u.v.m. auch Tips.

Ein wichtiger Anlaufpunkt für Lesben ist das SCH.U.L.Z.:

Schwulen- und Lesbenzentrum SCH.U.L.Z.
Kartäuserwall 18, 50678 Köln
✆ 93 18 80 (Kneipe)
✆ 93 18 81 (Beratung)
Mo-Fr 18.00-0.30,
Sa/So 16.00-0.30 Uhr
der erste Sa im Monat ist Lesben-(Frauen)-Disco

Reichhaltiges Informationsmaterial diverser Frauengruppen, mit dem der Einstieg in die Kölner Frauenszene leichter fällt, hält bereit:

Frauen-Amt
Markmannsgasse 7, 3. Etage
50667 Köln
✆ 221 6482
Di-Do 8.00-17.00,
Fr 8.00-13.00 Uhr

Weitere Informationen zur Weiterbildung und Beratung bietet das »Kölner Frauenhandbuch“, erhältlich bei der Stadt Köln.

Studentinnen können sich, um Informationen oder Kontakte zu bekommen, an die Frauenreferate des AStA in den jeweiligen Hochschulbereichen wenden (s.a. Universität).

Frauenbeauftragte der Universität Köln
Christel Tomson
Eckertstraße 4, 50931 Köln
✆ 470 48 30
Die Frauen an der Uni zu organisieren, das Netzwerk unter den Wissenschaftlerinnen zu verbessern, zusätzlich Gelder für Frauenforschungsprojekte zu organisieren, das sind die wichtigsten Ziele ihrer Arbeit.

Ein Treffpunkt für Frauen mit Kindern:

Müttercafé
Zugweg 22, 50677 Köln

✆ 32 16 65
Mo-Do 10.00-12.30,
15.00-18.00 Uhr

Weitere Treffpunkte zum Thema Frauen und Gesundheit und zur Frauenselbsterfahrung mit regelmäßigen Veranstaltungen:

Hagazussa e.V.
Feministisches Frauengesundheitszentrum
Roonstraße 92, 50674 Köln
✆ 23 40 47
Mo, Do 16.00-19.00,
Di 12.00-15.00 Uhr

glf Sozialwerk im SCH.U.L.Z.
Lesben- und Schwulenberatungsstelle
Kartäuserwall 18, 50678 Köln
✆ 194 46
Mo-Fr 16.00-18.00,
Di-Fr 20.00-22.00 Uhr
Vermittlung von Adressen z.B. ÄrztInnen, TherapeutInnen, Selbsthilfegruppen. Bieten Hilfe für Menschen, die HIV infiziert und/oder an Aids erkrankt sind.

Zentrum für selbstbestimmtes Leben
Jakobstraße 22, 50678 Köln
✆ 32 22 90
Spezielle Angebote für Frauen mit Behinderungen von Frauen mit Behinderungen. Termine telefonisch erfragen.

Wer länger in Köln bleiben möchte, die Stadt besser kennenlernen will, wendet sich an:

Frauengeschichtsverein
Marienplatz 4, 50676 Köln
✆ 24 82 65

Der Verein organisiert Historische Stadtrundgänge und Kirchenführungen für Frauen – sammelt Informationen, forscht über Frauenleben in der Vergangenheit. Programme werden auf Wunsch gegen frankierten Umschlag zugeschickt.

Wenn frau von der Stadt Abwechslung sucht, fährt sie am besten aufs Land:

Frauenbildungs- und Ferienhaus
Prälat-Franken-Straße 13
53909 Zülpich-Lövenich
✆ 02252/65 77
im Regionalverkehr mit Bahn/Bus Linie 979 erreichbar

Sollte frau in Not geraten und gar keine Bleibe haben, dann könnte möglicherweise die folgende Adresse weiterhelfen:

Mäc up Mädchencafé
Breslauer Platz 2a (Eingang Johannisstraße), 50668 Köln
✆ 13 35 57

FÜHRUNGEN

Neben den konventionellen Führungen gibt es in Köln eine große Anzahl alternativer Angebote:

Frauengeschichtsverein
Marienplatz 4, 50676 Köln
✆ 24 82 65
siehe auch Frauen

Köln – Der andere Stadtführer c/o Martin Stankowski
An der Bottmühle 6
50678 Köln
✆ 32 99 56

StattReisen
Hansaring 135, 50670 Köln
✆ 73 80 95
✆ 732 51 13 Infoline

StattReisen veranstaltet Rundfahrten, Rundgänge und Stadtspiele. Für Jugendgruppen werden mehrtägige Aufenthalte oder einzelne Wandertage organisiert. Die Programme werden individuell zusammengestellt. Programmauszug: Innenstadtführung »Köln quer« Spaziergang durch Mülheim; Geschichte des Rheins; Köln nach 1945; Kirchen, Künstler, Kneipen zwischen Chlodwigplatz und Dom; Kölsche Sagen und Legenden.

Stadtwanderung
c/o Claudia und Bruno Fischer
Eisheiligenstraße 52
50825 Köln (Ehrenfeld)
✆ 55 24 11

z.B. antimilitaristische Stadtrundfahrt, Kölner Südstadt, Juden in Köln

Vereinigung der Verfolgten des Naziregimes/Bund der Antifaschisten (VVN/BdA)
Senefelder Str. 3, 50825 Köln
✆ 550 10 41

z.B. antifaschistische Stadtrundfahrt

Verein Kölner Stadtführer
Hartstraße 22, 50939 Köln
✆ 41 53 62

z.B. Barockes Köln; Köln und Kaviar; Köln der Radfahrer, Preußisches Köln; vom Leprosenhaus zur Millionenallee

Stadtteilarchiv Nippes e.V.
Bülowstraße 32, 50733 Köln
✆ 760 56 68

Sozialgeschichte:
100 Jahre Nippes

Kum & Luk Bildungswerke e.V.
Hamburger Str. 17, 50668 Köln
✆ 13 25 95

Betrachtungen moderner Kunst vor Ort (Museum Ludwig)

Akademie för uns kölsche Sproch
Hahnenstraße 57, 50677 Köln
✆ 226 24 30

Stadthistorische Führungen

Das Stadtmuseum veranstaltet mehrmals jährlich mundartliche Busrundfahrten. Informationen sind unter ✆ **221 2352** erhältlich.

Das **Verkehrsamt** der Stadt Köln veranstaltet Führungen und Rundfahrten, die sich mehr an typische Touristen/innen richten und der Vollständigkeit halber erwähnt werden; außerdem vermittelt es **Fremdenführer** aller Sprachen (s.a. Information):

- Stadtführungen zu Fuß auf Wunsch täglich 16.30 Uhr, 8.- DM pro Person, Dauer etwa zwei Stunden, Treffpunkt am Verkehrsamt
- Stadtrundfahrten, täglich 10.00, 11.00, 13.00, 14.00 und 15.00 Uhr von Mai bis Mitte Oktober, Erwachsene 18.-, Kinder 8.- DM, Dauer etwa zwei Stunden,

Abfahrt neben dem Verkehrsamt – von Mitte Oktober bis April nur noch zwei Rundfahrten um 11.00 und 14.00 Uhr
- Kölner Abend, Fr, Sa 20.00 Uhr, 35.- DM pro Person, Busfahrt, Panoramafahrt auf dem Rhein u.v.m.

GALERIEN UND AUSSTELLUNGEN

Für regelmäßige, größere Ausstellungen gibt es in Köln neben den vielen Museen (s.a. Museen, ständig wechselnde Ausstellungen) zwei wichtige Adressen:

Kölner Kunsthalle
Josef-Haubrich-Hof 1
50676 Köln
✆ 221 23 35
täglich 10.00-17.00,
Di, Fr 10.00-20.00 Uhr

Kölnischer Kunstverein
Cäcilienstraße 33, 50676 Köln
✆ 21 70 21
Di-So 10.00-17.00 Uhr

Angesichts der zahllosen Galerien, die es in Köln gibt, haben wir eine subjektive Auswahl getroffen:

Galerie 68elf
Förderverein der jungen Kunst
Bismarckstraße 68, 50672 Köln
✆ 52 25 38
Di-Fr 14.00-18.00,
Sa 11.00-14.00 Uhr
zeitgenössische Kunst

APC Galerie
Maastrichter Str. 26
50672 Köln

✆ 52 00 63
Di-Fr 11.00-13.00, 15.00-18.00,
Sa 11.00-14.00 Uhr
erweiterte Malerei, Objekte

Galerie Inge Baecker
Zeughausstraße 13
50667 Köln
✆ 257 04 01
Di-Fr 13.00-18.00,
Sa 11.00-14.00 Uhr
zeitgenössische russische Kunst, Pop Art Künstler und Nachläufer

Baukunst-Galerie
Theodor-Heuss-Ring 7
50668 Köln
✆ 771 33 34/335
Di-Fr 13.00-18.30,
Sa 11.00-14.00 Uhr
internationale Kunst ab 1995, »Klassiker der Moderne«

Galerie Berndt
Albertusstraße 9-11
50667 Köln
✆ 257 48 31
Di-Fr 11.00-13.00, 15.00-18.00,
Sa 11.00-14.00 Uhr
Klassiker der Moderne, Zeitgenössische Russen, Fluxus

Galerie Boisserée
Drususgasse 7-11, 50667 Köln
✆ 257 85 19
Di-Fr 9.00-18.30,
Sa 9.00-14.00 Uhr
Abstraktion nach 1950

Daniel Buchholz
Neven DuMont Str. 17
50667 Köln
✆ 257 49 46
Di-Fr 11.00-18.30,
Sa 11.00-14.00 Uhr
junge mutige Kunst

Luis Campana
Friesenplatz 13, 50672 Köln
✆ 25 67 12
Di-Fr 10.00-18.00,
Sa 10.00-14.00 Uhr
junge zeitgenössische Kunst, Objekte

Chapel Art Center
Jülicher Str. 26, 50674 Köln
✆ 240 21 68
Di-Fr 10.00-12.00, 15.00-18.00,
Sa 10.00-13.00 Uhr
junge Kunst der 70er-80er Jahre

Galerie eye genart
Fritz Böhme
Rothehausstraße 14
50823 Köln
✆ 51 67 20
Di-Fr 15.00-18.30,
Do bis 19.00 Uhr
Photo und Video Kunst

Galerie Feuerle
Hansaring 77, 50670 Köln
✆ 12 30 50
Di-Fr 14.00-18.30,
Sa 10.00-14.00 Uhr
Kombination Moderne und antikes Kunsthandwerk

Galerie Gmurzynska
Goethestraße 65 a, 50968 Köln
✆ 37 64 40
Mo-Fr 10.00-18.00,
Sa 10.00-14.00 Uhr
Klassische Moderne auf musealem Niveau, russische Avantgarde ab 1917

Galerie Tanja Grunert
Venloer Str. 19, 50672 Köln
✆ 56 20 06
Di-Fr 10.00-13.00, 15.00-18.00,
Sa 10.00-14.00 Uhr
junge medienübergreifende Kunst

Galerie Karsten Greve
Albertusstraße 18, 50667 Köln
✆ 257 10 12
Di-Fr 11.00-13.00,
Sa 10.00-14.00 Uhr
Klassiker der Moderne

Galerie Heinz Holtmann
Richartzstraße 10, 50667 Köln
✆ 257 86 07
Mo-Fr 10.00-13.00,
14.00-18.00,
Sa 10.00-14.00 Uhr
deutsche Künstler der 70er und 80er Jahre

Galerie und Edition
Hundertmark
Brüsseler Str. 29, 50674 Köln
✆ 23 79 44
Di-Fr 15.00-18.30,
Sa 10.00-14.00 Uhr

Editionsgalerie, Fluxus, kleine feine Auflagen

Galerie Dorit Jacobs
Bismarckstraße 62, 50672 Köln
✆ 52 95 96
Di-Fr 11.00-13.00, 15.00-18.00,
Sa 11.00-14.00 Uhr
junge Malerei

KAOS Galerie
Genter Str. 6, 50672 Köln
✆ 56 24 74
Di-Fr 15.00-19.00 Uhr
Installationen, Performance

Johnen und Schöttle
Kamekestraße 21, 50672 Köln
✆ 52 45 05
Di-Fr 10.00-13.00, 15.00-18.00,
Sa 10.00-14.00 Uhr
deutsche Kunst der 90er, Generation nach Richter und Polke

Galerie Philomene Magers
Maria-Hilf-Str. 17, 50677 Köln
✆ 31 88 43
Di-Fr 11.00-13.00, 15.00-18.00,
Sa 11.00-14.00 Uhr
Malerei, Installationen, Architekturtheorien

Galerie Ha.Jo. Müller
Brüsseler Platz 15, 50674 Köln
✆ 52 07 63
Mi-Fr 11.00-13.00, 15.00-18.00, Sa 11.00-13.00 Uhr
aktuelle und klassische Kölner Künstler

Galerie Orangerie Reinz
Helenenstraße 2, 50667 Köln
✆ 257 50 38
Di-Fr 9.00-13.00,
Sa 9.00-14.00 Uhr
klassische Kunst von Dali bis Chagall

Pasziti-Bott Galerie
Thürmchenswall 70
50668 Köln
✆ 139 05 49
Di-Fr 15.00-18.00,
Sa 12.00-15.00 Uhr
junge Kölner und Düsseldorfer Künstler, Editionen

Galerie und Photographie Reckermann
Albertusstraße 16, 50667 Köln
✆ 257 48 68
Di-Fr 10.00-13.00, 14.00-18.00,
Sa 10.00-14.00 Uhr
Malerei und Fotografie zu Themen

Galerie Rolf Ricke
Volksgartenstraße 10
50677 Köln
✆ 31 57 17
Di-Fr 10.00-13.00, 14.00-18.00,
Sa 11.00-14.00 Uhr
Kölner Traditionsgalerie, aktuelle Kunst, minimal art

Edition Schellmann
Alsdorfer Str. 1-13, 50933 Köln
✆ 546 10 28
Di-Fr 10.00-18.00,
Sa 10.00-14.00 Uhr
große Wechselausstellungen

Otto Schweins
Wormser Str. 23, 50677 Köln
✆ 34 39 32
Di-Fr 15.00-18.00,
Sa 12.00-14.00 Uhr
»Kleinste Galerie Kölns« (8 m^2)

Galerie Der Spiegel
Bonner Str. 328, 50968 Köln
✆ 38 57 99
Mo-Fr 10.00-13.00,
15.00-18.00,
Sa 10.00-13.00 Uhr

seit 1945 für die moderne kunst

Monika Sprüth Galerie
Wormser Str. 23, 50667 Köln
✆ 38 04 15
Di-Fr 11.00-13.00, 15.00-18.00,
Sa 11.00-14.00 Uhr
Schwerpunkt: internationale Künstlerinnen

Lutz Teutloff
St.-Apern-Str. 26, 50667 Köln
✆ 257 01 00
Di-Fr 11.00-18.00,
Sa 11.00-14.00 Uhr
sculptures-multiples-drawings

Moderne Kunst Dietmar Werle
Spichernstraße 44, 50672 Köln
✆ 51 57 90
Di-Fr 11.00-18.00,
Sa 11.00-14.00 Uhr
klassische Kölner Kunst

Galerie Michael Werner
Gertrudenstraße 24-28
50667 Köln
✆ 92 54 62-0
Di-Fr 10.00-13.00, 14.00-18.30,
Sa 11.00-14.00 Uhr
Klassiker mit musealem Charakter

Galerie Susanne Zander
Genter Str. 28, 50672 Köln
✆ 52 16 25
Di-Fr 11.00-14.00, 15.00-18.30,
Sa 11.00-14.00 Uhr
Art Brut und Kunst von Outsidern

Weitere Ausstellungsorte gibt es in Bahnhöfen, Fabriken, Kirchen und anderen Stätten, die wir hier aufgeführt haben:

Agneskirche
Neusser Platz 18, 50670 Köln
✆ 73 33 00
täglich 10.00-18.00 Uhr

Ignis
Europäisches Kulturzentrum
Elsa-Brandström-Str. 6
50668 Köln
✆ 72 51 05
Di 10.00-16.00,
Do 14.00-20.00 Uhr

Kunstpavillon im Bahnhof Köln Deutz
Exit Art Köln
Ottoplatz 7, 50679 Köln
✆ 81 09 23
Mo-Fr 12.00-18.00 Uhr

Kunststation St. Peter
Jabachstraße 1, 50676 Köln
✆ 23 67 14
Di-Sa 11.00-17.00,
So 13.00-17.00 Uhr

Kunstverein
Galerie am Buttermarkt
Buttermarkt 23, 50667 Köln
✆ 258 12 06

Titel, Themen und Termine finden sich in den Stadtmagazinen; besonders umfassend und übersichtlich ist der Galerienspiegel im Monatsjournal »Köln im...Kunst Köln«.
Nach der Zerstörung des über Köln hinaus bekannten, fast schon legendären Maschinensaals im Stollwerck sind als Ausstellungshallen erwähnenswert:

Kunsthaus Rhenania
Bayenstraße 28, 50678 Köln
✆ 31 28 12

Kunstzentrum Wachsfabrik
Industriestraße 170
50999 Köln (Rodenkirchen)

✆ 02236/637 70
Bahn/Bus Linie 16, Haltestelle Godorf
täglich 14.00-19.00 Uhr

Simultanhalle
Volkhovener Weg 209
50765 Köln (Volkhoven)
✆ 53 25 69
Bahn/Bus S-Bahn, Haltestelle Volkhovener Weg

Kunstraum Fuhrwerkswaage
Bergstraße 79
50999 Köln (Sürth)
✆ 02236/610 49
angegliedert der Skulpturenpark am Fort, Militärringstraße/Ecke Konrad-Adenauer-Straße

Projekt Oberbuschweg
Ober Buschweg 32, 50999 Köln (Sürth)
✆ 02236/678 70
Mo-Fr 10.00-12.30, 16.00-19.00 Uhr

Ein ganzjähriges Ausstellungsprogramm im Stapelhaus in der Innenstadt bietet:

Berufsverband Bildender Künstler e.V. (BBK)
Frankenwerft 35, 50667 Köln
✆ 258 21 13
Di-Fr 10.00-13.00, 14.00-17.00, Sa-So 11.00-16.00 Uhr

INFORMATION

Erste Anlaufstelle, zentral gegenüber dem Domportal:

Fremdenverkehrsamt der Stadt Köln
Unter Fettenhennen 19
50667 Köln
✆ 221 33 45
Mo-Sa 8.00-21.00, So 9.30-19.00 Uhr (November bis April), Mo-Sa 8.00-22.30, So 9.00-22.30 Uhr (Mai bis Oktober)

Von den zahlreichen Broschüren und Informationsheften, die dort erhältlich sind, empfehlen wir zum Einstieg:
- Stadtplan, 2.- DM;
- »Informationsprospekt Köln« 2.- DM, übersichtliche Einführung; – »Köln-Monatsvorschau« 2.- DM, Überblick über kulturelle Veranstaltungen, Messen und Sportereignisse – auch über längere Zeiträume hinweg; – »Tips und Touren in Köln« mit einem kleinen Anhang mit Adressen und Informationen. Dies ist nur ein kleiner Ausschnitt. Interessant sind auch die preiswerten Bildbände, z.B. »August Sander – Kölner Jahre bis 1938«, »Typisch Köln« jeweils 6.- DM.

Im Verkehrsamt liegen auch Broschüren anderer Institutionen aus, ein Verkauf von Fremdbroschüren findet aber nicht statt. Bei der Planung von Kongressen, Tagungen und Veranstaltungen hilft die

Kongreßabteilung des Verkehrsamtes
✆ 221 33 26

Von seiner Bestimmung her hauptsächlich Informationsstelle für Kölner Bürger/innen, Zuzugsinteressierte und Neukölner/innen ist ein weiteres Amt:

Presse- und Informationsamt der Stadt Köln
Laurenzplatz 4, 50667 Köln
✆ 221 64 84
Mo-Do 8.00-16.15,
Fr 8.00-12.15 Uhr

Unter anderem sind dort erhältlich:

- »Zu Hause in Köln« – das (für Neubürger) kostenlose Infobuch der Stadt Köln, übersichtlich gestaltet, Adressen, Daten und Fakten in handlichem Taschenbuchformat;
- »Köln-Chronik« – jährlich erscheinende Chronik zur Arbeit von Rat und Verwaltung (kostenlos). Nachfragen sollte man/frau auch nach der Plakatserie »Unser Köln« 3.- DM und den (kostenlosen) Faltblättern »Rathaus Rat und Verwaltung«. Informationen erteilen auch die **Bezirksstellen** in den jeweiligen Stadtbezirken, Sprechzeiten: Mo-Fr von 8.00-12.00 Uhr und Mo-Do von 14.00-16.00 Uhr.

Wer ein spezielles Interesse an einem Viertel hat, dort zeitweise wohnen will, kann sich bei der zuständigen Bezirksstelle den (kostenlosen) »Bezirksstadtplan-Zahlen-Daten-Fakten« besorgen; für jeden einzelnen der neun Stadtbezirke kostenlos erhältlich.

KARTEN UND PLÄNE

Zu Preisen unter DM 10.- sind folgende übersichtliche Pläne erhältlich:

- Fußgängerplan, näherer Innenstadtbereich, Maßstab 1:10.000, dt. u. engl., Verlag W. Kühn, Fürstenfeldbruck
- Falk-Plan, Maßstab 1:19.000 bis 1:33.000, Citybereich 1:12.000, ungefaltet und patentgefaltet, Falk-Verlag, Hamburg
- RV-Plan, Maßstab 1:20.000, Citybereich 1:10.000, RV Reise- und Verkehrsverlag, Stuttgart
- ADAC-Stadtplan, Maßstab 1:20.000 mit City 1:10.000
- Plan der Stadt Köln, Maßstab 1:25.000 mit gesondertem Straßenverzeichnis. Mit Werbung DM 5.-, ohne Werbung DM 12.50

Wer seinen Aufenthalt auch auf Bonn und das Umland ausdehnen möchte, sollte sich einen Stadtatlas zulegen:

- Städteatlas Köln-Bonn, Maßstab 1:20.000, Citybereiche 1:10.000, DM 24.80

FAHRRADKARTEN:

Innerhalb des Kölner Stadtgebietes gibt es eine Vielzahl von Parks und Gärten, die zum Flanieren und Verweilen einladen. Und auch im engeren Radius um Köln herum giftet nicht nur der Chemiegürtel, es finden sich auch etliche attraktive Ausflugs-

und Erholungsziele, die mit dem Rad oder Bussen und Bahnen leicht zu erreichen sind.
Die Radwanderkarte zum Stadtgebiet Köln im Maßstab 1:50.000, DM 9.80, die auf dem Kartenbild von 1989 fußt und ca. 600 Kilometer Radwege verzeichnet, ist eine gute Orientierungshilfe. Die angegebenen Ziele sind nicht nur für Radfahrer interessant, sondern auch für Fußgänger erwanderbar.
Die Pläne sind in gut sortierten Kölner Buchhandlungen erhältlich. Als Buchhandlung, die sich auf Karten, Reiseliteratur und Köln-Bücher spezialisiert hat, ist hervorzuheben:

Buchhandlung Gleumes
Hohenstaufenring 47
50674 Köln
✆ 21 15 50 + 21 56 50

KARTENVORVERKAUF

Vorverkaufsstellen in der Kölner Innenstadt:

Theater- und Konzertkasse am Neumarkt
Neumarkt/U-Bahn-Station
✆ 21 42 32

Next – Theater- und Konzertkasse am Rudolfplatz
Hohenzollernring 2-4
50672 Köln
✆ 258 29 57

Theater- und Konzertkasse im Kaufhof
Hohe Str./Schildergasse
50667 Köln
✆ 21 66 92

Theater- und Konzertkasse im Saturn
Hansaring 64, 50670 Köln
✆ 12 19 12/13 19 12

Theaterkasse am Barbarossaplatz
Beethovenstraße 16-18
50674 Köln
✆ 21 03 53-55

Theater- und Konzertkasse
Heidestraße 250, 51147 Köln (Porz)
✆ 02203/69 59 73

Konzertkasse Johnen
Venloer Str. 626
50827 Köln (Ehrenfeld)
✆ 53 16 95

SAM Konzert
Wallstraße 113
51063 Köln (Mülheim)
✆ 61 28 66

Two Stars
Kölner Ladenstadt, 50676 Köln
✆ 258 01 49

WOM (Hertie)
Neumarkt, 50667 Köln
✆ 21 95 55

Karten für Konzerte in der Philharmonie:

Köln-Ticket
Bischofsgartenstraße 1
50667 Köln
✆ 28 01

Köln Ticket
Der andere Buchladen
Wahlenstraße 1
50823 Köln (Ehrenfeld)
✆ 52 05 79
Mo-Fr 9.00-18.30,
Sa 9.00-14.00 Uhr

Hauptbahnhof
Touristenschalter
Vorverkauf: Köln Ticket
✆ 141 26 86 und 141 28 86

Kartenvorverkauf der Städtischen Bühnen:

Oper der Stadt Köln
Offenbachplatz, 50667 Köln
✆ 221 84 00
Mo-Fr 11.00-14.00,
16.00-18.00,
Sa 11.00-14.00 Uhr

Karten für Konzerte des WDR:

Konzertkasse des WDR
Reichardhaus/Unter Fettenhennen 5, 50667 Köln
✆ 220 21 44
Mo-Fr 11.00-13.00,
15.00-17.30 Uhr

Ermäßigungen gibt es in der Regel nicht an den Vorverkaufsstellen, sondern direkt an der Abendkasse.

24 Std. Konzertansageservice
✆ 24 55 22

KINDER

In den Sommerferien können Tips unter ✆ **221 55 55**, dem Kölner Ferientelefon, erfragt werden. Auf Wunsch wird Interessenten auch die Ferienzeitung zugeschickt.

Amt für Kinderinteressen
Perlengraben 2, 50676 Köln
✆ 221 40 50 Kindertelefon
Mo-Do 9.00-16.00 Uhr,
Fr 9.00-12.00 Uhr

Sorgentelefon
✆ 221 44 01
Di-Do 9.00-16.00 Uhr

Kulturprogramme für Kinder bieten:

Comedia Colonia
Löwengasse 7-9, 50676 Köln
✆ 24 76 70
tägliches Theaterprogramm, auch für Kinder und Jugendliche

Kindertheater
Bürgerzentrum Alte Feuerwache
Melchiorstraße 3, 50670 Köln
✆ 739 1073
Jeden 1. So im Monat jeweils ab 11.00 Uhr Programm für Kinder von 6-12 Jahren, Eintritt 1.- DM; jeden Di 14.00-16.00 Uhr MuKuTaThe, Musik, Kunst, Tanz, Theater

Hänneschen-Theater
Puppenspiele der Stadt Köln
Eisenmarkt 2-4, 50667 Köln
✆ 258 12 01
Vorführungen der über Köln hinaus bekannten Stockpuppenbühne nicht nur für Kinder

Jugendkunstschule Köln e.V.
Kum & Luk
Hamburger Str. 17, 50668 Köln
✆ 139 05 51
Kurse, Workshops, Projekte für Kinder und Jugendliche

Malwerkstatt Rumpelkiste
Volksgartenstraße 14
50677 Köln
✆ 32 98 68
Die Malwerkstatt ist der Ort für Kinder, an dem sie sich durch spielerischen Umgang mit Farben und anderen Mal- und Bastelmaterialien geistig und körperlich entspannen können.

Eine wichtige Adresse für die Vermittlung von Babysitting:

Studentenservice des Arbeitsamtes Köln
Universitätsstraße 16
50937 Köln
✆ 94 29-12 42/44/46/48

Zu erwähnen sind auch noch die ausgewählten Kindervorstellungen zu niedrigen Eintrittspreisen in den Programmkinos Broadway, Cinedom, Metropolis und Weisshaus (s.a. Film und Video).

In Kölner Parks gibt es natürlich zu wenig Kinderspielplätze. Eine Ausnahme bildet der innenstadtnahe Friedenspark (ehem. Hindenburgpark) in der Südstadt mit seinem (pädagogisch betreuten) Abenteuerspielplatz, werktags von 13.30-17.30 Uhr geöffnet. Für Besucher/innen mit Kindern besonders zu empfehlen ist ein Besuch des Kölner Zoos und Aquariums und des Wildparks im Stadtwald (s.a. Wildparks und

Gärten). Eine Attraktion ist auch der im rechtsrheinischen Messegelände gelegene Rheinpark, u.a. mit einer Miniaturbahn für Rundfahrten und einem Sessellift ausgestattet.

KIRCHEN

Über Kölner Kirchen ist beim Verkehrsamt die Broschüre »Kölner Kirchen laden ein« kostenlos erhältlich; speziell zum Dom eine weitere Broschüre für 1.- DM und zu den Romanischen Kirchen eine Großbroschüre für DM 6.-
Kurzführungen im **Kölner Dom** finden ganzjährig zu folgenden Terminen statt:
Mo-Fr 10.00, 11.00, 14.30, 15.30, 16.30 Uhr, Sa 10.00, 11.00 und So 14.30, 15.30 Uhr
Die katholischen Kirchen der Innenstadt sind i.d.R. von 10.00-12.00 und von 15.00-18.00 Uhr geöffnet. Führungen durch die Kirchen der Innenstadt sowie durch die Kirchen einzelner Kölner Stadtteile werden mit jährlich wechselnden Terminen angeboten von:

Katholisches Bildungswerk
Gilbachstraße 23, 50672 Köln
✆ 579 09 50

Informationen zu den evangelischen Kirchen erhält man bei: Evangelische Informationsstelle

Antoniterkirche
Schildergasse, 50667 Köln
✆ 24 72 12
Mo-Fr 14.00-18.00 Uhr

Aus der Fülle der – meist immer gleichen – Bücher zu den Romanischen Kirchen empfehlen wir den spannenden Band der ehemaligen Kölner Stadtkonservatorin Hiltrud Kier, der aus der Praxis öffentlicher Führungen und Besichtigungen mit Kindern in den Kirchen enstanden ist: »Die großen Romanischen Kirchen«. (Wienand-Verlag)

LITERATUR

Regelmäßige Lesungen finden im Citytreff, im Stadtgarten, im Tanzbrunnen (Rheinhalle), in der Zentralbibliothek (s.a. Archive und Bibliotheken) sowie in vielen ausländischen Kulturzentren, Buchhandlungen, Cafés und Erwachsenenbildungsstätten statt. Die jeweiligen Termine dazu finden Sie in den Stadtmagazinen oder in der Tagespresse.
Lesungen osteuropäischer Literatur, oft auch zweisprachig, werden montags, dienstags und donnerstags im Literarischen Café veranstaltet:

Osteuropäisches Kultur- und Bildungszentrum (Ignis)
Elsa-Brandström-Straße 6
50668 Köln
✆ 72 51 05
täglich 12.00-24.00 Uhr

Bahn/Bus Linien 5, 15, 16, 18, Haltestelle Zoo

Orte für Lesungen:

City-Treff
Literatur und Leseförderung
Hahnenstraße 57, 50667 Köln

✆ 226 24 34, Fax 23 13 93
Regelmäßige Veranstaltungen sind die Kölner Literaturnächte (Frühjahr und Herbst), der Literatur-TIB im Theater im Bauturm (jeden ersten Montag im Monat), Autorenlesungen mit Kölner Kinder- und JugendbuchautorInnen an Kölner Schulen.

Tanzbrunnen und Rheinhalle
Rheinparkweg 1, 50679 Köln
✆ 88 28 63
Prosa im Park
Regelmäßig einmal im Monat, sonntags 19.00 Uhr (den jeweiligen Sonntag telefonisch erfragen)

Stadtgarten
Venloer Str. 40, 50672 Köln
✆ 51 60 37
Dienstagsgespräche: in Zusammenarbeit mit dem »Anderen Buchladen«

Lik-Archiv – Literatur in Köln
Josef-Haubrich-Hof 1
50676 Köln
✆ 221 3903, Fax 221 39 33
Das Archiv ist Dokumentations- und Informationsstelle über das literarische Leben in Köln. Es sammelt alle Medien von und über Kölner AutorInnen, die hauptsächlich belletristisch arbeiten, erschließt sie und macht sie zugänglich. Dazu gehört auch die Sicherung und Aufbereitung von Archiven und Nachlässen u.a. folgender Autoren: Hans Bender, Heinrich Böll, Hans Mayer, Paul Schallück, Wilhelm Unger, Dieter Wellershoff. Das Archiv führt Ausstellungen und Veranstaltungen (»Junge Autoren« »Autoren im Gespräch« »Ausländische AutorInnen stellen sich vor« »Hörspielgalerie«) durch und legt Veröffentlichungen vor. Das Archiv versucht, mit den in Köln lebenden AutorInnen ins Gespräch zu kommen, ihnen bei ihrer Arbeit zu helfen, Ansprechpartner für junge AutorInnen zu sein und ihnen Kontakte und Veröffentlichungsmöglichkeiten zu vermitteln.

MUSEEN

Zu den Kölner Museen ist im Verkehrsamt und in den städtischen Museen die Broschüre »Kunststadt Köln« erhältlich.

KIRCHENKUNST

Domschatzkammer
Roncalliplatz 2, 50667 Köln
✆ 24 45 46
Mo-Sa 10.00-16.00,
So 12.30-16.00 Uhr
kirchliche Schätze vom frühen Mittelalter bis zum 20. Jhdt.

Erzbischöfliches Diözesanmuseum
Roncalliplatz 2, 50667 Köln
✆ 257 76 72
Täglich außer Do 10.00-17.00
mittelalterliche sakrale und ganz moderne Kunst, ständig wechselnde Ausstellungen

Schnütgen-Museum
Cäcilienstraße 29, 50667 Köln
✆ 221 23 10, 221 36 20
Di-Fr 10.00-16.00 Uhr,
Sa-So 11.00-16.00 Uhr

sakrale Kunst vom frühen Mittelalter bis zum Barock

Die meisten Romanischen Kirchen lohnen eine Besichtigung, besonders die ehemaligen Frauenstifte:
St. Maria im Kapitol, St. Ursula.

MALEREI UND WELTLICHE KUNST

Museum Ludwig
Wallraf-Richartz-Museum
Bischofsgartenstraße 1
50667 Köln
✆ 221 23 82
Di-Fr 10.00-18.00,
Sa-So 11.00-18.00 Uhr
Zeugnisse abendländischer Malerei vom 13. bis zum 19. Jhdt., Schwerpunkt Kölner Schule, Skulpturen ab 1800, Kunst von 1900 bis zur Gegenwart; ständig wechselnde Ausstellungen

Käthe-Kollwitz-Museum der Kreissparkasse Köln
Neumarkt 18-24, 50667 Köln
✆ 227-23 63, 227-28 99
Di-So 10.00-17.00,
Do 10.00-20.00, öffentliche Führungen So 11.00 Uhr
Handzeichnungen, Druckgraphiken und Bronzen; ständig wechselnde Ausstellungen

ALLTAGSKULTUR

Beatles Museum
Heinsbergstraße 13
50674 Köln
✆ 21 25 98
Mi-Fr 10.00-14.00 Uhr
15.00-19.00 Uhr,
Sa 10.00-15.00 Uhr
einzigartig in Europa

Galerie Erotika
Museum für erotische Kunst
Heinsbergstraße 16
50674 Köln
✆ 23 06 81
Mo-Sa 12.00-20.00 Uhr

Spielzeugmuseum
Sammlung Lückert
Kolumbastraße 4, 50667 Köln
✆ 25 10 50
Mo-So 11.00-18.00 Uhr,
Mi Ruhetag
Sammlung der letzten 150 Jahre

Museum für Angewandte Kunst
An der Rechtschule
50667 Köln
✆ 221 38 60, 221 67 14
Di-Fr 11.00-17.00 Uhr,
Sa-So 12.00-17.00 Uhr
angewandte Kunst und Kunstgewerbe vom Mittelalter bis zur Gegenwart; ständig wechselnde Ausstellungen

Geldgeschichtliches Museum
Kreissparkasse
Neumarkt 18-24, 50667 Köln
✆ 227 23 70
Mo-Mi 8.30-16.00 Uhr,
Do 8.30-18.00 Uhr,
Fr 8.30-15.30 Uhr
Geld der Antike, des Mittelalters und der Neuzeit, vormünzliche Zahlungsmittel

FOTOGRAFIE UND MEDIEN

Agfa-Foto-Historama im Wallraf-Richartz-Museum/ Museum Ludwig
Bischofsgartenstraße 1
50667 Köln
✆ 221 24 11
Di-Fr 10.00-18.00,
Sa-So 11.00-18.00 Uhr
Fotografien aus dem 19. und 20. Jhdt., Exponate zur Geschichte der Fotografie, »Fotoapparate der Firma Agfa«

Kulturstiftung Stadtsparkasse Kreishausgalerie Raum I
St.-Apern-Str. 17-21
50667 Köln
✆ 257 57 26
Di, Mi, Fr 14.00-18.00,
Do 14.00-20.00,
Sa 10.00-14.00 Uhr
August-Sander-Archiv und Deutsches Tanzarchiv

Theaterwissenschaftliches Institut der Universität
Burg Wahn, 51147 Köln (Wahn)
✆ 02203/641 95
Besuch nach Voranmeldung
Bahn/Bus Linie 7 bis Endhaltestelle Zündorf, umsteigen in Bahn/Bus Linie 162, Haltestelle Wahn
Bilddokumente und Schriften zur Theatergeschichte, Programmhefte, Aufführungskritiken und diverse Objekte

GESCHICHTE

Römisch-Germanisches Museum
Roncalliplatz 4, 50667 Köln
✆ 221 23 04/45 90
Di-Fr 10.00-16.00,
Sa-So 11.00-16.00 Uhr
Römische Kunst-, Kultur- und Stadtgeschichte, Vor- und Frühgeschichte des Rheinlandes; ständig wechselnde Ausstellungen

Römische Grabkammer
Aachener Str. 1338, 50859 Köln
✆ 02234/733 99
bedeutende unterirdische Grabanlage mit Skulpturenschmuck

Praetorium
Eingang Kleine Budengasse
50667 Köln
Di-So 10.00-16.00 Uhr
Römischer Statthalter-Palast unter dem Rathaus; besonders interessant ein begehbarer römischer Abwasserkanal acht Meter unter der Straße

Judenbad Mikwe
Rathausplatz, 50667 Köln
✆ 221 45 42
Unter dem Pflaster des mittelalterlichen Judenviertels vor dem Rathaus ist unter einer Glaspyramide das frühere Kultbad der alten Judengemeinde zugänglich. Den Schlüssel gibt es beim Rathauspförtner. Öffnungszeiten wie das Rathaus

Ubiermonument
An der Malzmühle 1
50676 Köln
Mai bis Oktober,
Do 16.30-18.00 Uhr,
jeden 1. So im Monat ab 10.30 Uhr öffentliche Führung
Der älteste Turm des frührömischen Köln an der Süd-Ost-Ecke

der alten Stadt ist in seinen Fundamenten und Kellerräumen zugänglich

Kölnisches Stadtmuseum
Zeughausstraße 1-3
50667 Köln
✆ 221 23 98
Di-Fr 10.00-16.00,
Sa-So 11.00-16.00 Uhr
Geschichte, Wirtschaft und Politik der Stadt Köln vom 10. bis zum 20. Jhdt., ständig wechselende Ausstellungen

EL-DE-Haus
Appellhofplatz 23/25
50667 Köln
✆ 221 43 40
Di-Fr 10.00-16.00 Uhr,
Sa-So 11.00-16.00 Uhr
Gedenkstätte im ehemaligen Kölner Gestapo-Haus, der Zellentrakt im Keller umfaßt 10 Zellen mit über 1.200 Wandinschriften von Gefangenen aus den Jahren 1943 bis 1945 sowie eine Dokumentenausstellung zur Geschichte der Kölner Gestapostelle.

ANDERE KULTUREN

Museum für Ostasiatische Kunst
Universitätsstraße 100
50674 Köln
✆ 40 50 38
Di-Fr 10.00-16.00 Uhr,
Sa-So 11.00-16.00 Uhr,
Kulturfilmvorführungen
Di 11.00 Uhr und So 15.00 Uhr
Kunst aus China, Japan und Korea

Rautenstrauch-Joest-Museum für Völkerkunde
Ubierring 45, 50678 Köln
✆ 33 69 40
Di-Fr 10.00-16.00 Uhr,
Sa-So 11.00-16.00 Uhr
Kultur und Kunst außereuropäischer Völker, ständig wechselnde Ausstellungen

HEIMAT

Heimatmuseum Köln e.V. im Hause des Kölner Karnevals
Antwerpener Str 55
50672 Köln
✆ 57 40 00
Besichtigung nach tel. Vereinbarung
Ständige Ausstellung zur Geschichte des Kölner Karnevals

Museum Kölner Karnevalsorden
Unter Käster 12, 50667 Köln
✆ 25 29 81
Mo-Sa 15.00-20.00 Uhr,
So 11.00-16.00 Uhr

Waldmuseum »Haus des Waldes«/Greifvogelstation
Gut Leidenhausen
51107 Köln (Eil)
✆ 02203/381 60, 399 87
So und an Feiertagen
10.00-17.00 Uhr
Bahn Linie 7, Haltestelle Porz Markt oder Ostheim, dann Bus 152 bis Heumarer Str.

Greifvogelstation
Sa und So 9.00-17.00 und
9.00-19.00 Uhr (April-Sept.),
jeden 3. Mi Führungen um
15.00 Uhr

Waldboden und Waldzonen der Erde, Waldentwicklung aus vorgeschichtlicher Zeit, Anatomie und Physiologie des Baumes, Pilze und Tiere des Waldes.
In Planung ist die Eröffnung eines Obstmuseums mit über 140 einheimischen Sorten, die weitgehend vom Markt verdrängt sind, und 250 verschiedenen Beerensorten.

TECHNIK UND NATURWISSENSCHAFT

KHD-Motorenmuseum
Rheinauhafen, Halle 10
50678 Köln
✆ 221 41 01
Nach Absprache
Sammlung zur Entwicklung der Verbrennungsmotoren

Luftfahrtmuseum Köln
Butzweiler Hof e.V.
Kaserne Butzweiler Hof
Butzweiler Str., 50829 Köln (Ossendorf)
✆ 59 19 09
Sa 14.00-16.00,
So 10.00-12.00 Uhr,
Personalausweis erforderlich
Bahn/Bus Linie 5, Endhaltestelle Ossendorf
Geschichte der Luftfahrt

Museum des Geologischen Instituts der Universität Köln
Zülpicher Str. 49a, 50674 Köln
✆ 470 2262
Mi 14.00-19.00 Uhr während des Semesters
Klima der Vorzeit

Museum des Mineralogisch-Petrographischen Instituts der Universität Köln
Zülpicher Str. 49a, 50674 Köln
✆ 470 3368
Mi 14.00-19.00 Uhr während des Semesters
Mineralien aus Köln und Umgebung, synthetische Kristalle und Meteorite

ESSEN, TRINKEN UND DIE FOLGEN

Historische Braustätte der Küppers Kölsch-Brauerei
Alteburger Str. 145
50968 Köln (Bayenthal)
✆ 37 79-1
Sa 11.00-16.00 Uhr
Bahn/Bus Linie 6, Haltestelle Schönhauser Str.
komplett eingerichtete, über hundert Jahre alte Hausbrauerei

Schokoladenmuseum
Imhoff-Stollwerck Museum
Rheinauhafen 1a, 50678 Köln
✆ 931 88 80
Mo-So 10.00-18.00 Uhr
Tropenhaus mit Kakaopflanzen, Informationen über den Kakaoanbau und die Ursprüge des Kakaos in Mittelamerika

Zahnärztehaus
Sammlung Proskauer-Witt
Universitätsstraße 71
50931 Köln
✆ 400 10
Mo-Do 8.00-16.30 Uhr,
Fr 8.00-15.00 Uhr,
Führungen nach Vereinbarung
Zahnarztwerkzeug und ein altes Behandlungszimmer

Eine wichtige Adresse zum Schluß:

Museumsdienst Köln
Richartzstraße 2-4, 50667 Köln
✆ 221 40 76

zuständig für Führungen von auswärtigen Gruppen, Kurse und museumspädagogische Veranstaltungen; der automatische Informationsdienst der Kölner Museen ist unter ✆ **221 4343** erreichbar.
Führungen, speziell für Schulklassen und Jugendgruppen.
Die städtischen Museen – erkennbar am Telefonanschluß 221 – sind montags geschlossen. Für Leute, die montags ins Museum gehen wollen, bietet sich das Schokoladen-Museum an.
Die Eintrittspreise liegen zwischen 5.- und 10.- DM, öffentliche Führungen sind kostenlos, Gruppenführungen werden gegen Entgelt durchgeführt.

MUSIK

Aufführungsstätten für Klassische und Neue Musik sind vor allem:

Kölner Philharmonie
Bischofsgartenstraße 1
50667 Köln
✆ 204 08-0

Oper der Stadt Köln
Offenbachplatz, 50667 Köln
✆ 221 8440

Gürzenich
Martinstraße 29-37, 50667 Köln
✆ 221 2385

Musikhochschule Köln
Dagobertstraße 38, 50668 Köln
✆ 91 28 18-0

Sendesaal des Deutschlandfunks
Raderberggürtel 40
50968 Köln
✆ 345-1

WDR Großer Sendesaal
Wallrafplatz 5, 50667 Köln
✆ 220 21 44

Den besten Überblick, z.B. über Konzerte in Kölner Kirchen, gibt die »Köln-Monatsvorschau«, beim Verkehrsamt für 2.- DM erhältlich.

Im Bereich des **Rock** sind folgende Adressen zu nennen, wenn es sich nicht um »Mammutkonzerte« handelt:

E-Werk
Schanzenstraße 37
51063 Köln
✆ 62 10 91-94

Konzerte, Shows, Theater, Discos und Ausstellungen finden hier regelmäßig statt.

Live Music Hall
Lichtstraße 30, 50825 Köln
✆ 54 31 72

Internationale Gruppen

Luxor
Luxemburger Str. 40
50674 Köln
✆ 21 95 06

Seit 1982 sind hier 1.300 Gruppen aufgetreten und es ist somit die älteste Rockstätte Kölns.

MTC
Zülpicher Str. 10, 50674 Köln
✆ 170 27 64

Rhenania Kunsthaus
Bayenstraße 28, 50678 Köln
✆ 31 28 12

Underground
Vogelsanger Str. 200
50825 Köln
✆ 54 23 26

Größte Beachtung im Bereich des Jazz verdient:

Stadtgarten
Venloer Str. 40, 50672 Köln
✆ 51 60 39
Hier ist auch der Sitz der regen Jazz-Haus-Initiative, ✆ 51 60 30

Subway
Aachener Str. 82-84
50674 Köln
✆ 51 79 69

Unter dem Vulkan/Dancefloor
Ubierring 24, 50678 Köln
Acid Jazz im ehemaligen Ecksteins

Weitere Live-Konzerte veranstaltet:

Stadthalle Mülheim
Jan-Wellem-Str. 2, 51065 Köln
✆ 62 20 96/62 66 88

Tanzbrunnen und Rheinhalle
Rheinparkweg 1, 50679 Köln
✆ 88 73 83
offen von April bis September; ein »gemischtes« Programm

Regelmäßig Live-Konzerte aller Stilrichtungen veranstalten auch die Sendeanstalten Deutschland-Radio (Deutschlandfunk), Deutsche Welle und der WDR (s.a. Presse und Rundfunk); der WDR z.B. samstags am Abend »Nachtmusik im WDRMatinee der Liedersänger«

ÖFFNUNGSZEITEN

Ämter und vergleichbare Institutionen haben montags bis freitags meist von 8.00-12.00 und von 14.00-16.00 Uhr geöffnet; für den Publikumsverkehr sind sie oft nur vormittags offen. Freitagnachmittag sind manche von ihnen – die städtischen Behörden alle – geschlossen.
Die Geschäftszeiten der meisten **Banken und Sparkassen** sind in der Regel montags bis freitags von 8.30-16.00 Uhr; an Donnerstagen sind sie oft noch ein bis anderthalb Stunden länger offen.
Postämter haben montags bis freitags von 8.00-18.00 Uhr und samstags von 8.00-12.00 Uhr geöffnet; die kleineren Poststellen in den Vororten sind oft über Mittag geschlossen.
Geschäfte sind in der Regel montags bis freitags von 9.00-18.30, am langen Donnerstag einige bis 21.00 Uhr und samstags von 9.00-14.00 Uhr geöffnet. Einige kleinere Läden schließen über Mittag zwischen 13.00 und 15.00 Uhr. Der erste Samstag im Monat ist langer Samstag; in den Geschäften und Kaufhäusern der Innenstadt ist dann bis 16.00 oder 18.00 Uhr geöffnet.

POLITIK

Einen Einblick in die politische Szenerie in Köln vermitteln die

Veranstaltungen und Vorträge, Gruppen- und Initiativentreffen in den Bürgerzentren und Bildungswerken; an dieser Stelle nur eine begrenzte Auswahl:

Bürgerhaus Stollwerck
Dreikönigenstraße 23
50678 Köln
✆ 31 80 53

Bürgerzentrum Alte Feuerwache
Melchiorstraße 3
50670 Köln
✆ 739 1072/73

umfangreiches sozialpolitisches und kulturelles Programm in Selbstverwaltung

Bürgerzentrum Ehrenfeld
Venloer Str. 429, 50823 Köln
✆ 54 21 11/54 55 00

Bahn/Bus Linie 3, 4, 5, Haltestelle Subbelrather Str./Gürtel

Friedensbildungswerk Köln e.V.
Bismarckstraße 40- 42
50672 Köln
✆ 56 10 16

Öko-Bildungswerk
Herwarthstraße 22, 50672 Köln
✆ 51 40 20/29

VSB Bildungswerk
Boisseréestraße 3, 50674 Köln
✆ 21 91 70

Weiterhin sind zu nennen:

Allerweltshaus
Wahlenstraße 22
50823 Köln (Ehrenfeld)
✆ 51 56 21

Bahn/Bus Linie 3, 4, 5, Haltestelle Gutenbergstraße

Vorträge und Veranstaltungen zu Minderheiten und der Dritten Welt

Kölner Appell e.V.
gegen menschenfeindliche Ausländerpolitik und Rassismus
Wahlenstraße 1, 50823 Köln
✆ 52 83 90

Eine gute Adresse für AusländerInnen in der Stadt. Hier entstand 1994 das erste Stadtbuch gegen Rassismus und Ausländerfeindlichkeit.

Kölner Arbeitslosenzentrum KALZ
Philippstraße 23, 50823 Köln (Ehrenfeld)
✆ 51 81 11

Bahn/Bus Linien 3, 4, 5, Haltestelle Liebigstraße

Liberales Zentrum
St. Apern Str. 9, 50667 Köln
✆ 257 49 24

Veranstaltungen zu kommunalen Fragen und zur Hochschulpolitik

Info-Laden
Ludolf-Camphausen-Str. 36
50672 Köln
✆ 52 29 07

Hier werden Informationen im allgemeinen wie auch zu verschiedenen Schwerpunkten (z.B. Knast, Prozesse, sog. Dritte Welt, Antifaschismus, Frauen, Häuserkampf etc.) gesammelt, diskutiert und verbreitet.

Volkshochschule
Josef-Haubrich-Hof 1
50676 Köln
✆ 221 3601/02

Regelmäßige Vorträge und Veranstaltungen zu verschiedenen politischen und kulturellen Themen.

Wer weitere Fragen hat und einen genaueren Einblick darüber gewinnen will, was politisch in Köln läuft oder nicht läuft, kann sich an die folgenden Adressen wenden:

Der Andere Buchladen
Zülpicher Str. 197, 50937 Köln
✆ 41 63 25

Kölner Volksblatt
Melchiorstraße 15, 50670 Köln
✆ 73 17 98

Stadt-Revue
Maastrichter Str. 49
50672 Köln
✆ 95 15 41-0

PRESSE UND RUNDFUNK

In Köln erscheinen zwei **Tageszeitungen** mit ausführlichem Lokalteil: der verwaltungsfreundliche »Kölner Stadt-Anzeiger« und die christlich-konservative, verwaltungsoppositionelle »Kölnische Rundschau«. Daneben gibt es noch das Boulevardblatt »Express«, das auch einen täglichen Veranstaltungskalender aufweist.

Stadtmagazine mit politisch-kulturellem Anspruch sind die monatlich erscheinende »Stadt-Revue«, die »Kölner Illustrierte«, der »Prinz«, sowie die älteste Zeitung der Kölner Initiativen, das »Kölner VolksBlatt«. Für Besucher/innen ist auf jeden Fall ein Blick in den Tageskalender dieser Magazine von Nutzen. Neben diesen erscheint noch das Kölner Monatsjournal »Köln im...«, das wegen seines Kultur- und Galerienüberblicks sowie regelmäßiger Rezensionen von Köln-Büchern zu empfehlen ist.

Anzeigenblätter sind der »Marktplatz«, der zweimal wöchentlich erscheint, und die »Annonce«, die es auf drei Ausgaben pro Woche bringt.

Rundfunk-Sendeanstalten in Köln:

Deutsche Welle DW
Raderberggürtel 50
50968 Köln (Bayenthal)
✆ 389-0

Empfang über Kurzwelle oder Satellit

DeutschlandRadio Köln (Deutschlandfunk Dlf)
Raderberggürtel 40
50968 Köln (Bayenthal)
✆ 345-0
Frequenz: UKW 89,1 MHz

Radio Köln
Eupener Str. 161, 50933 Köln
✆ 49 96 80
Frequenz: UKW 107,1 MHz

Radio RPR (Studio Rheinland)
Olivandenhof, 50667 Köln
✆ 25 64 35, 25 31 95
Frequenz UKW 103,5 MHz

Westdeutscher Rundfunk WDR
Appellhofplatz 1, 50667 Köln
✆ 220-1

Fernsehanstalten:

RTL
Aachener Str. 1036, 50858 Köln
✆ 456-0

Westdeutscher Rundfunk WDR
Appellhofplatz 1, 50667 Köln
✆ 220-1

Viva Fernsehen
Claudius-Dornier-Str. 56
50829 Köln
✆ 595 14 50

Vox Film- und Fernsehgesellschaft
Richard-Byrd-Str. 6
50829 Köln
✆ 95 34-0

Kanal 4 TV
Kolumbastraße 3, 50667 Köln
✆ 257 55 01, 257 55 98
Sendezeiten von Kanal 4: jeden Sonntag um Mitternacht auf den Frequenzen von RTL plus.

Besichtigungen und Führungen sind bei allen Sendeanstalten nur nach vorheriger Anmeldung oder Vereinbarung möglich.

RHEINSCHIFFAHRT

Nähere Informationen zu den Rheinfähren finden sich unter »Verkehr«. Regelmäßige **Rundfahrten** veranstalten zwei Schifffahrtsgesellschaften, deren Anlegestellen sich am Rheinufer unter bzw. neben der Hohenzollernbrücke befinden. Karten und Informationen sind dort erhältlich. Während die »Rhein-Mosel Schiffahrtsgesellschaft« Runden zwischen dem Dom und Rodenkirchen fährt, pendelt die »Colonia-Schiffahrtsgesellschaft« zwischen dem Dom, der Severinsbrücke und Zoo/Mülheim. Beide Rundfahrten dauern etwa eine Stunde, Abfahrten von 10.00-17.30 Uhr alle 45 Minuten, Erwachsene 6.-, Kinder 3.- DM, kostenlose Fahrradbeförderung. Ein Tip: Die Rundfahrten können auch als maritime Verkehrsverbindungen benutzt werden. Die Strecke nach Rodenkirchen, für die das Schiff eine knappe halbe Stunde benötigt, ist mit anderen Verkehrsmitteln kaum in kürzerer Zeit zurückzulegen. Beide Gesellschaften veranstalten auch Sonderfahrten für Betriebe und Vereine:

Colonia Dampfschiffahrt
Lintgasse 18-20, 50667 Köln
✆ 257 42 25 und 38 16 64
Anleger Hohenzollernbrücke

Kölntourist Personenschiffahrt
Konrad-Adenauer-Ufer
50668 Köln
✆ 12 16 00 und 12 17 14

Ausflugsfahrten nach Fahrplan veranstaltet:

Köln-Düsseldorfer Deutsche Rheinschiffahrt AG
Frankenwerft 15, 50667 Köln
✆ 2088-288

In der Saison von April bis Oktober fahren die KD-Rundfahrtschiffe »Domspatz« und »Jan von Werth« täglich den Rhein runter. Die einstündigen Panorama-Rundfahrten finden von 10.30-18.00 Uhr statt und kosten 9.- DM pro Person. An Bord gibt es Kaffee und Kuchen, die Sehenswürdigkeiten werden in drei Sprachen erklärt.
Ausflugsfahrten zum Siebengebirge werden von April bis Oktober täglich angeboten. Ab Mitte April fährt das schnelle Tragflügelboot »Rheinperle« täglich außer montags von Köln über Koblenz bis nach Mainz und wieder zurück.
Karten und Informationen gibt es im KD-Büro am Rheinufer. Interessant für BesucherInnen ist die Möglichkeit, gegen geringe Übergangsgebühren Bahn- und Schiffsreise zu kombinieren. Fahrräder werden kostenlos mitbefördert.
Die Saison aller drei Schiffahrtslinien ist April bis Oktober.

SCHWULE

Köln hat sich durch eine Vielzahl von Kneipen und Cafés sowie sozialen und politischen Vereinigungen zum »Schwulenzentrum West« entwickelt.
Einen umfassenden Überblick bietet der schwule Stadtführer »Köln & Düsseldorf von hinten«, erschienen im Bruno Gmünder Verlag, 19.80 DM.
Dachorganisation, politische Interessenvertretung und zugleich Zentrum:

Schwulen- und Lesbenzentrum SCH.U.L.Z.
Kartäuserwall 18, 50678 Köln
✆ 93 18 80 (Kneipe)
✆ 93 18 81 (Beratung)
Mo-Fr 16.00-1.00,
Sa, So 14.00-1.00 Uhr

Seit 1994 in neuen Räumen ist das SCH.U.L.Z. Treffpunkt für viele Gruppen und zugleich Veranstaltungsort mit Cafébetrieb

CHECKPOINT
Info- und Servicezentrum für Lesben und Schwule
Pipinstraße 7, 50667 Köln
✆ 92 57 68 68
täglich von 17.00-21.00 Uhr

Informationen für Einheimische und Touristen, u.a. auch eine Bettenbörse

Schwulenverband in Deutschland (SVD)
Thieboldsgasse 79, 50676 Köln

✆ 240 31 11
Die Lobby der Schwulen setzt sich für ein Antidiskriminierungsgesetz, Maßnahmen gegen schwule Gewalt und für die Gleichstellung schwuler Lebensgemeinschaften ein.

Janus e.V.
zu erreichen über das SCH.U.L.Z.
Schwul-lesbischer Sportverein mit zehn verschiedenen Abteilungen, u.a. Fußball, Schwimmen und Volleyball.

AIDS-Hilfe Köln e.V.
Beethovenstraße 1, 50674 Köln
✆ 194 11
Beratung, Prävention und Betreuung von Erkrankten

Arbeitskreis Schwule Geschichte Kölns
Wahlenstraße 1, 50823 Köln
✆ 52 92 95
Der Arbeitskreis archiviert Zeitungen und anderes Material, das Leben und die Diskriminierung von Schwulen werden dokumentiert. Letzte Veröffentlichung »Himmel und Hölle, das Leben der Kölner Homosexuellen in den 50er Jahren.« Erschienen im Emons Verlag 1994 (DM 29.80).

Der Christopher Street Day (CSC) hat sich von einem Straßenfest zur größten schwul/lesbischen Veranstaltung in NRW mit zuletzt 50.000 Besuchern entwickelt. Er findet immer am ersten Juliwochenende statt und wird vom Kölner Schwulen- und Lesbentag e.V. organisiert. Tradition und besonders beliebt ist die Parade unter dem Motto: Kölle Aloah.
Es gibt in Köln eine Vielzahl Zeitungen und Zeitschriften von und für Schwule. Hier haben wir die wichtigsten aufgelistet:

Raus in Köln
Ein wichtiges Informationsblatt der im SCH.U.L.Z zusammengeschlossenen Gruppen. Das Blatt erscheint monatlich und wird kostenlos abgegeben.

FIRST
Breniger Str. 5, 50969 Köln
✆ 36 69 03, Fax 36 69 03

BOX
Postfach 29 03 41, 50255 Köln
✆ 54 25 16, Fax 546 22 35

DOWNTOWN
In der Bohnenbitze 68
51143 Köln
✆ 02203/857 67,
Fax 02203/868 18
Kostenlose Zeitung mit Hinweisen, Tips und Anzeigen, liegt in Lokalen und den bekannten Szeneorten aus.
Das bundesweite Schwulenmagazin *MAGNUS* mit regionalem Kölnteil ist erhältlich bei:

Condomi
Limburger Str. 22, 50672 Köln
✆ 258 10 93

Als selbstständiger Teil der Schwulenbewegung, mit Kaffee- und Klönecke, Info-Wänden u.v.m. versteht sich:

Männerbuchladen
Lavendelschwert
Bayardstraße 3, 50678 Köln
✆ 23 26 26

Im Universitätsbereich existiert seit langem die:

Andere Fakultät
Schwulen und Lesbenreferat im AStA der Universität Köln
Universitätsstraße 16
50937 Köln
✆ 470 29 95
Mo-Fr 10.30-21.00 Uhr
Studentische Interessenvertretung (Rosa Liste ist mit zwei Sitzen im Studentenparlament vertreten).
Die bekanntesten Treffpunkte in Kölner Parks sind der Aachener Weiher in der Innenstadt und der Herkulesberg, hinter dem Gereongelände (Media-Park) gelegen.

TANZ

Kölns Discotheken konzentrieren sich hauptsächlich im Zentrum und an den Ringen. Eine Auswahl:

Alter Wartesaal
Johannisstraße 11
Hauptbahnhof, 50667 Köln
✆ 912 88 50
Mo, Fr, Sa 22.00-5.00 Uhr
Eintritt 5.- DM, Fr, Sa 15.- DM incl. 10.- DM Verzehr
House- und Technoszene, Mainstream in schicker Kleidung

Das Ding
Hohenstaufenring 30-32
50674 Köln
✆ 24 63 48
Mo-Do 21.00-1.00,
Fr-Sa 21.00-3.00 Uhr
Eintritt DM 5.-, Fr/Sa DM 6.-
älteste Studentendisco, Mainstream, Mo – Do Themenabende

E-Werk
Schanzenstraße 37
51063 Köln
✆ 62 10 91-94
Eintritt 15.- DM (incl. Verzehr 10.- DM)
Mainstream, Publikum zwischen 20-30 Jahren
s.a. Musik

Gloria
Apostelnstraße 11, 50667 Köln
✆ 25 44 33, 25 36 56
Mainstream, schwul-lesbischer Treff

Kauri Club
Auf dem Rothenberg 11
50667 Köln
✆ 24 61 66
Di-So 21.00-3.00 Uhr
Mindestverzehr 10.- DM
Black Music

Lalic
Rathenauplatz 6, 50674 Köln
✆ 24 26 75
Di, Do-So 21.00-1.00 Uhr
Fr-Sa Eintritt DM 5.-
Popmusik im Studentenviertel

Luxor
Luxemburger Str. 40
50674 Köln
✆ 21 95 03
regelmäßig Konzerte und Kino; Biergarten vorhanden, Disco Fr, Sa 22.00-4.00 Uhr
Eintritt: Fr 10.- DM incl. 4.- DM Verzehr, Sa 15.- DM incl. 10.- DM Verzehr,
Singleparty (Termine erfragen), mittwochs Lonely-Hearts-Parties

Rhein-Rock-Hallen
Otto-Hahn-Str. 6-8
50997 Köln (Godorf)
✆ 02236/84 10 04
drei verschiedene Discos
Mainstream, Crossover und Techno

Nachtrock
Hohenzollernring 89-93
50672 Köln
✆ 510 22 29
Eintritt 10.- DM incl. Getränk
zwischen Rock und Techno

Café Tuba
Moselstraße 80, 50674 Köln
✆ 23 43 57
Mo 22.00-2.00 Uhr, Fr, Sa 22.00-3.00 Uhr
Reggae Night, Afrikanische und Karibische Musik, Salsa und Soul

Subway
Aachener Str. 82, 50674 Köln
✆ 51 79 69
Mi-So 21.00-3.00 Uhr
Jazz und Rock

Underground
Vogelsanger Str. 200
50825 Köln
✆ 54 23 26
HipHop und Rock

Zorba the Buddha
Die Kleine
Brabanter Str. 15, 50672 Köln
✆ 56 22 23
täglich außer Mo 21.00-3.00 Uhr
Eintritt 10.- DM, Do, So 5.- DM
Mainstream

42 dp
Hohenstaufenring 25
50674 Köln
✆ 24 77 13
Mi-So 22.00-4.30 Uhr, Mi, Do, So 5.- DM, Fr, Sa 10.- DM Mindestverzehr
Jungle, Sa Techno

Viele Kneipen veranstalten abends an bestimmten Tagen Disco oder Schwoof – das kostet dann meistens keinen Eintritt.

Drei wichtige Adressen für alle, die an Tanz interessiert sind:

Institut für Bühnentanz
Ballettakademie Köln
Vogelsanger Str. 28-32
50823 Köln
✆ 52 70 31
Ausrichter der alljährlichen »Sommerakademie des Tanzes«

Deutsche Ballett-Bühne e.V.
Kartäusergasse 24 b
50678 Köln
✆ 31 60 21
Träger der Initiative »kölntanz«

Deutsches Tanzarchiv Köln
Subbelrather Str. 247
50825 Köln
✆ 55 20 14, 548 84 13
Di, Mi, Do 10.00-16.00 Uhr
Das Archiv ist eine Spezialsammlung für Tanz. Mehr als 6.000 Bücher, etwa eine Million geklebter Zeitungsausschnitte sowie Fotos und Programmzettel.

THEATER

Städtische Bühnen in Köln:

Oper der Stadt Köln
Offenbachplatz, 50667 Köln
✆ 221 84 40

Schauspielhaus
Offenbachplatz, 50667 Köln
✆ 221 84 00

Schlosserei im Schauspielhaus
Krebsgasse, 50667 Köln
✆ 221 83 21

Halle Kalk
Neuerburger Str., 51103 Köln
✆ 221 84 00

Von den **Freien Theatern** verdienen die folgenden aufgrund ihres oft anspruchsvollen Programms besondere Beachtung:

Comedia Colonia
Löwengasse 7-9, 50676 Köln
✆ 24 76 70

Freies Werkstatt Theater
Zugweg 10, 50677 Köln
✆ 32 78 17

Piccolo-Theater
Zülpicher Str. 28, 50674 Köln
✆ 23 27 04, 72 99 75

Severins-Burg-Theater
Eifelstraße 33, 50667 Köln
✆ 32 17 92

Studio-Bühne und Filmwerkstatt
Universitätsstraße 16
50937 Köln
✆ 470 45 13

Theater Der Keller
Kleingedankstraße 6
50677 Köln
✆ 31 80 59

Theater im Bauturm
Aachener Str. 24, 50674 Köln
✆ 52 42 42

Urania-Theater
Platanenstraße 32
50827 Köln (Ehrenfeld)
✆ 55 65 65

Als **Boulevard- und Mundarttheater** beliebt und bekannt:

Volkstheater Millowitsch
Aachener Str. 5, 50674 Köln
✆ 25 17 47

atelier-theater
Roonstraße 78, 50674 Köln
✆ 24 24 85
Pantomime

Kabarett und Kleinkunst finden Besucher/innen in:

Kabarett-Theater Machtwächter
Gertrudenstraße 24
50667 Köln
✆ 257 83 60

Theater am Sachsenring
Sachsenring 3, 50667 Köln
✆ 31 50 15

Senftöpfchen
Große Neugasse 2, 50667 Köln
✆ 258 10 58

Kölns kleinstes Theater:

Figurentheater Helios
Mainzer Str. 71, 50678 Köln
✆ 34 18 76

Die telefonische **Spielplandurchsage** ist unter ✆ **115 17** zu erreichen; über Spielplan und Termine informieren auch ausführlich Tagespresse und Stadtmagazine.

Außerhalb von Köln ist zu erwähnen:

Pantheon-Theater
Bundeskanzlerplatz
53113 Bonn
✆ 0228/21 25 21
beste rheinische Kabarett-Bühne

UNIVERSITÄT

Universität zu Köln
Albertus-Magnus-Platz
50931 Köln
✆ 470-0
Trotz der über 50.000 StudentInnen spielt die Kölner Universität im öffentlichen Bewußtsein der Stadt kaum eine Rolle. Das mag u.a. auch daran liegen, daß von ihr in jüngerer Zeit wenig Impulse ausgegangen sind. Der Universitätsbereich liegt an der halbringförmigen Universitätsstraße im Stadtteil Sülz. Dort, wo Luxemburger Str., Zülpicher Str. und Lindenstraße auf die Universitätsstraße treffen, befinden sich fast alle wichtigen Gebäude.
Zu erreichen ist die Universität mit Bahn/Bus Linie 9, Haltestelle Universität; weiterhin auch mit Bahn/Bus Linien 17, 18, 19, Haltestelle Weißhausstraße und Bahn/Bus Linien 136, 146, Haltestelle Hildegardis-Krankenhaus.
Der AStA mit seinen verschiedenen Referaten befindet sich im StudentInnenhaus:

AStA-Haus
Universitätsstraße 16
50937 Köln
✆ 470 29 93
Mo-Fr 9.00-16.00 Uhr

ASTA der Fachhochschule
Betzdorfer Str. 2, 50679 Köln
✆ 88 18 36, 88 30 40, 88 54 03

Hochschulzentrum des Arbeitsamtes
Zülpicher Str. 58, 50937 Köln
✆ 94 29-29 01

Kölner Studentenwerk (Studentenhaus)
Universitätsstraße 16
50937 Köln
✆ 472 90

Die Stadtmagazine geben jeweils zu Semesterbeginn kostenlose Hochschulnummern mit umfangreichen Serviceteilen heraus, die eine Orientierung in und an der Universität erleichtern. Außerdem erscheint monatlich im Semester das Studentenmagazin für Politik, Umwelt und Kultur **EINBLICK** (wird kostenlos abgegeben).

UNTERKUNFT

Es gibt in Köln, wie auch in anderen Städten, bisher keinen kritisch kommentierenden Hotelführer, lediglich eine eng gedruckte Auflistung des Fremdenverkehrsamtes »Hotels und Pensionen« kostenlos mit Stadtplan, die nur knapp informiert und sich aller Wertungen und Ratschläge enthält. Für Gruppenreisen ist eine Sonderpreisliste erhältlich. Die **Zimmervermittlung** ist unter ✆ **221 33 11** zu erreichen. Aus der Fülle von Möglichkeiten haben wir nach subjektiven Kriterien einige Hotels ausgesucht, die wir uns selbst auf Reisen wünschen würden. Generell gilt, daß alle Hotels mit sich handeln lassen, sofern sie nicht während der Messemonate (vor allem Februar, März, September, Oktober) ausgebucht sind. Kriterien für die Auswahl waren:

- akzeptabler Preis
- ruhige Lage
- Anbindung an öffentliche Verkehrsmittel
- überschaubare Größe und individuelle Bewirtung
- Möglichkeiten für Familien und Gruppen
- lange Frühstückszeiten
- und ein spezieller Tip für Rollstuhlfahrer

Im Fuchsbau
Tempelstraße 26
50679 Köln (Deutz)
✆ 81 46 02

Gaststätte und kleines Hotel in der Nähe der Deutzer Brücke auf der rechten Rheinseite mit insgesamt 10 Betten. Ein verwinkelter Bau mit erstaunlich hellen Zimmern. Bad bzw. Dusche und WC auf dem Zimmer. Den Zeitpunkt des üppigen Frühstücks bestimmt der Gast selbst. Die Gegend ist eher kleinbürgerlich, das Hotel liegt in Rheinnähe und ist zu Fuß und mit öffentlichen Verkehrsmitteln gut zu erreichen. Wenn keine Messe ist, liegen die Preise ab DM 60.- für ein Einzel- und DM 80.- für ein Doppelbett. Zu Messezeiten zahlt man mehr als das Doppelte.

La Isla
Hotel Pension Garni
Eintrachtstraße 4, 50668 Köln
✆ 13 41 71

Ein intimes Hotel in gleicher Entfernung von Hauptbahnhof und Ebertplatz. Trotz der Nähe zum lebhaften Eigelstein ein ruhiges, mit Geschick eingerichtetes Haus mit einem Dutzend Betten und 3 Appartements im Nebenhaus. Das Frühstück kann bis 11.00 Uhr eingenommen werden und bietet Bio-Alternativen und viel Selbstgemachtes. Der Frühstücksraum kann auch anderweitig von kleineren Gruppen genutzt werden. Sauna im Haus. Preise ab DM 85.- für ein Einzel- bzw. DM 115.- bis 150.- für ein Doppelzimmer. Dusche/WC auf dem Zimmer. Appartementpreise bei längerem Aufenthalt ab DM 50.-.

Hotel Chelsea
Jülicher Str. 1, 50674 Köln
✆ 23 47 55/6

Künstlerhotel nahe der Ringe, das nach einem gleichnamigen Haus in New York benannt ist, in dem Künstler mitunter auch mit ihren Bildern bezahlen. Die 25 Zimmer sind mit verschiedenen Kunstwerken ausstaffiert, sozusagen eine Ausstellung mit Schlafmöglichkeit. Das Haus ist auf die Künstlerszene zugeschnitten: Essen gibt es bis 3.00 Uhr nachts und Frühstück mindestens bis high noon. Neoexistentialistischer Stil in schwarzweiß, angegliedert ist eine stadtbekannte Bar, das »Café Central«

Preise ab DM 99.- für ein Einzel- und DM 139.- für ein Doppelzimmer, in Messezeiten doppelt so hoch. Ermäßigungen nach Vereinbarung in den ruhigen Monaten April, Juni/Juli und Dezember. Bad/Dusche, WC, Telefon, TV im Zimmer, üppiges Frühstücksbuffet, Konferenzräume, Verkehrsanbindung in alle Richtungen über den nahegelegenen Rudolfplatz.

Tagungshotel Engelshof
Ostmerheimer Str. 397
51107 Köln 91 (Merheim)
✆ 699 99 10 und 699 99 27

Hotel in einem umgebauten und teils restaurierten Gutshof mit grünem Innenhof am Rande der Stadt; vor allem für Gruppen und Familien, aber auch Einzelgästen zu empfehlen, die nicht nur eine Nacht in Köln bleiben wollen. Für Rollstuhlfahrer nicht geeignet. Ruhige Lage, Landwirtschaft in der Nähe, kein Nachtleben. Das Haus ist auf Tagungen spezialisiert, mit entsprechender technischer Ausstattung, Gruppen- und Sporträumen, bietet Halb- und Vollpension, auf Wunsch wird vegetarisch oder vollwertig gekocht. Unterbringung in der Regel in 4-Bett-Zimmern (keine Jugendherbergsatmosphäre). Auf Wunsch und gegen Aufpreis auch Einzel- oder Doppelzimmer. Preise für Gruppen ab DM 70.- pro Person (Halbpension); für das Doppelzimmer wird pro Person ein Aufschlag von DM 20.- und für ein Einzelzimmer von DM 40.- verlangt. Frühstücksbuffet nach Vereinbarung. Direkte Straßenbahnverbindung in die Innenstadt (15 Minuten Fahrt).

St. Georg
Tagungs- und Gästehaus
Rolandstraße 61, 50677 Köln
✆ 38 30 46/7

Eingerichtet wie eine einfache Pension liegt das Tagungshaus am Rande der Südstadt, so daß der Weg ins Vergnügen nur wenige Minuten dauert. Das Haus bietet eine Reihe von Konferenzräumen und alle technischen Einrichtungen für Schulungs- und Lehrveranstaltungen. Neben Einzel- und Doppelzimmern auch Mehrbetträume für Gruppen. Ausgestattet mit Restaurant, Café und großer Terrasse. Die Preise beginnen bei DM 35.- für ein Einzelzimmer mit WC/Dusche auf der Etage und reichen bis DM 98.- für das Doppelzimmer mit Bad/Dusche und WC im Zimmer. Halb- und Vollpension möglich, Mahlzeiten zwischen DM 9.- und DM 12.50. Sonderpreise für Gruppen in Mehrbettzimmern ab DM 27.- (Halbpension). Zu Messezeiten ist alles teurer.

Panorama-Hotel
Siegburger Str. 33-37
50679 Köln (Deutz)
✆ 88 40 41/2

Bürgerliches Haus mit unaufdringlicher Einrichtung und den üblichen Accessoires wie Dusche oder Bad und WC im Zimmer, TV, Telefon, Garagen etc. Einige Zimmer lassen sich mit 1 bis 2 Zusatzbetten für Kinder ausrüsten. Empfehlenswert für Rollstuhlfahrer, da es über eine Garage und einen breiten Aufzug leicht zugänglich ist. Durch die Lage am Deutzer Ufer sehr schöner Blick auf den Rhein und die Altstadt. Preise ab DM 90.- für Einzel- und DM 190.- für Doppelzimmer. An Wochenenden ruhig, zu Messezeiten Hochbetrieb. Frühstück bis 10.00 Uhr möglich.

Da die Kosten für Unterkunft doch »arg ins Geld gehen«, Entscheidungen sich nicht zuletzt nach dem Preis richten, einige Tips, preiswert unterzukommen:

Jugendgästehaus
An der Schanz 14
50735 Köln (Riehl)
✆ 76 70 81
Bahn/Bus Linien 5, 15, 16, Haltestelle Boltensternstraße
Übernachtung/Frühstück 31.50 DM

Jugendherberge
Siegesstraße 5 a
50679 Köln (Deutz)
✆ 81 47 11
Bahn/Bus Linien 1, 2, 9, Haltestelle Bahnhof Deutz/Messe
Übernachtung/Frühstück zwischen 26.50 und 30.50 DM

Für beide Häuser ist ein gültiger Jugendherbergsausweis erforderlich.

Zu empfehlen sind auch die zwei Tagungshäuser der Naturfreundejugend:

Jugendheim Köln-Ost
Kappellenstraße 9 a
51103 Köln (Kalk)
✆ 870 10 58
Übernachtung/Frühstück 26.50 DM

»Villehaus«
Adolf-Dasbach-Weg 5
50354 Hürth
✆ 02233/4 24 63
Die Kosten betragen für Halbpension ca. 20.-, für Vollpension ca. 30.- DM, keine Alters- oder sonstige Aufnahmebeschränkungen.

Zwei weitere Adressen, bei denen sich ein Anruf oder Vorbeischauen lohnen kann:

Mitwohnzentrale
An der Bottmühle 16
50678 Köln
✆ 32 70 84

Mitwohnagentur
Lindenstraße 77, 50674 Köln
✆ 21 05 11

VERKEHR

ZU FUSS

Wer sich in Köln unabhängig von Verkehrsmitteln bewegen möchte, orientiert sich am besten am historischen Aufbau der Stadt. Vom unmittelbaren Zentrum um den Kölner Dom und Hauptbahnhof aus gelangt man/frau auf die halbringförmig angelegten Ringe, die die Begrenzung des Innenstadtbereichs bilden. An den Knotenpunkten der Ringe mit den wichtigen Ausfallstraßen, z.B. Bonner Str., Luxemburger Str., Aachener Str., Venloer Str. und Neusser Str., befinden sich markante Plätze wie z.B. der Chlodwigplatz, Barbarossaplatz,

Rudolfplatz, Friesenplatz und Ebertplatz (von S nach N). Nützlich ist auf jeden Fall der schon erwähnte Fußgängerplan (s.a. Karten und Pläne).

MIT DEM FAHRRAD

Köln verfügt über ein inzwischen größeres Fahrradnetz. Ihr Meisterstück haben die Planer bei der Gestaltung der Radwege entlang der Ringe abgelegt, wo man/frau die Wahl zwischen der Kollision mit abbiegenden Autofahrern, flanierenden Fußgängern, biedermeierlich nachempfundenen Pollern und der Bestuhlung der Außengastronomie hat. Ein erster Gestaltungspreis für dummdröselige Gedankenlosigkeit!
Nützlich zur Orientierung sind spezielle Radwegekarten (s.a. Karten und Pläne). Ein wichtiger Hinweis: Alle acht Rheinbrücken können mit dem Fahrrad befahren werden, auch die Autobahnbrücken. Wenn das Rad nicht mehr läuft, gibt es neben vielen Fahrradgeschäften noch eine wichtige Adresse:

Nippeser Radlager
Siebachstraße 57-59
50733 Köln (Nippes)
✆ 73 46 40

Das Radlager ist Mitglied im »Verband selbstverwalteter Fahrradläden e.V.«

Eine weitere wichtige Adresse:

Allgemeiner Deutscher Fahrrad-Club e.V. »ADFC«
Im Sionstal 8, 50678 Köln
✆ 32 39 19
Di 17.00-18.00, Fr 14.00-18.00, Sa 10.00-13.00 Uhr

Auf neuen Rädern kann man/frau täglich für DM 15.- (Wochenpreis DM 70.-) Köln erkunden (Kaution DM 150.-):

Fahrradverleih
Hans Bauerfeind
Kleiner Griechenmarkt 81
50676 Köln
✆ 23 71 06

Ein Tip: Als FahrradfahrerIn kann man/frau auch den Sonderservice der KVB beanspruchen, die auf den Bahn/Bus Linien 1-12 kostenlose Fahrradmitnahme während der Sommerferien zuläßt.

MIT BAHNEN UND BUSSEN

Kölner Nahverkehr, das sind 17 Bahn- und 30 Buslinien der KVB, die in Abständen von 10 bis 15 Minuten bis 1.00 Uhr nachts verkehren. Danach fahren innerstädtisch einige Linien noch bis 3.00 Uhr. Die Straßenbahnen verkehren teils überirdisch, teils als U-Bahnen.
Fahrkarten, auch Mehrfachfahrkarten, gibt es an Haltestellen aus Automaten und bei den Vorverkaufsstellen der KVB, die an allen wichtigen Plätzen und in den U-Bahn-Stationen eingerichtet sind. Die Fahrkarten sind in den Bahnen und Bussen in den Entwertern abzustempeln, ausgenommen Einzelfahrscheine, die in einigen Bahnen aus Automaten, in Bussen bei den Fah-

rern/innen gekauft werden können. Schwarzfahren kostet 60.- DM und den Eintrag in eine gesetzeswidrige Datei.
Das Tarifsystem der KVB ist für Besucher/innen wie für Einheimische schwer verständlich. Am günstigsten ist der Kurzstreckentarif, 1.90 DM (als Viererkarte DM 7.20); an jeder Haltestelle ist vermerkt, wie weit er von diesem Punkt aus gilt; ansonsten gilt im Stadtgebiet der Zwei-Zonen-Tarif, 3.- DM. Interessant für Besucher/innen sind darüber hinaus die 24-Stunden-Karte, 9.50 DM, die Tageskarte, 19.- DM und die Familienkarte, 9.50 DM; alle Preisangaben beziehen sich auf den Zwei-Zonen-Tarif 1995. Fahrtunterbrechungen sind bis zu 90 Minuten erlaubt. Weitere Informationen erteilt:

Fahrgastcenter Neumarkt
Neumarkt 25, 50667 Köln
✆ 547 46 46
Mo-Fr 7.30-19.00,
Sa 8.30-14.30 Uhr

Fahrgastcenter Mülheim
Wiener Platz, 51065 Köln
✆ 547 23 49
Mo-Fr 7.00-19.00,
Sa 8.30-14.00 Uhr

Fahrgastcenter Ehrenfeld
Ehrenfeldgürtel 14, 50823 Köln
✆ 547 33 80
Öffnungszeiten wie in Mülheim

Dort gibt es einen Gesamtfahrplan zu 5.90 DM (incl. des sehr guten, übersichtlichen Stadtplans mit Streckenverzeichnis aller Linien).

Wer sich im Zentrum bewegt, sollte die Linien 6 und 15 benutzen, die halbringförmig auf den Kölner Ringen das Zentrum umfahren. Am Barbarossaplatz, Friesenplatz und Ebertplatz ist ein Umsteigen auf das zentrale U-Bahn-Netz möglich. In größeren U-Bahn-Stationen sind Gepäckschließfächer eingerichtet; die Gepäckaufbewahrung kostet 4.00 DM für 24 Stunden, maximal 72 Stunden Aufbewahrungsdauer. Wichtig in diesem Zusammenhang: Die U-Bahn-Stationen sind von 1.30-4.30 Uhr nachts geschlossen.

MIT BAHNEN UND BUSSEN IM REGIONALVERKEHR

Zu erwähnen sind vor allem die Bahn-Linien 15, 16, 18, die zwischen Köln und Bonn im Abstand von 15 bis 30 Minuten verkehren; weiterhin die S-Bahn zwischen Worringen und Bergisch Gladbach, die auf dieser Strecke in Intervallen von 20 bis 30 Minuten fährt. Vom Regionalverkehr mit Bussen ist abzuraten: Lange Wartezeiten und schier endlos erscheinende Fahrten verderben die gute Laune sehr bald. Nicht umsonst sind auf vielen Strecken im Umland so viele Tramper/innen zu sehen.

MIT SCHIFFEN

Von Mai bis Oktober und zu Messezeiten, täglich von 8.00-19.00 Uhr alle 10 Minuten, fährt eine Personenfähre von der Hohenzollernbrücke aus nach Köln-Deutz/Messe. Die einfache Fahrt kostet 1.50 DM, Hin/Rückfahrt 2.50 DM, Fahrräder werden zum gleichen Preis befördert. Da die Schiffahrtsgesellschaft auch Sonderfahrten veranstaltet, hier die Adresse:

H. Linden
Personenschiffahrt und Fährbetrieb
Oberländerufer 168
50968 Köln (Bayenthal)
✆ 38 47 38

Die Kölner Fähren
Zündorf-Weiß, ganztägig an Wochenenden verkehrend, werktags nur morgens und abends im Berufsverkehr; kaum bekannt ist die Autofähre im Kölner Norden, die zwischen Langel und Leverkusen-Hitdorf pendelt, ganzjährig werktags von 6.00-20.00, So von 9.00-20.00 Uhr alle 15 Minuten. Die Anlegestellen befinden sich in den Stadtteilen am Rheinufer und sind in jedem Stadtplan deutlich markiert.

MIT DER RHEINSEILBAHN
Seit dreißig Jahren verkehrt zwischen Zoo und Rheinpark die Rheinseilbahn. Eine Fahrt damit lohnt sich vor allem wegen des weiten Blicks über den Rhein. Die Rheinseilbahn fährt Mitte März bis Ende Oktober täglich von 10.30-18.00 Uhr, einfache Fahrt 5.- DM, Hin/Rückfahrt 9.50 DM, Kinder zahlen die Hälfte.

MIT DEM TAXI

Taxifahren in Köln kann unumgänglich werden, vor allem nachts. Die Standplätze befinden sich an allen wichtigen Plätzen und Straßen. Die Grundgebühr beträgt 3.40 DM, für den lfd. Kilometer werden 1.80 DM berechnet und für telefonische Bestellung zusätzlich 1.- DM. Der Taxiruf ist rund um die Uhr unter ✆ **28 82** zu erreichen. Nach 20.00 Uhr können in Bahnen und Bussen der KVB Taxis zu einigen festgelegten Haltestellen telefonisch bestellt werden.

WILDPARKS UND GÄRTEN

Zoologischer Garten Köln
Riehler Str. 173
50735 Köln (Riehl)
✆ 76 30 66
Bahn/Bus Linien 5, 15, 16, Haltestelle Zoo
Der Zoo ist täglich von 9.00-17.00, im Sommer von 9.00-18.00 Uhr geöffnet, das Aquarium, mit Insektarium und Terrarium, täglich von 9.30-18.00 Uhr. Die Fütterungszeiten an den Gehegen liegen zwischen 9.30 und 16.30 Uhr und werden durch Aushänge bekanntgemacht. Der Eintritt im Zoo beträgt für Erwachsene 10.- DM, für Kinder 5.- DM. Das Aquarium kostet für Erwachsene 9.- DM und für Kinder 4.50 DM. Zoo und Aquarium in »lohnenswerter Kombination« kosten für Erwachsene 16.- DM und für Kinder 7.- DM.»

Botanischer Garten
Am Botanischen Garten
50735 Köln (Riehl)
✆ 76 43 35
Die Flora ist von 8.00 Uhr bis Einbruch der Dunkelheit geöffnet, Mo-Fr von 12.00-13.00 Uhr geschlossen, der Eintritt ist frei. Besonders zu empfehlen ist ein Besuch der Gewächshäuser mit subtropischen Pflanzen und Kakteen.

Daneben gibt es noch drei weitere sehenswerte Wildparks:

Tierpark im Stadtwald
Kitschburger Str.
51147 Köln (Müngersdorf)
Bahn/Bus Linie 1, Haltestelle Stadion

Wildpark Köln-Dünnwald
Dünnwalder Mauspfad
51069 Köln (Dünnwald)
Bahn/Bus Linie 4, Haltestelle Leuchterstraße

Wildgehege Brück
Brücker Mauspfad
51109 Köln (Brück)
Bahn/Bus Linie 1, Haltestelle Brück, Mauspfad oder Bahn/Bus Linie 9 bis Endstation Königsforst
Die Wild- und Tierparks sind täglich bis zum Eintritt der Dämmerung geöffnet, der Eintritt ist kostenlos.

JÄHRLICHE FESTE UND VERANSTALTUNGEN

DEZEMBER/JANUAR

Sechstagerennen zwischen dem 26. Dezember und dem 2. Januar mit rasender Silvesternacht (Sporthalle)

FEBRUAR

Kölner Karneval

47 Tage vor Ostern ist Aschermittwoch, die Karnevalstage kann man sich demzufolge errechnen.

Donnerstag: Wieverfastelovend, 11.11 Uhr Eröffnung am Alter Markt, 14.00 Uhr Jan-und-Griet-Spiel am Severinstor.

Samstag: die ersten Stadtteilumzüge, außerdem der Geisterzug, der seit 1992 abends wieder durch die Innenstadt zieht.

Sonntag: Schull- und Veedelszöch in der Innenstadt

Montag: Rosenmontagszug in der Innenstadt

Dienstag: Stadtteilumzüge, z.B. in der Südstadt und in der Altstadt, Mitternacht vor diversen Kneipen Nubbelverbrennen

Mittwoch: Aschermittwoch und Fischessen

MÄRZ

Westdeutsche Kunstmesse (in ungeraden Jahren)

MAI

Mülheimer Schifferprozession an Fronleichnam – eine jahrhundertealte, farbenprächtige Prozession auf zahllosen Schiffen und Booten auf dem Rhein zwischen 11.00 und 13.00 Uhr; den besten Blick hat man/frau am linken Rheinufer zwischen Zoobrücke und Mülheimer Brücke

Tanzbrunnen: Eröffnung des Programms auf der Freilichtbühne.

JUNI

Internationale Computerausstellung

JULI

Kappesrollen rund um den Vogelsanger Markt im Stadtteil Vogelsang am Anfang des Monats

Internationale Sommerakademie des Tanzes (verschiedene Spielstätten)

AUGUST

Internationales Leichtathletik Sportfest (Müngersdorfer Stadion)

Feier der Marinekameradschaften unter dem Rettungsboot an der Eigelsteintorburg am 28. August aus Anlaß des Untergangs des Kreuzers »Köln«

SEPTEMBER

Kölner Bücherherbst auf dem Neumarkt. 4 Tage lang präsentieren Kölner Verlage und Buchhandlungen ihre Bücher. Neben der Verkaufsschau findet ein umfangreiches Kulturprogramm statt.

Antiquariatstage

SPOGA Sportartikel-Messe

Grafenbegängnis im Kölner Dom, Kranzniederlegung am Grab Gottfrieds IV. von Arnsberg am Sonntag vor dem Fest des Heiligen Michael

SEPTEMBER/OKTOBER

IFMA Internationale Fahrrad- und Motorradausstellung (in geraden Jahren)

ANUGA Weltmarkt der Ernährung (in ungeraden Jahren)

Photokina-Fachmesse (in geraden Jahren)

OKTOBER

Patronatsfest der Kölner NATO-Verbände in der St. Gereons-Basilika am 14. Oktober

Reliquienprozessionen zu den Gedenktagen der Heiligen: Ursula (21.10.), Severin (23.10.) und Kunibert (12.11.) jeweils am darauffolgenden Sonntag. Alter Kult mit Viertelsprozessionen um die gleichnamigen Kirchen

Weltmusiktage der Internationalen Gesellschaft für Neue Musik (verschiedene Spielstätten)

NOVEMBER

Kölner Jazzhaus-Festival im Stadtgarten (s.a. Musik)

Art Cologne Internationaler Kunstmarkt (in ungeraden Jahren)

Sofern keine weiteren Angaben vermerkt sind, finden die Messen im rechtsrheinischen Messegelände statt; Auskünfte erteilt auch der Messe- und Ausstellungsdienst ✆ 21 07 60.

WICHTIGE RUFNUMMERN

Aids-Beratung der Aids-Hilfe Köln e.V.
✆ 1 94 11 und 20 20 30

Aids-Telefon der Bundeszentrale
✆ 89 20 31

Apotheken-Notdienstansage
✆ 01 15 00

Arztrufzentrale
✆ 72 07 72

Auskunft
✆ 0 11 88

Bundesbahn-Reiseauskunft
✆ 1 94 19

Drogenhilfe Köln e.V.
✆ 12 01 33/34

Fernamt
✆ 010

Flughafen
✆ 0 22 03/40 40 01

Fremdenverkehrsamt
✆ 2 21 33 45

Feuerwehr
✆ 112

Fundbüro der KVB
✆ 5 47 36 72

Fundbüro der Stadt Köln
✆ 2 21 63 12

Fundstelle Hauptbahnhof
✆ 1 41 21 72

Jugend-Notdienst
✆ 221 40 78

Krankenwagenleitstelle
✆ 74 54 54

KVB-Fahrplanauskunft
✆ 547 33 33

Messen und Ausstellungen
✆ 01 15 16

Museumsdienst
✆ 221 40 76

Notruf für vergewaltigte Frauen
✆ 56 20 35

Pannendienst des ADAC
✆ 1 92 11

Polizei-Notruf
✆ 110

Reisewettervorhersage
✆ 01 16 00

Straßenzustandsbericht
✆ 0 11 69

Telegrammaufnahme
✆ 0 11 31

Umwelttelefon
✆ 2 21 20 20

Verwahrungsstellen für sichergestellte Fahrzeuge
✆ 59 10 09/10 und 38 01 78

Wettervorhersage
✆ 0190 11 64 06

Zeitansage
✆ 0 11 91

Prima Print
Die Druckerei im belgischen Viertel
Prima
Print
Brüsseler Platz 22
50674 Köln
Telefon 524725
Telefax 529682
ISDN 9520174

Irene Franken

KÖLN

Der Frauen-Stadtführer

Gebunden

Mit *KÖLN*-Der Frauen-Stadtführer werden Sie ganz neue Aspekte der Stadtgeschichte und Stadtkultur entdecken: die wichtigen Schauplätze der Frauengeschichte in Köln. Der Stadtführer meidet die ausgetretenen Pfade des Tourismus, und führt zu unbekannten Schauplätzen des touristischen Zentrums der Stadt im Bereich zwischen Dom und St. Maria im Kapitol. Bei diesem Rundgang durch die Stadt wird deutlich, daß in fast jedem Stadtteil ein Beitrag zur Frauengeschichte zu finden ist. Der Spaziergang durch das Zentrum des historischen (und heutigen) Köln informiert über interessante Frauen, erzählt von Kämpfen, von Spuren der Heiligen, Herrscherinnen und der »kleinen Frau auf der Straße«.
Dieser Stadtführer schließt eine Lücke in der Geschichtsschreibung der Stadt Köln. Über 150, zum Teil bisher unveröffentlichte Fotos und Dokumente zeigen eine Fülle unbekannter Kölner Geschichte, dokumentieren die Vielfältigkeit der Aktivitäten von Frauen. Das Buch zeigt Ihnen die Stadt und die Geschichte ihrer Frauen – wie Sie sie auf normalen Sightseeingtouren nicht kennenlernen.

Bildnachweis

Axel Krause, laif, Köln: 22, 27, 68, 76, 84o., 89, 95, 104, 108, 116o., 119, 120, 121, 122, 124, 130, 131u., 134, 138, 139, 150, 155, 180, 183o., 183u., 185, 188, 189o., 193, 197, 201, 202, 203, 205, 206, 207o., 207u., 208, 209,
Gernot Huber, laif, Köln: 59, 61u., 78, 113, 114, 115
Manfred Linke, laif, Köln: 30, 73, 82, 127, 179, 189u., 199
Rheinisches Bildarchiv: 26, 35, 37, 39, 41, 42, 44, 49, 53, 57, 61o., 69, 70, 71, 75, 77, 79, 80u., 81o., 90, 91o., 91u., 92, 96, 106, 109li., 116u., 117, 120, 123, 128, 129, 136, 151, 152, 153, 154, 156, 157, 160, 164, 169, 182u., 196
Historisches Archiv der Stadt Köln: 80o., 97, 105, 182o., 186
Stadtkonservator Köln: 19
Römisch-Germanisches Museum: 12
Ernst Barlach Haus: 84u.
Archivberatungsstelle Rheinland: 56
Kupferstichkabinett, Berlin: 87
Bildarchiv Marburg: 168
Firma Schorn, Köln: 126
Kölner Stadt-Anzeiger: 76, 137
Dom-Archiv: 158, 159

Ferner entnahmen wir Abbildungen aus den folgenden Publikationen:
Monumenta Annonis. Köln 1975: 23
Kurt Weinhold: Die Geschichte eines Zeitungshauses. Köln 1969: 50
100 Jahre Sozialistengesetz. Katalog zur Ausstellung des SPD-Bezirks Mittelrhein: 88o., 88u.
Leidensgeschichten unter Kreuz und Hakenkreuz. Hrsg. v. Evang. Stadtkirchenverband: 109re., 112
Heilen und Vernichten im Nationalsozialismus: 131o.
C.J. Kauffman: Sie haben den Tod vertraut gemacht. Geschichte der Alexianerbrüder. Aachen 1976: 132
Christa Hinze (Hrsg.): Das alte Köln in Sagen und Bräuchen. Köln 1986: 146
Karten: Ernst Butschan: 63, 66, 74, 103, 148, 177

Der Autor

Martin Stankowski (*1944) ist Journalist, Geschichtenerzähler und Fremdenführer. Seine Stadtwanderungen bieten ein interessantes Kontrastprogramm zu Führungen herkömmlicher Art. Im Jahr 1968 gehörte er zu den Mitbegründern der Zeitschrift »Kritischer Katholizismus«, studierte eher lustlos Germanistik und Theologie und arbeitete während der 70er Jahre in einer selbstverwalteten Druckerei, später bei einer der ersten Alternativzeitungen der Bundesrepublik, dem »Kölner Volks-Blatt«. Seit Beginn der 80er Jahre verdient er sein Geld vornehmlich als Rundfunkautor. Zusammen mit Jürgen Becker schrieb er das Kabarettprogramm »Biotop für Bekloppte«, mit Rainer Pause »Tod im Rheinland – eine heitere Knochenlese«.

Band 2 in Stichworten

Wanderung 5: vom Bayenturm zur Bastei
Hafen, Brücken, Schiffe Malakoffturm und Maria Lyskirchen, Irene-Ludwig-Tunnel, Franziska Anneke und ein heidnischer Geburtsbrunnen.

Wanderung 6: rund um den Ebertplatz
Eigelstein und Weidengasse, Seitenstraßen von Istanbul, Prostitution, Spekulation auf den Kappesfeldern, die Alte Feuerwache, Bauplatzbesetzung gegen die Stadtautobahn, Preußisches Fort X und das nördliche Villenviertel am Rhein.

Wanderung 7: die nördlichen Ringe
Zwangsarbeiter im Hansa-Hochhaus, Mediapark-Visionen, Gereon – der erste Kriegsdienstverweigerer, Frauennachttaxi, Gerlings Reichsparteitagsarchitektur, die neue Friesenstraße, das Jazzhaus.

Wanderung 8: die südlichen Ringe
Friesenplatz, Aachener Weiher – das Eldorado der Schwulen, Jüdische Volksschule Lützowstraße, Architektur der Gründerzeit, Kaiserin Theophanu, die Sozialistische Selbsthilfe Köln (SSK), Frauenzentrum und die Kölner Loge im Villenviertel.

Wanderung 9: rund um den Chlodwigplatz
Der halbe Bischof Severin, Kartäuserkloster, Frühindustrialisierung, Marinegefängnis, Straßenschlacht mit der SA in der Elsaßstraße, Spekulation und Besetzung: Stollwerck, Liebe an der Kirche, das Volkshaus.

Wanderung 10: Deutz – Die »schäl Sick«
August Bebel und die preußischen Soldaten, Hyatt-Hotel und Kölscher Klüngel, Deutzer Bock und römisches Kastell, Landschaftsverband, KZ-Lager Köln-Messe, Frauenplastiken im Rheinpark.

Dazu ausführliche **Themenregister** zur »Frauengeschichte«, »Juden in Köln«, »Bauen und Planen in der Nazi-Zeit«, »Alltag und Widerstand im Dritten Reich«, »Verfolgung und Krieg bis 1945«.
Außerdem wieder der Anhang **»Köln-Service«** auf aktuellem Stand.

»Der andere Stadtführer«, Band 2, Verlag Kiepenheuer & Witsch, Köln 1995.